汽车保险诈骗案
痕迹鉴定方法与典型案例解析

倪伟　王立　范学武　范俊军　著

CPPSUP 中国人民公安大学出版社
全国百佳图书出版单位

图书在版编目（CIP）数据

汽车保险诈骗案痕迹鉴定方法与典型案例解析 / 倪伟等著.
-- 北京：中国人民公安大学出版社，2025.9
ISBN 978-7-5653-4940-9
Ⅰ. D922.284.5
中国国家版本馆CIP数据核字第202549LZ46号

汽车保险诈骗案痕迹鉴定方法与典型案例解析
倪伟　王立　范学武　范俊军　著

责任编辑：王德龙
责任印制：周振东

出版发行：中国人民公安大学出版社
地　　址：北京市西城区木樨地南里
邮政编码：100038
印　　刷：天津盛辉印刷有限公司
经　　销：新华书店

版　　次：2025 年9月第 1 版
印　　次：2025 年9月第 1 次
印　　张：17.25
开　　本：787 毫米 × 1092 毫米　1/16
字　　数：239千字

书　　号：ISBN 978-7-5653-4940-9
定　　价：68.00 元

网　　址：www.cppsup.com.cn　　www.porclub.com.cn
电子邮箱：zbs@cppsup.com　　zbs@cppsu.edu.cn

营销中心电话：010-83903254
读者服务部电话（门市）：010-83903257
警官读者俱乐部电话（网购、邮购）：010-83903253
公安业务分社电话：010-83906110

前　言

司法鉴定是运用科技手段、专业知识为诉讼活动提供技术保障和专业服务的司法证明活动。目前，司法鉴定已成为道路交通事故调查的重要手段，其鉴定意见已成为定责处理和诉讼审理工作的重要依据。

在道路交通事故司法鉴定中，痕迹检验鉴定占比大、数量多，其中汽车保险诈骗案司法鉴定和科技含量尤为突出。近年来，在实际司法鉴定工作中，违法犯罪分子的反侦查意识不断增强，办理涉车骗保案的专业化、智能化程度不断提高。人为主观因素造成的车损，包括汽车起火、落水等痕迹的鉴定难度不断增加。在查处该类案件时 ，保险公司、公安部门通常以司法鉴定机构的相关痕迹鉴定结论作为办案依据。本书作者长期从事司法鉴定工作，成功鉴定了一千余起涉车骗保案件，基本掌握了这类案件的规律特点，积累了一定的鉴定经验。在此基础上，系统总结了痕迹鉴定方法，深入解析了常见典型案例，以期为司法鉴定同仁、保险查勘理赔工作人员抛砖引玉。

在本书编写过程中，湖北省各级司法行政管理部门给予了精心指导，王俊汉、郑道利、陈和平、吴世海、唐宏发、陈壁峰、唐海波、李兵、刘小平等业内专家提出了诸多宝贵建议，武汉福田爱民司法鉴定中心仇淑华主任给予了大力支持，在此一并表示衷心感谢。由于作者水平有限，书中难免存在疏漏、不足之处，敬请读者批评指正。

作者

2025 年 3 月

目 录

CONTENTS

第1章　绪　论

1.1　涉车骗保案概述

涉车骗保案，是指投保人（或车主）以获取车险赔付为目的，采取虚构、伪造涉车保险事故或扩大车损程度等手段，骗取保险赔付的案件。本书主要探讨研究汽车损失保险诈骗类案件，不包括“汽车责任和汽车信贷”等其他类型汽车保险诈骗案件。

1.1.1　保险诈骗的犯罪构成

保险诈骗罪，是指以非法获取保险金为目的，违反保险法规采取虚构保险标的、保险事故或者制造保险事故等方法，向保险公司骗取保险金，数额较大的行为。汽车保险诈骗系保险诈骗罪常见的一种。

《中华人民共和国刑法》第一百九十八条规定：有下列情形之一，进行保险诈骗活动，数额较大的，处五年以下有期徒刑或者拘役，并处一万元以上十万元以下罚金；数额巨大或者有其他严重情节的，处五年以上十年以下有期徒刑，并处二万元以上二十万元以下罚金；数额特别巨大或者有其他特别严重情节的，处十年以上有期徒刑，并处二万元以上二十万元以下罚金或者没收财产：

（一）投保人故意虚构保险标的，骗取保险金的；

（二）投保人、被保险人或者受益人对发生的保险事故编造虚假的原因或者夸大损失的程度，骗取保险金的；

（三）投保人、被保险人或者受益人编造未曾发生的保险事故，骗取保险金的；

（四）投保人、被保险人故意造成财产损失的保险事故，骗取保险金的；

（五）投保人、受益人故意造成被保险人死亡、伤残或者疾病，骗取保险金的。

有前款第四项、第五项所列行为，同时构成其他犯罪的，依照数罪并罚的规定处罚。

单位犯第一款罪的，对单位判处罚金，并对其直接负责的主管人员和其他直接责任人员，处五年以下有期徒刑或者拘役；数额巨大或者有其他严重情节的，处五年以上十年以下有期徒刑；数额特别巨大或者有其他特别严重情节的，处十年以上有期徒刑。

保险事故的鉴定人、证明人、财产评估人故意提供虚假的证明文件，为他人诈骗提供条件的，以保险诈骗的共犯论处。

本罪侵犯的客体是双重客体，既侵犯了保险公司的财产所有权，又侵犯了国家保险制度；犯罪客观方面，具体表现为《刑法》第一百九十八条规定的五种情形；本罪的主体系特殊主体，只能由投保人、被保险人或者受益人构成，并且具备刑事责任能力、年龄的自然人或者单位；犯罪主观方面，只能由故意构成，并且具有非法占有保险金的目的。

1.1.2　案件流转与周折

保险诈骗犯罪中的汽车保险诈骗案件，涉案当事人多以正常运行的汽车为载体，以普通的交通事故为幌子，走报警定责、保险索赔的法定程序，其不法行为具有一定隐蔽性。一般工作流程为：先是交警勘验调查定责，然后由保险公司调查定损，发现疑点则委托社会调查机构调查。当各方意见不一致时，再委托社会司法鉴定机构进行技术鉴定，保险公司依据其鉴定意见决定是否赔付。

只要保险金赔付未到位，该不法行为法定属于违法犯罪未遂，保险公司仅有权根据保险法的规定解除保险合同。只有保险金赔付到位，鉴定意见认定涉车骗保嫌疑成立，方可提请公安经侦部门立案侦查，再进入诉讼程序。实践中，据笔者所知涉车骗保案件很少能进入诉讼审判环节。

1.1.3 专业沿革

道路交通事故痕迹鉴定是对道路交通事故中的地面痕迹、车体痕迹、人体痕迹及其他痕迹进行勘查、比对、分析判断，并作出鉴定意见的活动[①]。关于涉车骗保案的司法鉴定，一般借助道路交通事故痕迹检验方法。目前，上述类专业技术大多是沿袭刑事技术痕迹检验专业的基础理论、技术手段及检验方法。司法鉴定体制改革前，交通警察在查处事故案件时，也涉及少量的轮胎印痕，方向盘、排挡杆手印，驾驶室地面鞋印等痕迹物证提取鉴定，一般委托刑侦痕检专业处理。

“侦鉴分离”后，在各级司法行政管理部门指导下，社会司法鉴定机构逐步完善了执业体系，其中以“公、检、法”系统从事痕检工作的退休技术人员、政法院校教师，以及汽车工程类大学相关教授、汽车修理专业资深高级工程师等专业人员为骨干，组建了痕迹司法鉴定人专业团队。各路专家学者大际会，各类学科技术大融合，全面提升了专业队伍科技含量和检验鉴定水准。自2005年司法鉴定体制改革后，该类专业历经近20年的实践，逐步发展成为相对独立且颇具前沿性的学科，其研究范围几乎涵盖传统学科的刑事痕迹种类，并在鉴定范围和检验深度方面有诸多拓展。司法部、公安部先后发布相关系列行业标准，不断推进痕迹鉴定工作规范化、标准化工作。近年来，大数据应用、信息化建

① 《道路交通事故痕迹鉴定》（GA/T 1087-2021）。

设快速发展，微量物证检验、EDR 电子数据解析、声像资料鉴定、涉案人交通行为方式鉴定、车辆速度鉴定、车辆安全技术状况鉴定、信号灯指示状态鉴定等相关专项业务相继开展给痕迹鉴定专业发展注入了新鲜活力。

1.2 涉车骗保案特点

涉车骗保案件类型繁多，不同类型案件各自有自身特点。但总的来看，仍存在着五个方面的共性。其中，极强的隐蔽性、实施主体的多样性和形态的复杂性，是涉车骗保的外在属性；非法性、可控性，则体现了涉车骗保的内在属性[①]。

此外，涉车骗保案与道路交通事故、普通刑事案件的特点虽各有异同，但亦有交叉及关联。例如，交通事故多为意外或过失行为，普通刑事案件则大多为故意或间接故意行为；涉车骗保案与交通事故均以车辆为载体，且前者多以后者为导因；一般刑事案件与涉车骗保案虽作案工具、手段有些类同，但其涉案当事人，前者大多在暗处，后者则在明处，或许就在身边；前者（如侵财）系直接获利，后者则通过保险索赔间接获利。

涉车骗保案在痕迹鉴定阶段和处理结果等方面也具有一定特点。

1.2.1 委托鉴定不及时

涉车骗保案件大多历经交警定责、保险公司调查定损理赔、修理厂商修复、社会调查机构质疑等环节，各方不能达成一致意见才开始委托司法鉴定。委托鉴定时间一般距案（事）发时间间隔较长，短则一月有余，长则半年以上。

① 卫新江著:《汽车保险欺诈与反欺诈》，中国财政经济出版社2007年版，第20页。

1.2.2　现场原始状态缺失

司法鉴定人员大多面临的是人为变动、变造，甚至是伪造的现场。现场失去原始状态，痕迹物证均有不同程度毁损和灭失。鉴定过程中，常常需要参照现场道路印痕，研究其性状及走向；观察与车辆受损痕迹相对应的现场造痕客体接触部位，研究其外部结构特征，致痕作用力大小、方向，以印证车辆痕迹形成方式、应力传递的关联性。

1.2.3　涉案驾驶人不到鉴定现场

进入司法鉴定程序后，涉案当事人（驾驶人）多以上班、出差为由回避到场。电话联系时，常闪烁其词，或推由修理厂商代理，陈述现场情形较为零星不系统。现场接待的厂方部门负责人和员工，也可能是涉案当事人之一，鉴定工作必须谨言慎行。

1.2.4　涉案车辆多已修复

涉案车辆修复后，有的车主已经提车驶离，而对应的另一方涉案车辆也不到场，提供的检材仅为拆卸下来的受损部件，司法鉴定缺乏涉案车体参照，痕迹分布形态无法对应检测，相互关联性及其作用力传递方式均难以判断，严重影响鉴定工作质量。

1.2.5　委托单位提供的照片不专业

委托单位提供的现场照片、车辆修复前的原始状态照片大多无比例尺，照片像质较低，既不能测量车辆接触痕迹尺度、受损部位距地高度，又不能反映事故接触形态细节。由于照片的质感较差，缺乏立体感，细微特征反映较为模糊，对比检验难以精准把握。

1.2.6　车损部位大多类同

涉车骗保案件车损大多集中在前照灯总成、油底壳、差速器及变速器等部件。其中，前照灯约占比 70% 以上，保险杠并发性受损多是导因或托辞，车损重点则多在固定支架并连带灯具外壳破裂，以致漏水起雾影响照明功能；油底壳、差速器、变速器及控制电路板合计占比不到 30%，破损多为底壳漏油导致内部构件损坏，或控制电路板因故受损。

1.2.7 违法犯罪成本过低

即便司法鉴定为涉车骗保案，只是保险公司拒赔，涉案行为人也无需承担违法后果。只要赔付款未到手，则属于犯罪未遂，仍可再次“撞大运”寻机作案。即使车辆毁损严重，涉案金额巨大，法律对这类不法行为仍缺乏有效的惩罚手段。

1.3 涉车骗保案种类

涉车骗保案，是指投保人、被保险人或受益人，利用汽车保险合同谋取非法利益，其行为主要包括故意虚构汽车保险标的，编造未曾发生的汽车保险事故或人身伤害、编造虚假的涉车交通事故原因或者夸大车损程度，骗取汽车保险金等情形。这种行为不仅违反了保险合同的规定，还触犯了《刑法》中关于保险诈骗罪的规定。

汽车保险诈骗类型划分方式较为复杂：按保险标的的不同，可以分为汽车损失保险诈骗、汽车责任保险诈骗和汽车信贷诈骗等；按诈骗发生环节的不同，可以分为理赔诈骗、承保诈骗等；按实施主体的不同，可以分为投保人（含被投保人）实施的诈骗、保险人实施的诈骗和第三人（主要是保险中介机构或其他人）实施的诈骗；按实施主体数量的不同，可以分为单一主体诈骗和团伙诈骗；按实施主体隶属关系的不同，可以分为外部人诈骗和内部人诈骗；按诈骗是否事先策划，可以分为谋划型诈骗和投机型诈骗；按诈骗具体对象的不同，可以分为保费诈骗和赔付诈骗等[①]。

---

① 卫新江著：《汽车保险欺诈与反欺诈》，中国财政经济出版社 2007 年版，第 14~19 页。

由于汽车保险诈骗案涉及痕迹检验鉴定大多为汽车损失类保险诈骗，据其特点并便于对应论证和阐述，故以涉案人员作案起意的主观意向和案件形态、表现形式划分为以下六种类型。

1.3.1 预谋策划型

该类型案件系不法车主为骗取大额保险赔付金，特意购置二手豪车，预设现场，多选择偏僻野外且视频监控盲区及路边水体作案。在毁车方式、撞碰（接触）角度以及避伤自身等方面都有周全策划。撞击对象多为坚固物体，如混凝土隔离墩墙、涵闸门柱、岩石、电杆及树木等。

其毁损主要包括三种方式：一是直接撞损，造成车辆损毁无修复价值；二是先撞损后点火焚车以致车辆完全报废，或直接焚车谎报车辆自燃；三是挂低速挡或空挡致车辆驶入水体报废。车损部位多在车辆前部右侧（避伤自身）、发动机底部及控制电路模块等，一般为不涉及第三者人身及其他车辆的单方事故（案件）。

【鉴定案例】

一、案情简介

20×× 年 9 月 21 日 23 时许，在 ×× 市 ×× 大堤堤面路段，×× 驾驶 ××××× 号黑色梅赛德斯－奔驰牌小型越野客车（以下简称客车）与大堤限宽石墩相撞，造成车辆受损。

委托鉴定事项：本次事故形态。

二、资料摘要

1. 现场图及现场照片显示：本次道路交通事故现场为东西双向水泥路面，事发现场道路两侧设有限宽石墩，其间距为 2.5m，石墩高度约为 1.16m；表面为红白相间的反光油漆涂装。客车头东南尾西北停止于现场道路中部，前部与道路南侧限宽石墩相邻，石墩表面检见红色涂层擦脱及黑色漆片附着的擦撞痕；在西侧路面未见客车遗留制动印痕（如图 1–1 所示）。

图 1–1　现场照片

2. 委托方提供的《委托书》《行车证》《询问笔录》显示：客车系 2012 年 7 月注册，现车主 2021 年 9 月 11 日过户办理行车证，随即足额投保且不计免赔（当地一家新近入市的保险公司），并于 10 天后深夜即发生撞车。当事的驾驶人来自 250 公里之外的偏远山区，事发后回家乡（检验时未到场）。

三、鉴定过程

（一）检验所见

客车前保险杠及其内衬横梁均受损脱落，脱落的保险杠右侧检见黑色漆层擦脱的擦撞痕，内衬横梁右侧弯折变形；散热器右侧弯折变形，局部破损；右前照灯受损脱落；发动机盖前部右侧凹陷变形并向后拱起，其表面检见黑色漆层擦脱及红色物质附着的擦撞痕；右前翼子板前部弯折变形，其表面检见黑色漆层擦脱及红色物质附着的擦撞痕；上述痕迹受力方向为由前至后，距地高度在 30cm~120cm 之间（如图 1–2 所示）。

图 1–2　车辆碰撞痕迹照

（二）车速计算

根据本次事故现场图及现场照片进行分析：本次事故形态为客车撞击固定物后停止；经测量，客车前部右侧塑性变形量约为 0.95m。根据国家标准《道路交通事故车辆速度鉴定》（GB/T 33195-2016）中相关公式计算客车在事故发生时碰撞前的瞬时车速：$v=67l$。其中，v 系客车在事故发生时碰撞前的瞬时车速；l 系客车前部右侧塑性变形量，取值约为 0.95m。将参数代入上述公式后，计算得出：客车在事故发生时碰撞前的瞬时车速约为 64km/h。

四、分析讨论

1. 将客车前部右侧受损痕迹与事故现场南侧限宽石墩受损痕迹相比较，两者在痕迹形成方式、距地高度上均对应相符且有相应颜色的物质交换；客车前部右侧与事故现场南侧限宽石墩相撞可以成立。

2. 客车系已使用约 9 年的二手奔驰牌豪车，转手办证过户、新任车主足额投保仅过 10 天就撞石墩导致车辆报废。雇主 ××× 自己会驾车，一辆二手车，却要在偏远外地聘请专职驾驶人；《行驶证》上注册的车主是雇主妻子 ××，但客车在事发前一直掌控在雇主手上。这一系列事态明显过于蹊跷。

3. 本案肇事的驾驶人 ××× 跨地市应聘却住在酒店，次日就出了车祸；深夜独自驾车到无路灯的偏僻大堤，两边陡坡，路面仅 6m 宽，车速竟达 60km/h~70km/h；事发现场的限宽石墩高大且反光标识醒目，竟毫无本能的制动反应，径直发生碰撞。

根据车辆痕迹检验情况，结合本次事故案情及现场情形分析认为：对本次撞车事故，上述涉案当事人的主观态度应是期望性意愿。

1.3.2　联手串通型

该类案件系不法车主、不良修理厂商及“吃里扒外”的保险代理人之间（或两方、多方）串通合伙，伪造或变造车辆交通事故。其方式由厂家选配与标的车车损部位相对应的车辆（俗称拉郎配），谎报发生事故。双方车主（或驾驶人）一般不到场，由厂家有关部门负责人出面周旋，并故意将两涉案车分别停放异处，造成对照检验困难。该类案件内部有明确固定的分工，对选择破坏的部件部位、使用工具种类，以及受损角度、力度把握等方面均有周密计划，甚至运用电脑图片处理技术伪造文件、置换签名串通作案，具有明显的职业化、智能化特征。

【鉴定案例】

一、案情简介

20×× 年 ×× 月 ×× 日，××××× 号小型越野客车与 ××××× 号黑色雷克萨斯小型轿车（以下简称轿车）在 ×× 市 ×× 区某修理厂内发生碰撞，导致轿车巡航传感器受损。

鉴定地点在另一修理厂，鉴定时当事的车主（驾驶人）和事发修理厂人员均未到场。

二、鉴定过程

检验所见：

检验时，轿车巡航传感器已拆卸，其外壳材质为铝合金，原安装于前车标正后方，二者之间中空且存在 2cm 间距；巡航传感器左右两侧及上沿有三处固定支架与中网框架相连，其后方与其他部件之间存在一定间距且无刚性连接；其壳体右侧固定支架下方破裂并向后位移，下部螺孔边缘前后检见两处条状对应的夹持类工具痕迹，受力方向为由后至前（如图 1-3 所示）；其壳体右下边沿检见三处金属擦脱的磕击类工具痕迹（如图 1-4 所示）。

三、分析讨论

轿车巡航传感器固定于前中网正中，前车标的后方，二者均固定在中网框架上，且与后方其他部件无刚性连接，故巡航传感器在事故发生时随前中网受力形变而同步位移；其壳体右侧固定支架下方破裂痕迹、螺孔边沿夹持类工具痕迹及壳体右下边沿磕击类工具痕迹，以上痕迹符合使用工具夹持折扭、磕击所形成的痕迹特征。巡航传感器壳体右侧固定支架内侧下部破裂痕迹受力方向为由后至前，与事故现场情形不符。

综上分析，该车巡航传感器的受损，显然为人为伪造，修理厂商与双方车主存在伪造交通事故骗保嫌疑。

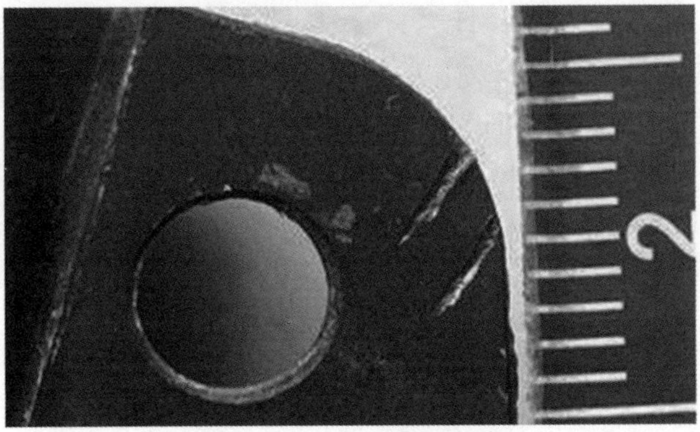

图 1-3　夹持类工具痕迹

图 1-4　磕击类工具痕迹

1.3.3　转嫁车损型

该类案件大多是涉案车辆事前某部件受损，因某种原因，如使用不当导致车内机械、电气受损（故障），脱保期间、逾期未年检发生事故，酒驾毒驾肇事等不能向保险公司索赔，部件受损后选择在隔离桩、路缘石、地下车库承重柱以及凹凸破损路面等物体或与其他事故车辆拼凑摆拍事发现场，伪造轻微事故，或直接编造虚构事故情形，企图将事前事故车损予以转嫁，从而获取保险赔付以修复、更换受损部件。

【鉴定案例】

一、案情简介

20×× 年 ×× 月 ×× 日，××××× 号黑色梅赛德斯－奔驰牌小型轿车（以下简称轿车）驾驶人报称：本人驾驶轿车在 ×× 市 ×× 区 ×× 路段与花岗石隔离桩（以下简称隔离桩）相撞，造成该车前部右侧（包括右前照灯壳体）受损。

二、资料摘要

现场照片显示：

事故现场隔离桩系垂直圆柱体，表面光滑，整体完整且未断裂、倒塌；轿车前部右侧与该隔离桩相贴，隔离桩顶部位于轿车前保险杠右侧中部（如图 1–5 所示）。

图 1–5　现场圆柱体隔离桩

三、鉴定过程

检验所见：

1. 轿车前保险杠右侧中部距地高度在 40cm~50cm 之间检见左高右低斜向擦痕，其右侧下部距地高度在 20cm~24cm 之间检见线条状撞擦凹陷痕迹，其下部右侧下表面距地高度在 20cm~22cm 之间检见黄色物质附着的片状、条状擦撞痕，其下部横向构件右侧松旷（如图 1–6 所示）；前保险杠右转角下部检见横向破裂痕迹。

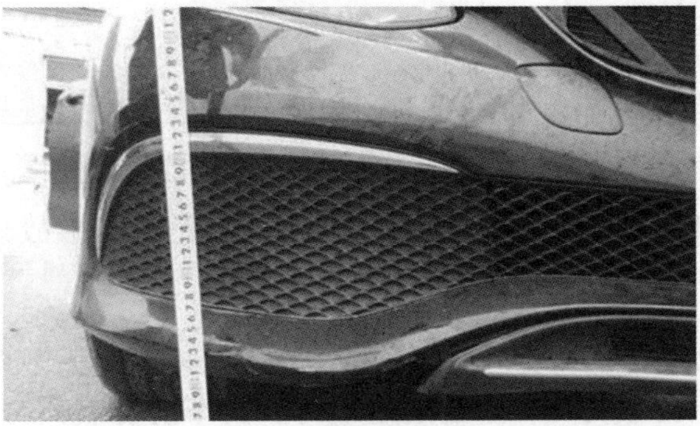

图 1–6　碰撞部位照片

2. 轿车右前照灯壳体后上部固定支架断脱，部分缺损，其断面局部检见横向摩擦痕迹及沟槽；右前照灯壳体下部右侧固定支架断脱，其断面局部检见横向摩擦痕迹及沟槽，并检见泥灰附着，相邻壳体破裂；灯罩完好（如图 1–7、图 1–8 所示）。

图 1–7　右前照灯壳体后上部固定支架受损痕迹

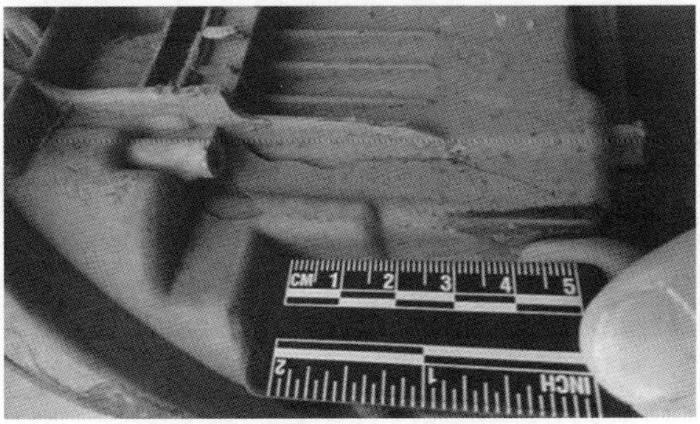

图 1–8　右前照灯壳体下部右侧固定支架受损痕迹

四、分析讨论

1. 轿车前保险杠右侧中部痕迹呈斜向，右侧下部痕迹呈线条状，下部右侧下表面痕迹呈片状及条状；事故现场隔离桩呈圆柱体，表面光滑，二者在痕迹形态上不相对应，故轿车上述痕迹不符合与事故现场隔离桩相撞所形成的痕迹特征。

2. 轿车右前照灯上、下固定支架均断脱，受损痕迹断面均检见横向摩擦痕迹及沟槽，灯罩完好。上述痕迹不符合轿车前部右侧与其他物体相撞，应力传导致右前照灯壳体受损所形成的痕迹特征。

综上分析，轿车前部右侧及右前照灯壳体支架受损痕迹不符合在本次事故中所造成。本次事故现场系人为摆拍，其目的是转嫁事前车损。

1.3.4 趁机扩损型

该类案件中确有正常事故发生，但车体受损较轻，未达到更换新部件的程度。按程序报损虽可获取保险赔付，但车主为了更新部件，修理厂商为了获取额外的不当利益，驾驶人或修理厂家乘机在事故受损处进行人为叠加、延伸扩损，或在应力可以传递到达的部位进行人为扩损，以致部件报废。有的将轻微受损可修复的原部件卸下，换上旧件人为致损报废，定损索赔后再装上原部件。由于正常事故车损痕迹与人为扩损痕迹可能相互交织，且新旧程度类同，应力传递的机理、部件材料承受力临界点的把握较为复杂，加之相邻相关的车损处大多已修复，原始状态只能参考照片，故甄别界定扩损范围需要专门手段和专业技能，在蛛丝马迹中查寻破绽。

【鉴定案例】

一、案情简介

20××年××月××日，在××市××路段标的车（××××号黑色奥迪牌小型轿车）与三者车（××××号小型普通客车）发生碰撞。标的车左前照灯、车体前中部受损，定损5万余元。

二、资料摘要

委托单位提供的照片显示：三者车前号牌凹陷变形，受损部位表面可见擦撞痕迹；前保险杠左侧下部破损；前保险杠中上部破裂。标的车前中网中下部破裂；前号牌凹陷变形；前中网左侧破裂；发动机舱盖左侧前缘凹陷变形。

三、鉴定过程

检验所见：

1. 标的车左前照灯已拆卸；该灯罩的右下侧面“L”型拐角及其相邻部位检见多处破裂痕迹，局部凹陷变形（如图 1–9 所示）。

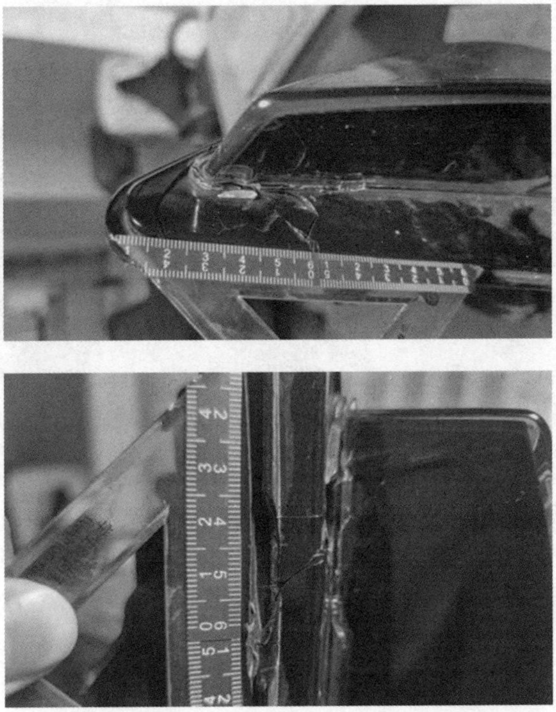

图 1–9　左前照灯右下侧受损痕迹

2. 该灯罩的右部下侧面与后部壳体衔接部位破裂、部分断脱，残留部分局部变形，受损部位检见由下至上的塑料堆积痕迹，相邻塑料边棱检见折裂凹陷痕迹；该灯罩右角与后部壳体衔接部位挤压变形；该灯壳体的右侧下部固定支架受损断脱，受力方向为由上至下（如图 1-10 所示），壳体上侧面中部的固定支架受损断脱，痕迹受力方向为由下至上（如图 1-11 所示）；该灯壳体的左侧固定支架局部断裂，痕迹受力方向为由后至前。

图 1-10　左前照灯右侧下部的固定支架受损痕迹

图 1-11　左前照灯上侧面中部的固定支架受损痕迹

四、分析讨论

1. 将标的车前部中偏左侧的受损痕迹与三者车前中部的受损痕迹相比较，两者在痕迹形态及形成方式上均对应相符。根据痕迹的形成机理，上述痕迹符合标的车前部中偏左侧与三者车前中部发生碰撞所形成的痕迹特征。

2. 标的车左前照灯灯罩的右部下侧面“L”型拐角部位检见局部破裂、

凹陷痕迹，据其形态及受力方向分析认为不符合一次性形成的痕迹特征，根据委托单位提供的现场照片显示：标的车前部中偏左侧与三者车前中部发生碰撞，两车发生接触应为面与面发生接触。当标的车前部左侧面整体受力时，无法造成其左前照灯灯罩的右部下侧面“L”型拐角部位的局部破裂凹陷痕迹。故排除上述痕迹系与三者车发生碰撞所形成。

3. 标的车左前照灯灯罩的右部下侧面与后部壳体衔接部位检见塑料边棱折裂凹陷痕迹，局部破损残留壳体变形，痕迹整体受力方向为由下至上，上述痕迹符合刚性客体击打该处所形成的痕迹特征。

4. 标的车左前照灯后部壳体的右侧下部固定支架及中部上侧面固定支架受损断脱，其痕迹受力方向为由下至上；左前照灯壳体的左侧固定支架局部断裂，其痕迹受力方向为由后至前。上述受损部件的受力方向与标的车碰撞时受力方向不相符，故排除上述痕迹为本次事故中形成。

综上分析认为，标的车左前照灯受损痕迹在形成方式、痕迹形态、受力方向上与本次碰撞事故无关联，应是事后人为扩损所致。

1.3.5 厂商牟利型

该类案件是指一些汽修厂商为获取额外利益，故意在正常事故车损处周围或应力可以传递处，选择较为昂贵部件（前照灯总成、油底壳、变速器、发动机等）进行人为破坏致其报废，或采取涂抹机油伪装部件损坏漏油、偷梁换柱以旧的破损部件冒充替代本次车损、移花接木更换牌照并用他人身份证等手段索赔。具体破坏手段则根据部件材质和抗力强度，分别或并用“撬、扳、锤、砸、割、凿、錾、压、踹”等方式对某部件实施破坏，甚至使用塑料焊枪、电烙铁等工具烙烤破坏。具体实施者多为厂内熟练技工，且就地取材选用修理工具。汽修厂商实施上述行为一般回避车主，一些车主即便后来知情，也因自己的车辆可更新部件装作不知情或主观配合。

【鉴定案例】

一、案情简介

20×× 年 ×× 月 ×× 日，在 ×× 市 ×× 收费站路段，××××× 号凯迪拉克牌小型轿车涉水行驶，造成发动机进水受损的事故。

二、鉴定过程

检验所见：

1. 轿车发动机第四缸活塞连杆断裂，连杆呈工字形，两侧平面均检见横向条状錾凿痕迹及压痕，其中一处压痕表面检见破裂痕迹，一处压痕位于断裂痕迹分离线处，压痕呈中间重两侧轻的特征（如图 1–12 所示）；连杆断端部位边缘尖锐，未检见明显磨损痕迹；活塞裙部边缘处均呈弧形，其中一侧破损，将连杆摆动至该处裙部时，破损部位与连杆压痕在位置上不对应。

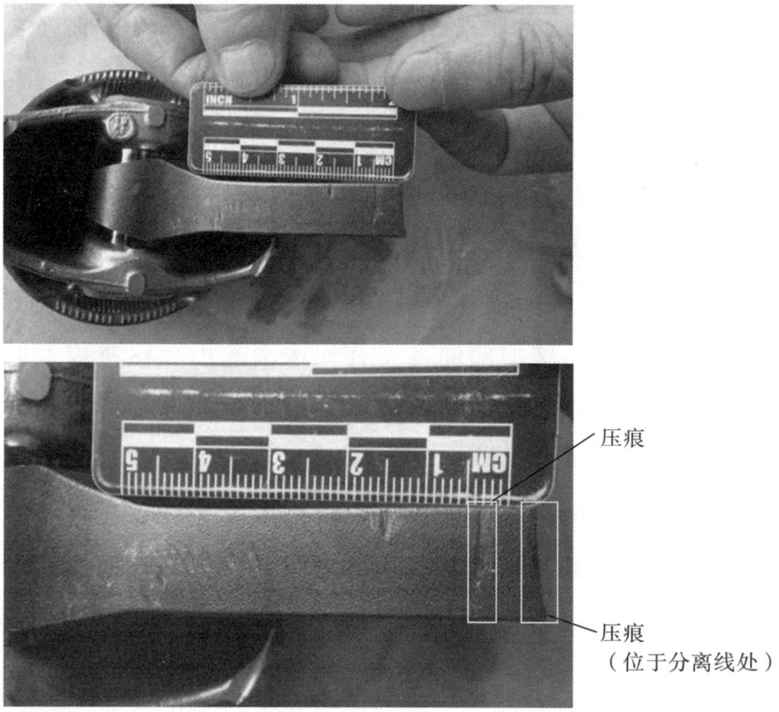

图 1–12　第四缸活塞连杆受损痕迹

2. 轿车发动机第四缸缸体下部润滑油道口处局部缺损，表面检见多道平整光亮的錾凿痕迹（局部形态类似）及一处粗糙断裂痕迹；润滑油道口右侧（面对拍摄照片观察）检见多道竖向排列的横条状錾凿痕迹，錾凿痕迹呈两侧重中间轻微的特征，润滑油道口下方附近检见多道折线状细线条擦痕（如图 1–13 所示）。

图 1–13　第四缸缸体錾凿痕迹

三、分析讨论

1. 轿车发动机第四缸活塞连杆表面的压痕均呈横向条状，且中间重两侧轻，其形态特征及位置关系上均不符合与活塞裙部及缸体内壁相接触所形成。根据痕迹的形态及形成机理，上述痕迹符合工具多次形成的痕迹特征。第四缸活塞连杆断端部位边缘尖锐，未检见高速运动状态与金属部件接触、碰撞所形成的磕击痕迹，可以排除该连杆在发动机运转过程中因运动受阻断裂的可能性。该连杆断裂痕迹分离线处存在一处压痕，说明连杆断裂符合人为使用液压类工具所形成。

2. 轿车发动机第四缸缸体下部润滑油道口处受损痕迹及相邻部位均检见錾凿痕迹，其中缺损处的錾凿痕迹表面光滑；该部位右侧检见的横条状錾凿痕迹呈两侧重中间轻微的特征，上述痕迹符合受平口工具錾凿所形成的痕迹特征。结合第四缸活塞连杆的断裂原因分析认为，可排除连杆与缸体发生接触的可能性，上述缸体内部受损痕迹符合人为造成的工具痕迹特征。

综上分析认为，轿车发动机第四缸缸体内部受损及活塞连杆断裂，均符合在修理厂拆卸后人为使用工具造成。

1.3.6 重复索赔型

该类案件系不法车主为非法获利，在正常事故保险赔付到位后，利用原旧车损件，串通他人编造摆拍事故现场，又向另一家保险公司以标的车、或以第三者车的名义报案索赔。近几年，保险行业网络逐步健全完善，相关信息共享，此类案件虽有所减少，但针对新成立的保险公司的骗保案件时有发生。这些公司为了开拓市场、做大业绩，加之一线新员工经验不足，极易被不法分子蒙蔽。

【鉴定案例】

一、案情简介

20×2 年 4 月 15 日，×× 驾驶 ××××1 号小型轿车与 ×× 的 ××××2 号蓝色思铂睿牌小型轿车发生碰撞。20×2 年 4 月 30 日，××× 驾驶 ××××3 号小型轿车与 ×× 的 ××××2 号蓝色思铂睿牌小型轿车发生碰撞。两次事故中 ××××2 号小型轿车均为后部受损。

委托鉴定事项：××××2 号蓝色思铂睿牌小型轿车（以下简称轿车）

两次报案的事故受损痕迹是否一致。

二、鉴定过程

检验所见：

1. 由 20×2 年 4 月 16 日拍摄的车辆检验照片显示：该车后号牌左下固定螺栓下方凸出棱边处（后备厢盖后部左侧表面）检见两处擦撞痕，其表面漆层擦脱；后保险杠两侧（左侧反光条右上方、右侧反光条左上方）均检见折痕及凸起痕迹；后保险杠内衬横梁中部向前位移并弯曲；后部倒车雷达装置壳体破裂（如图 1-14 所示）。

图 1-14　20×2 年 4 月 16 日拍摄的车损照片

2. 20×2 年 5 月 2 日拍摄的车辆检验照片显示：轿车后号牌左下固定螺栓下方凸出棱边处（后备厢盖后部左侧表面）检见两处擦撞痕，其表面漆层擦脱；后保险杠两侧（左侧反光条右上方、右侧反光条左上方）均检见折痕及凸起痕迹；后保险杠内衬横梁中部向前位移并弯曲；后部倒车雷达装置壳体破裂（如图 1-15 所示）。

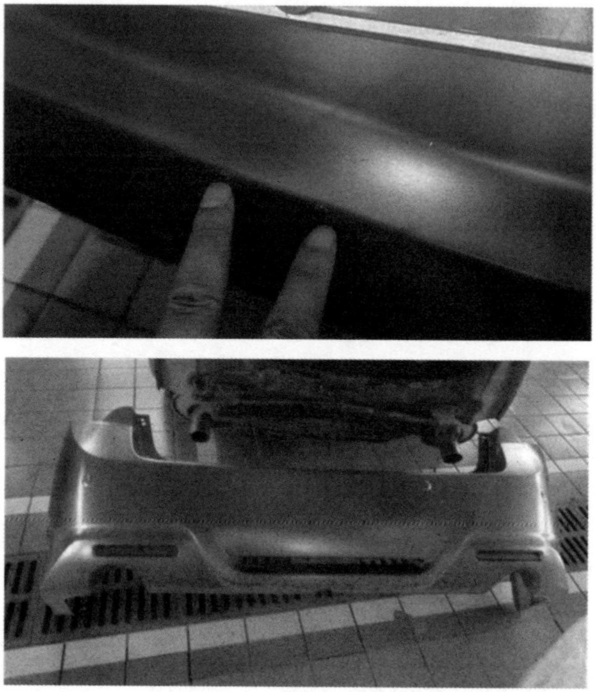

图 1-15　20×2 年 5 月 2 日拍摄的车损照片

三、分析讨论

上述两组痕迹在遗留部位、痕迹形态、形成方式上均相一致。由此判断，20×2 年 4 月 16 日拍摄的车辆检验照片中显示的轿车后部四处（后备厢盖后部左侧、后保险杠两侧、后保险杠内衬横梁、后部倒车雷达装置壳体）受损痕迹（如图 1-14 所示），与 20×2 年 5 月 2 日拍摄的车辆检验照片中显示的轿车后部相同位置的四处受损痕迹（如图 1-15 所示）均对应一致。

1.4　涉车骗保案防范

随着科学技术高速发展，汽车工业科技含量不断提升，新能源、新材料及新技术大量引入，“数字化、智能化”等新型汽车接踵上市。目前，车辆痕迹鉴定业界，对新能源汽车性能、车辆部件新材料的性状、智能化车辆运行机理等方面，还存在诸多认知上的盲区。可以想见，涉车骗保案作案手段也会不断翻新，如对汽车数控系统置入“进程炸弹和逻辑炸弹”，侵损电控模块、远程操纵、修改仪表及后台数据、阻断和截取遥控信息等。

1.4.1 建立识别鉴定体系

目前，保险诈骗（含涉车骗保）识别机制，各保险公司运行方式不尽相同。有的将该类案件专项调查工作外包社会调查机构（俗称私营侦探所），涉及专门技术问题则委托司法鉴定机构进行鉴定；有的理赔部门兼职自行调查，有嫌疑则委托司法鉴定机构进行鉴定。社会调查机构缺乏保险行业联网大数据信息支撑，其方法手段系擦边球，有法律风险；保险理赔兼职调查则缺乏社会调查方法和专门手段，专业化程度不高。总之，各有利弊，社会效果欠佳，案件很少能移送警方进入诉讼程序。

根据该类案件规律、特点，以及现行法律环境，各保险公司可以借鉴国外有关发达国家成功经验，建立一支专门从事保险诈骗识别调查的专业队伍，引进专门人才，加强技能培训和实战演练，对内纵横向沟通网络大数据信息，对外架构起“市场管理、司法鉴定、公安经侦”等部门协同联动的桥梁。作为保险诈骗识别关键环节的司法鉴定，则应在协作联动体系中担当主角。各司法鉴定机构从业人员，应在积极参与行业协会组织的继续教育培训的基础上，与时俱进地开展多种形式、多种渠道的“考察进修、科研实验”等学习活动，以加快知识更新。引进高端专业人才和尖端科技手段，组建不同类型的专家团队，与相关科研机构，专业院校建立“跨学科、跨领域”协作联动机制，借助社会资源，构建“多元化、复合型”的鉴定体系。

1.4.2 构筑全方位防范系统

随着社会经济的发展，保险欺诈形态多样化，隐蔽性更强，识别涉车骗保也变得更加困难。在这种背景下，仅凭保险行业自身的功能，难以有效防范该类违法犯罪。对此，建立信息联网、多部门联手等一体化防范机制十分必要。

在国家层面上，保险行业协会应健全完善“失信记录，黑灰名单”网络查询平台，将涉车骗保案的不法维修企业基本情况、涉案人员身份、职业及前科记录，涉案车辆号牌、车架号、发动机号（动力电动机等唯一性代码）等信息详细录入，并督导基层一线承保单位建立“自动预警”终端，一旦出现涉及“黑灰名单”相关信息，则自动提示报警。

在部门层面上，加大力度优化改进保险理赔业务流程，引入保险诈骗识别系统，使监督关口前移。探索适合国情的汽车保险反诈骗实务方法体系，组织编制相关“关键指标特征表”（如表 1-1 所示），理赔流程中发现类同特征及时预警；在相关宣传卡册、网页、专栏上编印“警示语”，倡导社会诚信，警示违法犯罪。与此同时引入新技术（高级保险欺诈识别和分析、索赔激活、远程通信等），着力提高汽车保险诈骗嫌疑发现率，有效遏制保险诈骗类违法犯罪。

在社会层面上，健全多渠道、信息共享的协作机制：通过行业协会查询涉案车辆出险记录，交警查询车辆转让及现场勘查情况，侦查部门调取手机定位轨迹和通话记录，司法鉴定机构的事故形态、性质鉴定意见，多管齐下，全方位压缩涉诈骗保案等违法犯罪的生存空间。

表 1-1　汽车保险诈骗关键指标特征表①

（1）年出险次数 4 次以上（最近一次距该次出险相隔 60 天）；

（2）事故发生日临近保单到期日；

（3）单车事故，且事故发生在偏远地区、夜间、没有目击证人；

（4）车撞损失严重，且投保人无法说出被撞车辆的车主、车号；

（5）驾车人对事故的描述与现场勘查的记录无法相符；

（6）老车型、足额投保，出险次数频繁，报案却相当及时，且损失

① 卫新江著：《汽车保险欺诈与反欺诈》，中国财政经济出版社 2007 年版，第 157 页。

金额不大；

（7）车辆伤痕的新旧程度不同；

（8）车辆受撞不足以导致气囊破裂，但气囊实际已经破裂；

（9）投保人坚持气囊属于正常弹出，但现场存在者明显的气囊被人为切开的情况；

（10）被撞车辆缺乏动力、油箱中没有油、关键部位有生锈现象。

警示语范文①：“任何以虚假、编造的证据、事故夸大车辆修理费、医药费等不真实行为实施的要求保险赔付的行为，都是违法的，情节严重的，触犯刑律的，将要承担刑事责任。”

1.4.3　提高违法犯罪成本，强化社会威慑力

涉车骗保行为的双重侵害较为典型。一般侵财诈骗行为，当犯罪未遂其社会危害性随即停止，而涉车骗保行为则不然，即使未遂（保险拒赔）其前期行为已经对特定的公私财物产生了严重侵害（车损），后期处罚因无法可依，涉案人则可逃避法律责任。这种低犯罪成本的环境，必然诱发更多人铤而走险。如犯罪成本高，即可能面临严重法律和社会后果，则可在社会产生一定的威慑效应，减少犯罪行为的发生。对行政监管部门法定职责、职能部门之间的合作、保险诈骗的刑事、民事、行政法律责任等制度和规范予以明确规定，提高涉车骗保案犯罪成本，从立法层面解决问题。

① 卫新江著：《汽车保险欺诈与反欺诈》，中国财政经济出版社 2007 年版，第 185 页。

第2章　涉车骗保案痕迹检验鉴定

涉车骗保案痕迹鉴定系“道路交通事故痕迹鉴定”的衍生分支，其方法、步骤，在公安部的部颁标准、有关专业院校的教材及专家学者的专著中均有明确的规定和翔实的阐述。鉴于涉车骗保案在诸多方面有别于一般道路交通事故，其痕迹检验步骤具有自身特点。

2.1　拟定方案

首先要收集涉案相关资料，吃透案情。同时，要认真审查检材，并详细拍摄、固定检材原始状态，在此基础上根据委托方的鉴定要求、检材性状以及案发现场情形等因素，拟定检验方案。重点针对检材的特点，选定最合适的检验方法，以“不影响后续复检、不损害检材、不耗费或少耗费检材”[①] 为前提，按检验方案有序进行。

2.2　分别检验

相对道路交通事故、涉车骗保案件而言，分别检验是通过观察检测，

① 冯浩、潘少猷编著：《道路交通事故痕迹物证鉴定概论》，北京科学出版社2020年版，第56页。

分别发现研究“造痕体、承痕体（即涉案车辆及其他相关物体）”上的痕迹形态等物理性状和接触处外部结构等几何特征，以及形成条件、变化方式，进而认识二者同一性、关联性的过程。然而，涉车骗保案的涉案车辆在鉴定时多已修复，车主大多已提车投入使用；事发现场多已变动，相关物体痕迹物证也多已毁损、灭失；提供检验的检材仅为拆卸的受损部件和委托单位、修理厂商拍摄的不规范的现场或车损照片。

为弥补上述“先天不足”，检验鉴定人员，应拓展视野，充分发掘现有的检材和资料潜在信息，深入解析，实现其价值最大化。一是以同款车辆为参照系，推测受损部件痕迹距地高度，认真观察修车厂商提供涉案车辆修复前的车损照片，对照分析两者的内在联系及应力传递的途径。二是以现场同类涉案物体为参照系，研究委托单位拍摄的现场照片，观察造痕体接触痕迹的形态、附着物的物理性状及推测痕迹的几何尺寸，分析两者互为“造痕、承痕”的符合程度。三是分析委托单位拍摄的另一涉案车照片，研究涉案双方车辆受损部位的痕迹形态、形成方式、距地高度、受力方向及物质交换（转移）等情形的对应关系和异同点。

1. 检验涉案车辆受损部件相关信息。检验出厂日期、零部件代码等，并记录拍摄固定（如图 2–1 所示）。

图 2–1　零部件代码

2. 鉴别涉案车辆各类痕迹的新旧程度。发现确定新近痕迹，推断造痕体部位，进而研究痕迹形成机理。即以何种方式在何种条件下形成的，介质、载体对痕迹特征的反映有何影响。

3. 检测各类痕迹相关物理性状。检测分布形态、几何尺寸、形成方式、受力方向、距地高度以及附着物的颜色、性状、质地等；排除痕迹上各种假象或变化现象的干扰，识别并选取那些真实客观稳定的特征。按程序规定提取交换转移的物质，以备实验室进行对比检验（如图 2–2 所示）。

图 2–2　照片中灯光影像干扰

4. 观察涉案车辆、涉案相关物体受损特征。观察变形状态、受损形态、扭曲方向、溃缩程度、皱褶朝向等特征。其中，表层受损状态特征对分析判断造痕体质地的刚性、柔性状具有较高价值（如图 2–3 所示）。

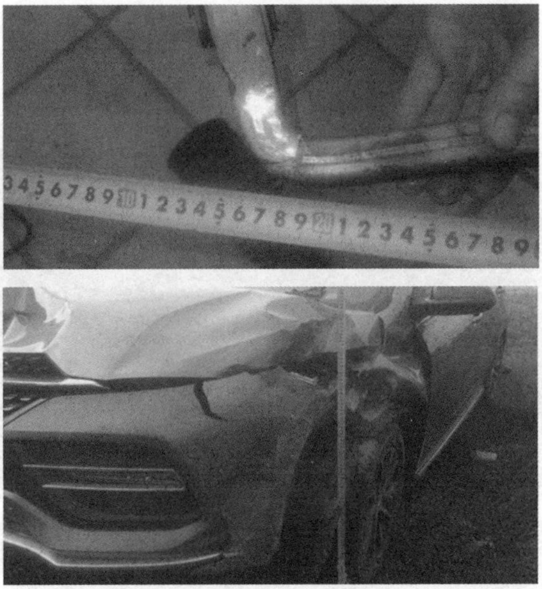

图 2-3　碰撞变形受损痕迹

5. 观察涉案车辆受损脱落的零部件及碎片。分析其表面隆起、凹陷的性状，裂痕走向及错位搭接形态，断口、分离线特征；对与其伴生的接触痕迹应注重观察是否有工具痕迹特征（如图 2-4 所示）。

图 2-4　断口、分离痕迹

6. 观察涉案有关物体的接触痕迹。观察护栏、隔离墩、路缘石、沟渠、行道树、电线杆、建筑物等接触痕迹，注重其受损部位距地高度、附着物形态性状，植被倒伏方向及路外滑移轨迹（如图 2-5 所示）。

图 2-5　道路设施表面痕迹

2.3　比较检验

比较检验，是指在分别检验的基础上对涉案车辆以及其他涉案物体上痕迹的对应特征逐一比对，充分揭示两者所反映的同一性、关联性特征异同的过程。根据涉车骗保案件特点，其痕迹比较检验应从两者之间总体类型、相互之间对应特征的形态、大小、位置及相互关系等入手，先比对一般种类特征，再比对细节特征，循序渐进。

2.3.1　痕迹形态特征比对

交互观察分析造痕体与承痕体对应点，注重比对能够反映造痕体外部结构形态的痕起缘、痕止缘的细节特征是否相符。

1. 形状特征比对。比对撞击凹陷、挤压变形、轮胎印压等反映造痕体外部结构形状特征的痕迹直观形态、几何尺寸及角度、边沿走势等特征的异同情形；将相比较痕迹图像并列于同视野相互对照，逐区、逐点地比对观察其异同点；制作特征比对表，将特征编号并对应连线（如图 2-6 所示）。

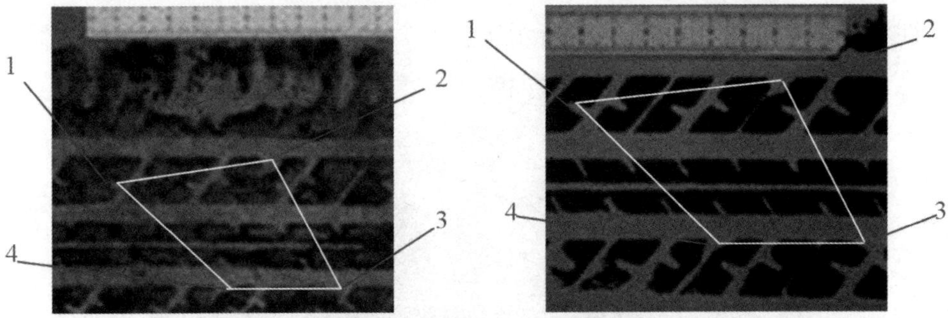

图 2-6　轮胎印压痕迹特征比对（左图为现场血迹、右图为样本）

2. 线状特征比对。对擦划、挫划、刮擦、剪切等相对运动中形成的线状痕迹（横截面）单峰宽度、波谷深度、波峰间距等特征进行重叠、拼接比对，检测对应痕迹线状特征延伸连贯重合异同情形。具体操作主要是借助投影比对仪、比较显微镜进行衔接比对，或同比例照片（复印件）在特征类同部剪开进行拼接，观察特征是否连贯、吻合。

3. 缺损特征比对。比对涉案车辆部件、涉案相关物体在相互接触过程中形成的缺损、洞穿、断脱所形成对应痕迹并反映造痕体的缺损特征；借助图片处理软件功能，将相同比例痕迹或相关物体图片叠放在一起，通过透光观察比较图像重合情况，或进行实物嵌合观察。

2.3.2　附着物特征比对

涉车骗保案在“车与车、车与物”接触过程中会形成痕迹，常伴有表层物质或物体断离的碎片转移和交换，俗称“附着物”，如钩挂物、嵌入物、漆层、油垢、泥土、金属、护膜及塑料涂层等。上述物质的物理属性，一般借助光谱、能谱检验仪器进行微量分析，以确定其物质种属。附着物的外观颜色、新旧陈色分析，转移物质的附着形态与其对应的涂层剥离形状之间比较，物体断离碎片分离线的拼接等特征比对，同样是检验定性的重点要素。其中，纺织品、护膜类钩挂物等，在对应的物体受损形态和细节特征相符与否，则价值最佳。此外，采用延拓分析可拓展附着物价值，即以已知事物特征为基础，由点到线、由线到面，由面到三维空间方式进行链接，在立体思维框架中进行信息碰撞和联想，从而分析判断未知事物的性状及其关联性（如图 2-7 所示）。

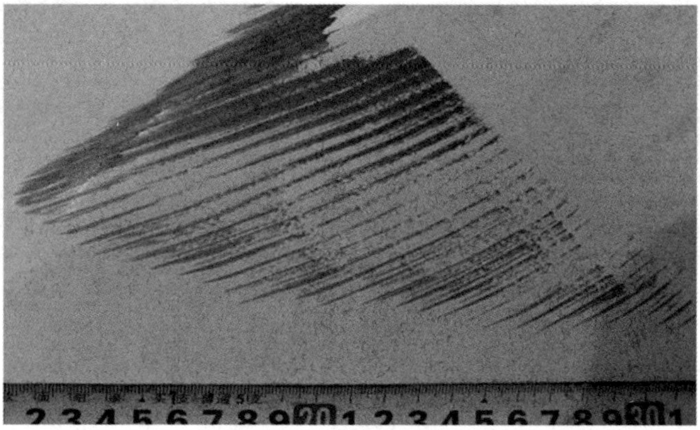

图 2-7　附着物反映造痕体接触部位形态特征

1. 对现场散落的碎片，可据其形状、质地、色泽及部件编号等特征，逆向分析原物件类型、车损部位、车体颜色及车型，进而为整体分离拼合鉴定备检。

2. 对碎片表层接触痕迹，可据其形态性状等特征，逆向分析痕迹形成方式、造痕体外部结构形状及其材质的刚柔性。

3. 对附着物（勾挂物），可据其种类、形状、颜色、质料及堆积形态等特征，逆向分析造痕主体表层性状、受损程度、对应痕迹及其受力方向，进而为物质成分备检。

4. 对燃油（机油）类物证，可据其抛撒方向、分布形态等特征，分析涉案现场第一接触点、涉案车辆在事发前后运行方向及其轨迹。

2.3.3　整体分离特征比对[①]

整体分离特征，是指散落在事故现场的破碎、断离物体的分离缘、分离线、分离面呈现的线状弯曲、转折和断面凸凹状等特征。通过拼合比对其线、缘、面上的细节特征吻合与否，认定唯一性。

1. 对照法。将分离的各部分的一般特征和个别特征直接对照，对其固有特征，如材质成分、组织结构、色泽、气孔、砂眼等进行观察比对。

2. 拼接法。将分离的各部分予以拼接，观察其相对应特征，比对物体断面上的分离线和凹凸结构特征是否吻合。

3. 延伸比对法。对较为完整的制式部件类分离物，如车标、铭牌、号牌、轮毂防尘盖等的陈旧破裂、缺损、弯折痕迹，应观察其受损边沿形态，并对照车辆分离物脱落处内衬部件对应的泥垢或油垢印迹，进行重合比对。

2.3.4　关联性特征比对

关联性特征，是指痕迹分布形态、形成方式、接触高度、受力方向、空间对应、力学性能、心理痕迹等关联特征。

1. 接触高度特征。涉案车辆之间或车辆与相关物体接触痕迹距地高度，受车辆载重、转向，倾倒侧翻，紧急制动等情形影响。通过模拟实验测试，其临界值在上限与下限之间即可评判为“可以形成”的范围。涉车骗保案涉案车辆之间以及与涉案相关固定物（护栏、墙壁、隔离桩、混凝土立柱等）接触，除比对观察二者接触痕迹形态特征、受力方向对应性及表层物质、介质交换或转移性状之外，比较其距地高度是否在“可以形成”的范围内，是评判事故真伪性质的重要依据。

2. 受力方向特征。涉车骗保案痕迹多为动态中形成，故而痕迹具有一定方向性。正常交通事故中，车辆外部接触痕迹与应力传递致其他部件受损痕迹的受力方向均为一致，涉车骗保案中车辆受损痕迹大多是将部件拆卸后或拆卸过程中人为实施，受力方向不一致。应观察比对线条状刮擦

---

① 冯浩、潘少猷编著：《道路交通事故痕迹物证鉴定概论》，北京科学出版社 2020 年版，第 330～333 页。

痕迹的痕起缘、痕止缘，客体表层物质或介质推移堆积状态和方向，部件之间衔接缝隙两侧棱边黏附物分量比，螺孔受力变形偏移方向或豁口朝向，塑料壳体部件破裂、断离痕迹断面边棱形态（皮瓣状、斜坡状、焊疤状），断口是否规整、有压缩性光泽，推挤应力传递所致隆起、凹陷的折弯方向及断口两侧错位的搭接状态，照灯总成各固定支架断裂朝向等特征。对上述痕迹特征深入研究、交互比对，即可发现潜在受力方向信息。与此同时，还应绘图示意，对各痕迹受力方向用醒目的箭头标示。

3. 空间对应特征。在涉车骗保案中，造痕体与承痕体之间的空间对应关系，各自所在“位置、方向、距离”及自身结构等因素，直接影响二者的接触形态、痕迹形成方式，甚至事关二者接触的真伪。接触痕迹与非接触痕迹之间，是隔空还是有关联性构件传递应力，测量隔空的距离及接触痕迹载体材质强度、溃缩量则可判断。涉案车辆痕迹与之对应造痕物体（如墙体、山体、电杆等固定物）的接触条件，取决于二者的空间方位及相向倾斜角度，现场实验如有间距，只能由涉案车辆侧倾靠拢，超过一定限度则车辆将发生侧翻倾覆。特定空间“开放与封闭、狭窄与宽敞”直接限制某些车损痕迹的形成，如前照灯壳体受损、固定支架断裂，据其受力方向及其他构件关联制约，只有开启发动机舱盖人为拆卸照灯时方可形成。对痕迹的距地高度、涉案车辆事发时行驶方向和所处位置，以及周围环境等空间对应特征观察比对，事关案（事）件的性质。

4. 形成次数特征。正常事故车损痕迹与其应力导致其他部件受损多为一次性形成，涉车骗保案中人为伪造受损则可能有多次行为造痕。一是观察承痕体的材质和受损程度评判承受力的强度、角度，分析其作用力能否造成其他部件受损，是否具备应力传递条件，或构件关联、间隔空间。二是观察车体接触痕迹与其他车损痕迹的受力方向是否一致。三是观察其他部件受损处有无使用工具的痕迹或人工徒手“扳、拉、拧、折”所形成的痕迹特征。四是观察车辆部件壳体不规则块状孔洞痕迹断离边沿、边沿走向、开叉裂纹朝向及转角形态。五是在车体凹陷变形处注重发现并列痕迹。预谋故意型涉车骗保案常会出现试探性并列痕迹，对照造痕客体（固定物体）撞损前的外部结构特征，判断是否具备一次性形成造痕条件。在上述基础上对各类痕迹特征相互比对，并结合受力方向分析判断痕迹形成方式和次数。

2.3.5　实验室比对

1. 显微比对法。根据痕迹形成的细微特征或微量物质特征（如细小擦划痕、物质交换中的衣物纤维、毛发等）对照标准样品（样本）进行显微特征比对。

2. 扫描电镜比对法。对固体物证（如车辆涂料、漆片）特征、物质层次、厚度、纹理及颜料粒度的分布，漆片脱落方式等特征进行一致性比对，或用整体分离痕迹方法做拼合同一认定。

3. 光谱比对法。主要通过光谱、能谱等仪器，对交换物质进行种属认定。

2.3.6　模拟实验比对

1. 现场重建，模拟案发时的现场环境和条件，选择同类型车辆、涉案人报称的接触对象（隔离墩、路坎等固定物体）进行模拟演示实验，现场重建方可印证涉案车辆痕迹形成方式的可行性和特征出现的可能性。

2. 选择涉案车辆受损部件同样材质的材料、嫌疑工具，模拟其受损方式，进行破坏性实验。从中观察其痕迹形态、破裂走向及断口棱边特征，判断工具种类、造痕部位、作用力方向及角度。

3. 将受损部件或同类型部件复位，模拟事发时接触方式，观察有无直接形成或应力传递形成的条件（受环境空间限制），判断该部件受损是否只有拆卸后方可形成。

2.4　综合评断

综合评断，是指对比较检验中发现的异同点进行综合分析、理性论证，并提出鉴定意见的过程。对于涉车骗保案痕迹检验鉴定，关键要解决涉案的“车与车、车与物”是否接触，能否致车辆特定部位受损，受损程度是否与事实相符（有无人为扩损）。

2.4.1　认定接触

造痕体与承痕体在特征性痕迹的形态相符，距地高度一致或在可以形成范围内，受力方向、形成方式相对应，有相同物理性状的物质转移或交换，无本质性差异，予以认定接触。

2.4.2 否定接触

造痕体与承痕体痕迹在形态、位置、高度、方向等方面均不相符或部分相符，且无相对应的物质交换、转移，有本质性差异，则予以否定接触。

2.4.3 部分认定、部分否定接触

涉案车辆多处痕迹（受损）中的“车与车、车与物”接触性痕迹（车损），在特征形态、距地高度、受力方向等方面均相符，且有相对应的物质交换、转移，即予以认定接触；对其他不具备上述特征要素的痕迹（受损），则即予以否定接触；同一部位车损痕迹，部分符合认定条件，部分特征有异常反映（如工具痕迹、多次形成、受力方向不一致等），有人为扩损嫌疑，则部分予以否定接触。

2.4.4 不确定接触

痕迹在位置、高度、形态、方向等方面部分相符，但无特定的物质交换、转移；交换、转移物质种类相同，但痕迹不存在对应关系；不具备鉴定条件，则予以认定不确定接触。

2.4.5 部分不确定、部分认定

同一涉案车辆数处受损痕迹，有部分痕迹与对应的涉案车辆或涉案物体有接触嫌疑，但认定条件不充分，其性质不确定则部分不确定接触；其他部分车损痕迹特征要素符合，则部分予以认定接触。

2.4.6 部分不确定、部分否定

“部分不确定”情形同上；而“部分否定”的车损痕迹特征要素不符合。

2.4.7　关键性特征不符“一票否定”

关于在比较检验阶段中发现的异同点综合分析理性论证，相关教科书均有翔实精辟的论述。基于涉车诈骗保案自身的规律特点，在操作层面上，应突出重点，直切主题；在定性问题上，要切实把握住关键性特征要素，坚持对特征性痕迹形态不符、痕迹受力方向不相同、痕迹形成方式非一次性、痕迹距高度超出可以形成范围极限、附着物的物理性状不类同、特定空间不具备接触条件、承痕体有工具痕迹特征或徒手“扳拉拧扭”等人为痕迹“一票否定”。

在鉴定实践中，综合评判是较为复杂的论证过程，涉及多个门类学科知识，且有诸多不确定因素和现场各异的特定环境在相互作用。只有全面归纳各方要素、抓住事物本质，才能准确分析事故接触形态，进而作出与事实相符的鉴定意见。

2.5　鉴定意见

鉴定意见一般分为肯定性意见、倾向肯定意见、倾向否定意见、否定性意见、留有余地或暂否性意见等。

2.5.1　肯定性意见

“是”，是指痕迹种属特征和细节特征均相吻合，或存在特定性物质交换，具有排他性、同一性的认定结论。例如，手印同一认定，整体分离痕迹认定。

2.5.2　倾向肯定意见

1.“应是”，是指具有理论上的必然性或应当如此，其倾向性强，是“大概率事件”，具有高度的盖然性，但相对于“是”又没有那么肯定，留有余地。例如，两车接触在痕迹形态、形成方式、距地高度等特征上对应相符，造痕体与承痕体对应点明确，且有相应物质交换或转移等，则用“应是”表述。

2.“可以成立”，是指有关证据可以互相印证，能确立存在逻辑链关系的有关判断和推论，则用“可以成立”表述。

3.“可以形成”，是指具备形成某类痕迹和事态的能力和条件，表示“车与车”或“车与物”之间具有一定的内在联系，能够表明造痕体、承痕体、痕迹等三者之间有较强的关联性，但仍具有一定的或然性等，则用“可以形成”表述。

4.“特征符合”，是指不排除其他可能性的前提下，在种属类同的层面作出认定结论。例如，涉案现场轮胎印痕，若无细节特征，仅凭其花纹形态，则只能判断是某种类车型或某一品牌轮胎遗留的，无法具体同一认定到某辆车的某个车轮等，则用“特征符合”表述。

5.“成分相同”，是指在微量物证的鉴定对油漆、燃油、橡胶等物质的成分认定判断。“成分相同”是种属认定，在综合评断中能够起到辅助作用，但有局限性。具体到案件中，如果能检验燃油掺杂有某种特殊成分，与被检车辆燃油类同，则具有二元因素或多元因素相同，其同一性概率必然上升。

2.5.3 倾向否定意见

“难以形成”，是指根据现场条件或情形很难发生和形成现实的结果，虽然不排除仍然有其他方式形成的可能性，仍是倾向否定的结论。例如，判断某涉案车右前照灯外罩破裂痕迹是否与现场墙柱接触所致，根据现场特定空间对应距离，设定涉案车无论何种方式靠近墙柱，二者均难以接触。

2.5.4 否定性意见

“不同一”“不是”“无法形成”，是指排除相关性与关联性的鉴定结论。例如，“事故现场遗留的某散落物不是某车所分离”，“某车与某物体未发生接触”，“排除某车与某车发生过接触的可能性”，在证据评断中排除涉案“车与车”或“车与物”之间的因果关系。

2.5.5 留有余地否定性意见

“未检见”，是指留有余地的否定性结论。在某些特殊情况下，如车辆离开现场，且已冲洗或更换部件，有关痕迹物证灭失（或原本不存在接触痕迹和附着物），在证据上无法证实所出具的暂否结论。例如，“未检见某车与某物体发生接触所形成的痕迹特征”，“由于车辆驶离现场（已冲洗或零部件更换），未检见……”。

2.6　典型案例解析

【鉴定案例 1】

一、案情简介

20××年××月××日，在××市××区××路，发生一起××××号黑色梅赛德斯－奔驰牌小型轿车（以下简称甲车）与××××号蓝色梅赛德斯－奔驰牌小型轿车（以下简称乙车）相接触的道路交通事故。

委托鉴定事项：上述甲车前保险杠及左前照灯受损痕迹是否为本次事故所造成。

二、资料摘要

现场照片显示：本次事故现场位于××路口右转弯道处，乙车右侧中后部与甲车左前角相接触。甲车前保险杠左转角上部至左前照灯灯罩外侧均检见近似水平方向的片状擦撞痕，局部检见蓝色物质附着；前保险杠左转角下部检见近似水平方向的条状擦撞痕，相邻的银色饰条断裂并检见擦撞痕，饰条断裂处内侧的保险杠受损；左前照灯壳体下表面左侧固定支架破裂，局部缺损。

三、鉴定过程

检验所见：

1. 检验时，甲车前保险杠、左前照灯均已拆卸（如图 2-8 所示）。前保险杠中部隔栅及饰条均缺失，其左转角上部检见近似水平方向的片状擦撞痕，局部检见蓝色物质附着；左转角下部检见近似水平方向的条状擦撞痕，痕迹右端保险杠受损。左前照灯灯罩外侧下部检见近似水平方向的片状擦撞痕，相邻的灯罩边缘与壳体连接处检见弧形线条状破裂痕迹（如图 2-9 所示）。

图 2-8　左前照灯

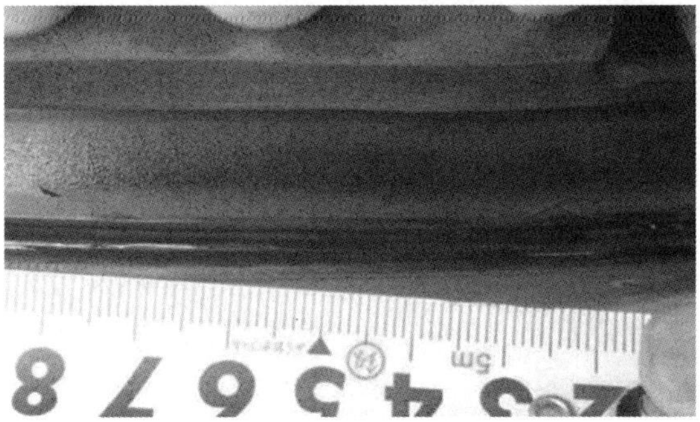

图 2-9　灯罩下沿弧形裂痕

2. 左前照灯壳体上表面左后部固定支架右侧破裂，破裂痕迹上端处及相邻部位均检见击打、弯折痕迹，痕迹下端处检见平整的三角形斜向切面（如图 2-10 所示）；该支架前侧加强筋表面检见击打痕迹（如图 2-11 所示）。

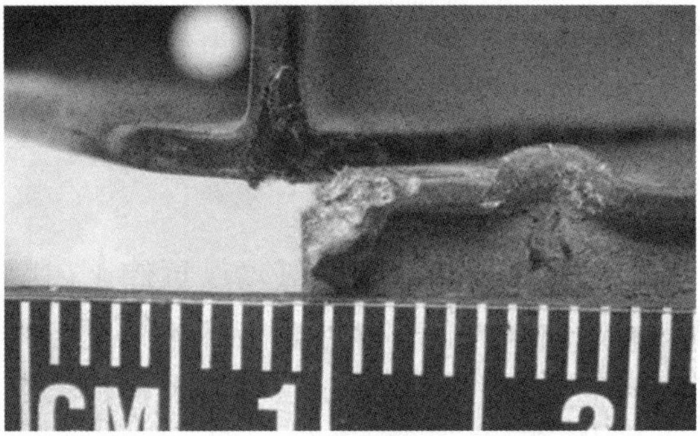

图 2-10　左后部固定支架处痕迹

图 2-11　加强筋表面击打痕迹

3. 左前照灯壳体下表面左侧固定支架破裂脱落，断面处呈现上、下斜坡等不同形态，断裂部位分离线不流畅、走向各异，局部检见白灰样物质覆盖，断面处部分塑料碎片及毛边翻转、扭曲，受力方向为多方向（如图 2-12 所示）；该支架残留部分左侧的圆柱状部件相连壳体破裂并向内（向上方）弯折变形，壳体松旷，受力方向为由下至上。

图 2-12　壳体下表面左侧固定支架痕迹照

4. 乙车右前门下部至右后门下部检见近似水平方向的蓝色漆层擦脱的片状擦撞痕；右侧车门下方踏板外边缘处检见近似水平方向的条状擦撞痕；右后轮轮眉上部凹陷变形，其表面至轮眉后部检见近似水平方向的片状擦撞痕。

四、分析讨论

1. 将乙车车体右侧中部至后部受损痕迹与甲车前保险杠左转角及左前照灯灯罩受损痕迹相比较，两者在痕迹形态及形成方式上对应相符且有相应颜色的物质转移。根据痕迹的形成机理，上述痕迹符合乙车车体右侧中部至后部，与甲车前保险杠左转角及左前照灯灯罩发生接触所形成的痕迹特征。

2. 甲车左前照灯灯罩外侧下部边缘与壳体连接处的破裂痕迹呈弧形线条状。根据痕迹的形成机理及位置关系，其符合甲车左前照灯灯罩外侧下部受外力作用，致其边缘与壳体连接处破裂所形成的痕迹特征。

3. 甲车左前照灯壳体上表面左后部固定支架破裂痕迹上端处及相邻部位、前侧加强筋处均检见击打痕迹，破裂痕迹下端处检见平整的三角形斜向切面。根据痕迹的形成机理，上述痕迹均符合工具痕迹特征，故甲车左前照灯壳体上表面左后部固定支架破裂痕迹符合工具作用所形成的痕迹特征。

4. 甲车左前照灯壳体下表面左侧固定支架破裂脱落，其断面处呈现上、下斜坡等不同形态，断裂部位分离线不流畅、走向各异，局部检见白灰样物质覆盖，断面处部分塑料碎片及毛边翻转、扭曲，受力方向为多方向；左侧圆柱形部件受力方向为由下至上。根据痕迹的形成机理，上述痕迹不符合在本次事故乙车与甲车水平方向接触过程中所形成的痕迹特征。

【鉴定案例 2】

一、案情简介

20×× 年 ×× 月 ×× 日，在 ×× 市 ×× 区 ×× 路段，发生一起 ××××× 号小型普通客车（以下简称客车）在倒车过程中与 ×××× 号白色奥迪牌小型轿车（以下简称轿车）相接触的道路交通事故。

委托鉴定事项：轿车右前照灯受损是否为本次事故所造成。

二、资料摘要

委托单位提供的现场照片显示：客车后保险杠左侧检见白色漆层擦脱的擦痕，受力方向为由后至前，痕迹最高处距地高度约为 65cm。轿车前保险杠右侧检见擦痕，右前照灯灯罩外侧下部检见白色物质附着的擦痕，受力方向为由前至后；右前照灯拆卸后，其壳体上表面中部固定支架底部附近壳体破裂，受力方向为由后至前，其相邻部位表面未检见錾凿、挫划痕迹。

三、鉴定过程

检验所见：

1. 检验时轿车前保险杠已修复。该车右前照灯灯罩外侧检见白色物质附着的擦痕，距地高度在 60cm~65cm 之间，受力方向为由前至后（如图 2–13、图 2–14 所示）。

图 2–13　右前照灯灯罩外侧擦痕

图 2–14　拆卸下的右前照灯

2. 拆卸后，右前照灯壳体下表面中部检见洞穿痕迹，相邻部位检见錾凿、挫划痕迹，受力方向为由下至上（如图 2–15 所示）。

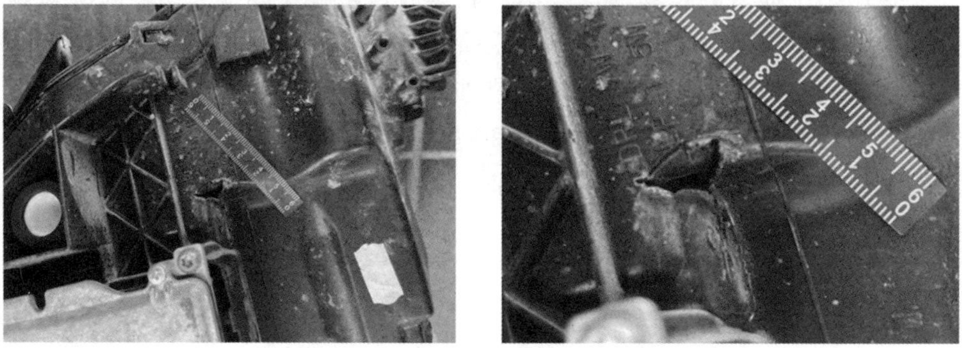

图 2–15　右前照灯下表面痕迹照

3. 右前照灯壳体下表面后部凹槽处及相邻部位检见破裂痕迹，其凹槽中裂痕后端检见錾凿痕迹，受力方向为由左至右（如图 2–16 所示）。

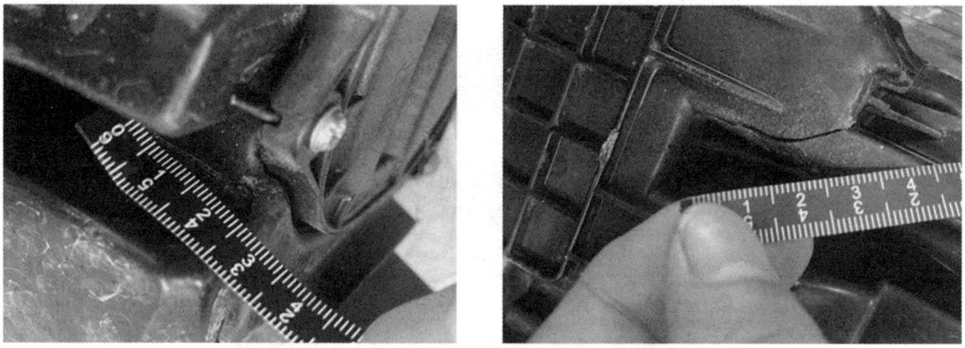

图 2–16　右前照灯壳体下表面后部痕迹照

四、分析讨论

1. 根据委托单位提供的现场照片及车辆照片显示的轿车受损痕迹分析认为，轿车右前照灯灯罩外侧下部的受损痕迹在痕迹形态、形成方式、受力方向、距地高度及物质交换方面，均符合与客车后保险杠相接触所形成的痕迹特征。

2. 轿车右前照灯壳体上表面中部固定支架的断裂痕迹受力方向为由后至前，其相邻部位表面未检见錾凿、挫划痕迹。根据痕迹的形态及形成机理，上述痕迹符合右前照灯受由前至后外力作用，致其上表面中部固定支架底部后侧断裂所形成的痕迹特征，不能排除上述痕迹为本次事故中客车倒车与轿车发生接触所造成的可能性。

3. 轿车右前照灯壳体下表面中部洞穿痕迹受力方向为由下至上，壳体下表面后部破裂痕迹受力方向为由左至右，其在受力方向上均与事故形态不相符；上述受损部位检见的錾凿、挫划痕迹在痕迹形态上符合工具痕迹特征，上述痕迹非本次事故造成。

【鉴定案例 3】

一、案情简介

2023 年 ×× 月 ×× 日，在 ×× 市 ×× 区 ×× 大道 ×× 号附近路段，发生一起 ×××× 号黑色梅赛德斯 - 奔驰小型轿车（以下简称轿车）与 ×××× 号小型普通客车（以下简称客车）相接触的道路交通事故。

委托鉴定事项：轿车左前照灯受损是否为本次事故中所造成。

二、资料摘要

委托单位提供的现场照显示：轿车前保险杠左侧松旷脱位；左前照灯总成向右后偏转，受力方向为由左前至右后；客车前保险杠右转角及右前门前下部均检见擦撞痕。

三、鉴定过程

检验所见：

1. 检验时轿车前保险杠已修复，其更换下的左前照灯总成壳体上表面后部、下表面左部的固定支架及壳体右侧上部的卡扣均断裂脱落（如图 2-17、图 2-18 所示）。

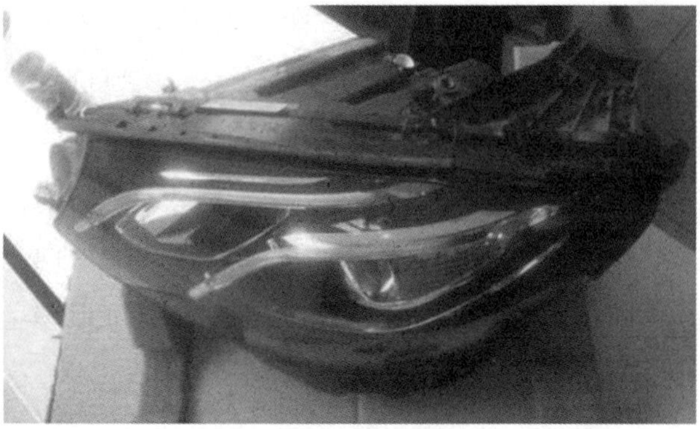

图 2-17　左前照灯

图 2-18　固定反架断脱

2. 左前照灯壳体右侧下部检见由右至左的洞穿痕迹，其断面边缘处检见錾凿、击打痕迹；左前照灯壳体左侧下部检见由后至前的洞穿痕迹，其断面边缘处检见錾凿痕迹（如图 2-19 所示）。

图 2-19　左侧下部洞穿痕迹

四、分析讨论

1. 根据现场照片显示的轿车左前照灯总成偏转情况，结合轿车左前照灯两处固定支架及卡扣受损痕迹形态，综合分析认为，不排除轿车左前照灯壳体右侧上部卡扣、上表面后部固定支架及下表面左部固定支架受损痕迹，系轿车左前部与客车右前部发生接触所形成的可能性。

2. 轿车左前照灯壳体右侧下部洞穿痕迹受力方向为由右至左，其断面检见錾凿、击打痕迹，在形态上符合与具有凸出部位或锐利边缘且强度较高的刚性客体相接触所形成的痕迹特征，且非一次接触所形成。轿车左前部与该受损痕迹相邻部位未检见对应的造痕客体，可排除上述痕迹系轿车左前部受外力作用，致左前照灯壳体右侧下部与相邻部位发生接触所造成的可能性。

3. 轿车左前照灯壳体左侧下部洞穿痕迹受力方向为由后至前，其断面检见錾凿痕迹，在形态上符合与具有锐利边缘且强度较高的刚性客体相接触所形成的痕迹特征。根据痕迹的形成机理及部位，结合其与左前照灯壳体下表面后部固定支架相连接的支座左上边缘受损痕迹及两者在垂直方向的间距分析认为，轿车左前照灯客体左侧下部洞穿痕迹，在形态上符合与相邻的支座左上边缘发生接触所形成的痕迹特征，但本次事故中两者无发生接触的空间条件，可排除该痕迹在本次事故所形成的可能性。

综上分析认为，轿车左前照灯壳体右侧上部卡扣、上表面后部固定支架及下表面左部固定支架的受损痕迹，不排除在事故中所形成的可能性；其壳体右侧下部及壳体左侧下部的洞穿痕迹非本次事故中所造成。

第3章　涉车骗保案痕迹物证勘验

现场勘验是涉车骗保案痕迹物证鉴定的基础，是获取涉案相关痕迹物证的重要途径。运用专门技术手段和方法对现场进行搜寻、发现、勘测、固定、提取，以获取相关证据和信息。涉车骗保类案件，在案发初期多以道路交通事故案由报警，一般现场勘验均由交警部门先期实施，保险、社会调查等部门随即跟进定损调查，有涉案骗保嫌疑的，则委托司法鉴定机构进行检验鉴定。提供的检材系涉案车辆或受损部件，以及现场照片和车损照片。通常，事发现场已恢复正常秩序，车辆已撤离，因此现场勘验多为复勘。

3.1　前期准备

1. 检查完备勘查工具器材、仪器设备，增补耗材及勘查笔录登记文书表格；

2. 了解案情，收集资料：重点研读现场示意图，分析确认涉案各方事发前行驶、行走方向以及接触形态；

3. 查看、借调事发现场有关散落物以及涉案当事人案发时衣物。

3.2　勘验顺序

分别或交互对涉案现场和车辆以及相关物体进行勘验，观察搜寻本次事故（案件）所形成的新鲜痕迹物证及相关附着物，分析并确定相应的造痕体和承痕体及其接触部位；对于继发性接触，应查找分析二者第一接触的具体部位以及继发顺序。

应按照“先地面后物体（车辆）”“先表面后内部”“先静态观察后动态勘验”“先固定（照相）后提取”“先把握总体事态后重点攻坚论证”勘验顺序，切忌急功近利直奔主题。此外，现场勘验应注意做好保密工作，特别是重点痕迹形成方式和事故（案件）形态，在论证确认之前，切忌当众表态定性。

3.3　复勘现场

在认真分析研究委托方提供的现场勘查照片的基础上，还应根据涉车骗保案的具体情形和特点，因案施策、突出重点，实施复勘现场。

3.3.1　地面轮胎痕迹

应注重勘验轮胎种类、形状、方向、长度、宽度和印痕中的附着物，两侧轮胎印痕间距和前后轮胎印痕止点的间距；转向中轮胎印痕“内轮差”以及车厢外后角“外摆距离”（如图 3–1、图 3–2 所示）。

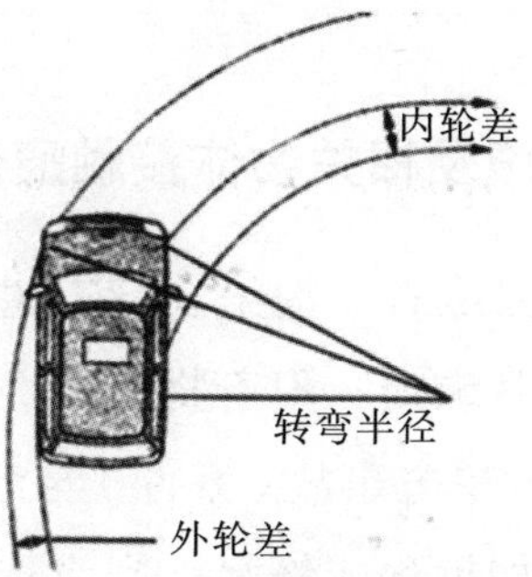

图 3–1　内轮差示意图

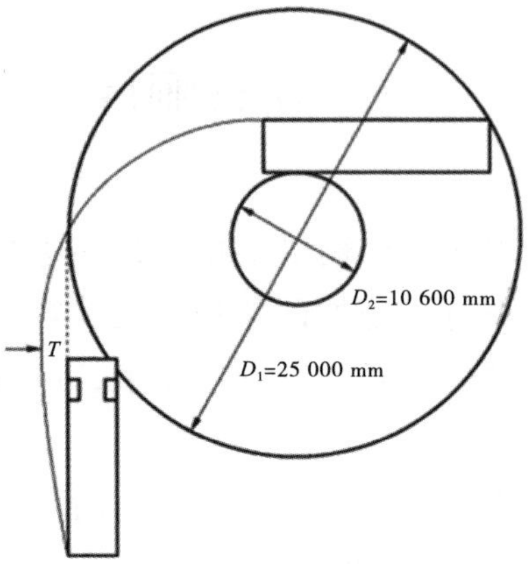

图 3-2　车厢外后角外摆距离示意图

3.3.2　测量与涉案印痕有关联的几何数据

重点测量各种印痕相对路面边缘或某标志性物体的垂直距离，以及印痕与道路中心线、路沿的夹角，印痕滑移量，旋转印痕方向及旋转度数，弧形印痕的弦长、弓形的弦高等。例如，车辆侧翻、驶入路外或水体，则应勘测车胎印与岸线的夹角、坡岸的坡度、水体的深度及水下障碍物体物理性状。

3.3.3　观察路面挫划印痕

观察车辆及其他物体在地面形成的挫划等印痕的种类形状、颜色、附着物的性状，及其位置关系和分布形态；制动印痕起止点位置，印痕是否有连续和左右漂移特征。

3.3.4　观察道路设施及相关物体接触痕迹

观察护栏、隔离墩、路缘石、沟渠、行道树、电线杆、建筑物及障碍物等接触痕迹，注重观察其破损、附着物形态性状，以及距地高度、植被倒伏方向和路外滑移轨迹。单方事故（案件）与涉案车辆接触对应物体（如隔离墩、地库承重柱等）如拆移或修复，则应选择同类物体，对照现场照片，测量接触痕迹的距地高度。必要时，应进行现场模拟实验，观察二者是否有接触条件，附着物的物理性状是否相符。

3.3.5　观察地面有关物证

观察地面散落物、附着物、遗洒物、抛撒物、血迹、油污、生物组织等的种类形状、颜色及位置关系、分布形态、起止位置和着地方向。对车底脱落的泥块应观察并保护，其可能反映车底某构件轮廓特征。

3.3.6　观察脱落的零部件及碎片

观察表面接触痕迹及断口、分离线形态和特征，以及附着物性状和异常痕迹。

3.3.7　测量参照物数据

测量相关道路中心线、分道线、人行横道线等标线的长度以及行道树、电线杆等道路设施间距，为计算车速提供依据。

3.3.8　观察发现心理痕迹特征

在事发时，涉案驾驶人常有处于特定环境和精神状态下的下意识或主观意向行为所产生异常迹象、症候等特征。例如，在过度疲劳、高度亢奋（酒驾、毒驾）、注意力分散（使用手机、嬉闹）等状态下，出现超高速或超低速行驶、行驶轨迹呈“S”形、突然制动或转向；故意将车驶入水体、撞击山体（固定物）等毁车骗保车行轨迹和现场反映。通过对以上心理痕迹异常特征进行具象化逆向分析，可判断涉案驾驶人在事发时真实心理状态和主观意向。

3.4 勘验车辆

涉案车辆勘验是涉车骗保案获取证据和信息的核心环节，事关涉案“车与车、车与物”之间的接触形态、痕迹形成机理、涉案人的行为手段及作案工具等，直接决定事件的性质。具体操作层面上，与交通事故车辆勘验，在方法步骤等方面有诸多相同之外，但涉车骗保案车辆勘验关注的重点、切入的角度、研究的范畴以及论证的要素等方面均有各自的特点。

3.4.1 观察车体痕迹所在位置

在排除施救过程形成痕迹的前提下，测量痕迹所在车体的部位及其长度、宽度及凹陷深度；痕迹上下边缘距地高度以及与车体一侧距离，“车与车、车与物”之间对应差异是否在可以形成临界范围内。例如，涉案车辆已修复驶离并投入使用，提供的检材仅为受损部件，则应选择同款车辆，对照涉案车修复前车损照片，测量推断车损痕迹的距地高度，以及与关联部件的空间位置关系。

3.4.2 观察痕迹形态

观察痕迹具体形状、性状及受力方向，分析判断造痕体与承痕体接触的对应部位，有针对性地搜寻与之对应的造痕体及物质（附着物）转移、交换的来源。

1. 痕迹几何形态与造痕体外部结构特征是否相符，痕迹的新旧程度是否一致，同部位受损痕迹断面的灰尘附着程度、断口成色是否有新旧差别。

2. 观察破裂痕迹的走向、裂纹交叉的形态，是否有多次形成的特征以及形成先后次序。

3. 观察破损处断面毛刺边沿、断口斜坡面的朝向，分析受力方向是否一致。

4. 观察破裂、断离及洞穿处的边角有关工具痕迹；盲洞、凹陷痕迹外沿和底部的形态，分析造痕体接触部位外部结构的形状和材质的强度。

3.4.3　观察车辆部件损坏情形

观察车体破损、断裂、变形、皱褶、溃缩、缺损、坍塌、位移等痕迹状态，分析形成方式及其过程。痕迹与周边部件对应空间，是否具有传递应力相关联的构件和形成的空间条件；构件（如灯具固定支架）断离处是否具有“焊疤状、麻花状”等疲劳断脱特征。

3.4.4　搜寻附着物

观察遗留在车体上的纤维、漆片、毛发、血迹、生物组织、油污等附着物的种类、形状、颜色及分布位置，材料碎片嵌入深度。

3.4.5　观察车内受损情形

注重观察涉案车辆风挡玻璃、方向盘、安全带、安全气囊、脚踏板等处受损和异常情况，与车体外部接触性车损程度、涉案驾驶人损伤情形和部位是否对应相符。

3.4.6　观察燃烧特征

对车辆火灾现场勘验，应注重观察残留物性状，如熔块外部形态、熔珠剖面性状、烟熏印痕色差、烧焦部件炭化程度、金属变形量及过火形态特征和变色程度，以及疑似助燃物、助燃剂、点火物及易燃物的外观性状和阴燃堆积物过火特征等。据此分析起火部位（点）、起火原因、燃烧顺序以及事故性质等。

3.4.7　观察落水特征

对因故入水的涉案车辆，除分析判断车体受损痕迹是在入水前或入水中所形成之外，还应注重观察车厢内饰的水渍线形态、前后左右的水渍线各自距地高度，并推算出车辆在水中的倾角；点火钥匙、挂挡杆及方向盘分别所处位置，安全带使用情况及门窗、天窗开闭状态；发动机舱内查勘空气滤清器和滤芯上有无植物碎片、浮藻附着以及泥沙集聚。

3.5 检验人伤

该项工作本应由法医和医务人员承担，但为印证车体痕迹形成机理，判明涉案人交通行为方式和事故形态，需要观察研究并综合分析人体损伤部位、类型、形状尺寸及致伤作用力方向，损伤部位距足跟的距离，损伤部位的附着物；衣着上勾挂、撕裂、开缝、脱扣等破损痕迹，碾压、推挤、拖曳等印痕，油漆、油污等附着物，鞋底痕迹等情况，因此痕迹鉴定人员参与观察人体损伤检验很有必要。

根据涉案驾乘人员的体表损伤部位、形状、分布形态、受力方向及致伤机理，可以分析涉案驾乘人员事发时行为状态、安全带使用情况，以及与驾驶室内有关部件接触对应部位，是否符合驾驶特征性损伤（如图 3-3 所示）。

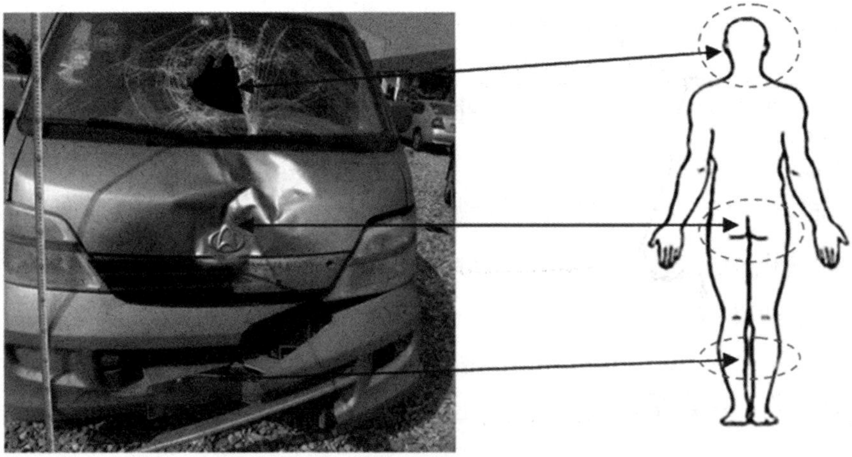

图 3-3　前挡风玻璃、发动机罩、前号牌等 3 处痕迹与行人头部、臀部、小腿等损伤相对应

3.6　勘验物证

提取痕迹物证应以不损坏提取物为原则。

在勘验、提取过程中，应防止污染物证；同一工具提取不同部位物证，每次应将工具擦拭干净；对油脂、血迹、生物组织等物证提取，不得重复使用同一工具，不得徒手直接提取物证。

对固态实物应分别包装，对分离物、脱落物断口断面应加以保护；对液态物证要防止交叉混杂和污染；对衣着上的物证、痕迹应实物提取，并防止痕迹被损坏；对勘验提取过程应全程录像。

3.6.1　照相固定提取

1. 痕迹概览照相。相机主光轴对准车辆对角线四向拍摄；比例尺（卷尺）先后或同时竖向（反映痕迹距地高度，小型车辆应注明车载情况）、横向（反映痕迹与车体一侧距离）紧靠痕迹边缘，相机主光轴垂直对准痕迹中心拍摄。

2. 痕迹中心照相。比例尺（卷尺）紧靠痕迹一侧边缘，切勿遮挡痕迹的边角，损坏其完整性；相机主光轴垂直痕迹面，并将痕迹全貌框入相机显示屏拍摄。

3. 痕迹细目照相。缩小光圈，加大景深，重点拍摄能够清晰反映造痕体接触部位的形态、痕迹受力方向以及附着物、勾挂物的细微特征。

4. 增强痕迹立体感照相。印压痕迹，加层、减层痕迹，轻微表浅凹陷变形痕迹，利用自然侧光或灯光侧射拍照。

5. 物证脱影照相。整体分离破损碎片、勾挂物、微量物证，应遮蔽阳光在庇荫散射光环境下，采用与拍摄物体反差较大颜色的纸张、布料作底衬，边缘放置比例尺，相机主光轴垂直于底衬拍摄，可突出细微特征且无阴影干扰。

6. 整体分离痕迹对接拼合照相。

（1）破损碎片分别脱影拍摄；

（2）拼合留隙拍摄；

（3）合缝拍摄；

（4）碎片表层痕迹拍摄，应在车体拼接合缝状态下拍摄，以测算其距地高度。

3.6.2 直接提取（照相固定为前提）

1. 嵌入在车体的碎片及现场散落物可戴手套直接提取。

2. 粘附在车体或其他物体表面的固态微量物质，可根据物质或载体性质分别用刀片剥离、胶带粘取、镊子夹取等方法。必要时，可采取“剪、挖、锯”等方法连同载体一并提取。

3. 多层结构物证（如油漆涂料）应确保层次结构完整，多种成分混合（如混纺织品）或混合不匀物证（油污）应分部位提取。

4. 液态物证（如血液、油脂、分泌物）可用滤纸、纱布、脱脂棉签擦取。

3.6.3 间接提取（照相固定为前提）

1. 静电吸附法。适用于遗留光滑路面加层轮胎花纹痕迹物证提取，也可用复写纸覆盖摩擦法提取，以上提取的印痕呈镜像，拍照后可用图片处理软件作反转还原处理。

2. 石膏制模法（或三维扫描法）。适用于泥土路面立体足迹、轮胎花纹印痕，先用泥条围堰、石膏液浇注，模型较长时可置入竹条作骨架。

3. 硅橡胶制模法。适用于具有一定弹性且不易断裂破碎物体表面痕迹，可用硅橡胶加过氧化物制模。

4.AC 纸粘贴法。适用于粘附在小物件及易分解的车辆零部件表面的微量物质，可用 AC 纸（醋酸纤维素薄膜）提取。

5. 粉末、502 胶、茚三酮显现提取：

（1）粉末（铜粉、铝粉、磁粉）提取法适用于光滑物体（如门拉手、硬塑杆套等）表面汗液手印，用毛刷顺着手印纹线流向清除余粉，手印显现后可用透明胶带提取，在反差较大光滑物体粘贴固定。

（2）502 胶熏显法适用面较宽泛，显现后只能照相固定提取，但白色载（客）体上汗液手印效果欠佳。

（3）茚三酮系化学显现法适用于吸水性较强客体（如纸张、皮革、无漆木块）上的汗液手印，显现后只能照相固定提取，但紫色载（客）体效果欠佳。

3.6.4　痕迹物证保全

1. 露天停放的车辆及其痕迹物证，应照相固定后采用防水板材、雨布、胶带架空遮掩保护，要有专人值守。

2. 体积较小固体物证应用物证袋等封存；液体类物证应用塑料管、玻璃瓶封存，并低温保存。

3. 生物类物证，应晾干后用白纸间隔并卷筒，置于透气纸质袋保存。

4. 整体分离碎片类物证，应保护断口特征。

5. 衣物类物证，应晾干后用白纸间隔并卷筒，放入透气纸箱保存。

6. 物证尽可能不折叠，并确保不与其他物体接触以防污损。

7. 易于挥发和变质类物证，应用玻璃瓶、塑料瓶或塑料袋密封低温保存。

8. 物证外包装上加贴标签，并注明物证名称、来源，提取时间、地点及提取人等信息。

3.7　典型案例解析

【鉴定案例 1】

一、案情简介

20×× 年××月××日，在××市××× 区将军路附近路段，发生一起××××× 号白色比亚迪牌小型轿车底盘疑似与路面窨井盖磕碰的道路交通事故。

委托鉴定事项：该轿车受损痕迹是否为本次事故中所造成。

二、鉴定过程

（一）检验所见

1. 轿车底盘中部的动力电池包挡板前部左侧卷曲变形，其支架弯折变形；挡板拆卸后，电池包壳体前部左侧冷却液管道接头向上弯折并破裂（如图 3-4 所示）。

图 3-4 轿车电池包

2. 拆卸下的电池包壳体前部左侧冷却液管道接头向上弯折并破裂，裂痕附近的焊接部位边缘及相邻的壳体横向棱边处均检见新鲜擦痕（如图 3-5 所示）。

图 3-5 电池包壳体冷却液管道接头受损痕迹

3. 拆卸下的电池包挡板前部左侧卷曲变形，变形处检见新鲜擦痕（如图 3-6 所示）。

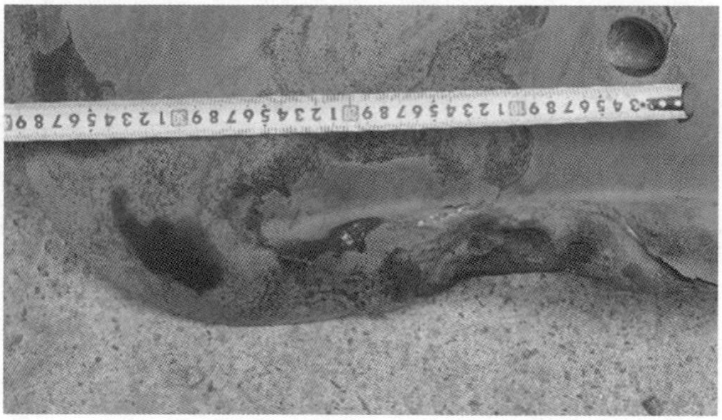

图 3-6　电池包挡板前部左侧受损痕迹

4. 根据同型号车辆对比，上述痕迹距地高度在 15cm~20cm 之间。

（二）事故现场复勘

本次事故现场凸出的窨井盖最高点与路面落差约为 7cm，该窨井盖安装牢固，经车轮碾压现场实验，窨井盖不翻转、翘起。窨井盖周沿未检见擦撞痕迹，其周边路面亦未检见制动印痕（如图 3-7 所示）。

图 3-7　当事人指认的现场窨井盖

三、分析讨论

1. 轿车动力电池包挡板前部左侧卷曲变形，其壳体前部左侧冷却液管道接头向上弯折并破裂，表面均检见新鲜擦痕。根据痕迹的形态及形成机理，上述痕迹符合轿车动力电池包前部左侧与刚性客体发生接触所形成的痕迹特征。

2. 轿车动力电池包前部左侧受损痕迹距地高度在 15cm~20cm 之间，本次指认的事故现场凸出的窨井盖最高点与路面落差约为 7cm，且井盖安装牢固，两者在距地高度上存在明显差异，在空间范围上不具备相互接触的形成条件，可排除轿车动力电池包前部左侧与本次指认的事故现场凸出的窨井盖发生接触的可能性。

【鉴定案例 2】

一、案情简介

20×× 年 ×× 月 ×× 日 15 时 30 分，车主报称一周前 ×××× 号黑色别克牌小型普通客车在 ×× 市 ×× 地下停车场入口处与地下车库大门发生接触。

委托鉴定事项：该小客车右前照灯及前保险杠的受损痕迹是否为本次事故中所造成。

二、资料摘要

由送检的车辆照片显示：客车前保险杠右侧及右转角处均检见多处黑色漆层擦脱的近似水平方向的条、片状擦撞痕，比照同型号车辆上述痕迹距地高度在 37cm~80cm 之间，前保险杠整体未发生明显变形；右前照灯灯罩中部见近似水平方向的片状擦撞痕。

三、鉴定过程

（一）检验所见

1. 客车前保险杠已拆卸、修复；右前照灯灯罩中部距地高度在 80cm~93cm 之间检见由近似水平方向的片状擦撞痕及橙红色物质附着（如图 3-8 所示）。

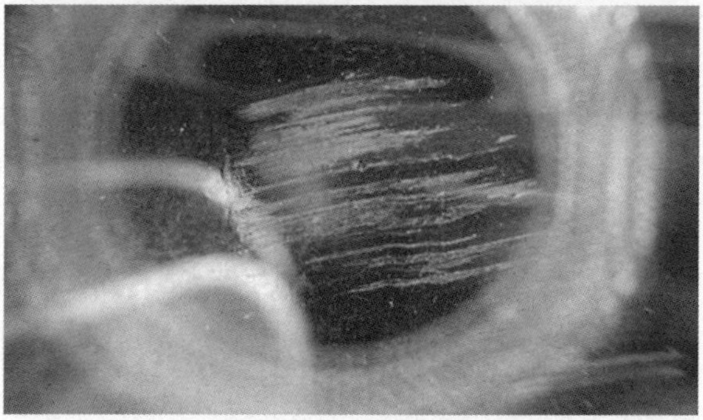

图 3-8　右前照灯灯罩擦撞痕

2. 右前照灯壳体前下部距地高度在 74cm~80cm 之间的（位于保险杠后方）壳体破损，断缘较新鲜；右前照灯壳体右下部距地高度在 76cm~78cm 之间检见面积约为 2cm × 2.7cm 的洞穿痕迹，其断缘较陈旧并检见灰尘覆盖（如图 3-9、图 3-10 所示）。

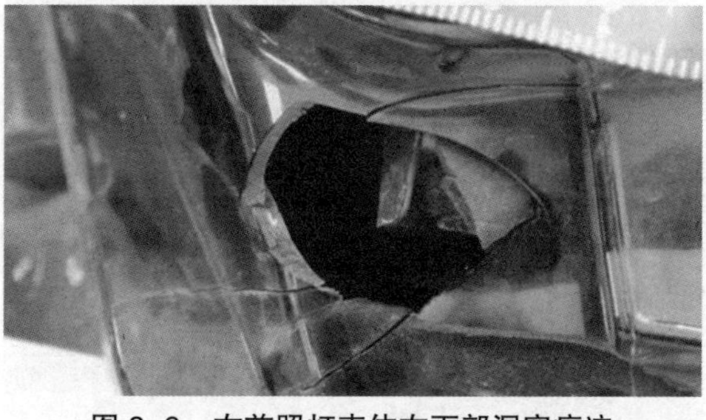

图 3-9　右前照灯壳体右下部洞穿痕迹

图 3-10　右前照灯复位测量

（二）事故现场复勘

本次事故现场车库大门为双开式，金属材质，大门表面为黄色，安装有大红色杆件，大门门框表面为灰色，其棱边处（当事人指认的撞击部位）距地高度在 30cm~90cm 之间检见灰色漆层擦脱痕迹，其相邻的凸出部位表面未检见新鲜擦撞痕及相关附着物（如图 3-11 所示）。

图 3-11　当事人指认现场复勘照

四、分析讨论

1. 客车右前照灯壳体右下部洞穿痕迹断缘处较陈旧并检见灰尘覆盖，与壳体前下部破损痕迹在新旧程度上存在明显差异，非一次形成。

2. 将客车前保险杠右侧、右前照灯灯罩受损痕迹与当事人指认的本次事故现场大门门框受损痕迹相比较，两者在痕迹形态、形成方式上存在明显差异，且门框相邻部位未检见新鲜擦撞痕，在造痕体与承痕体的形态特征上不相对应。根据痕迹的形成机理，上述痕迹不符合客车前保险杠右侧、右前照灯与当事人指认的本次事故现场大门门框发生碰撞所形成的痕迹特征。

【鉴定案例 3】

一、案情简介

20×× 年 ×× 月 ×× 日 16 时，郭 ×× 驾驶 ××××× 号黑色宝马牌小型轿车在 ×× 市 ×× 区 ×× 山丛林越野俱乐部内倒车时与树木发生接触，造成车辆受损的事故。

委托鉴定事项：该轿车左前轮位移是否为本次事故所造成。

二、鉴定过程

（一）检验所见

轿车左前轮略微向后位移（如图 3-12 所示）；前保险杠左转角外侧检见多道近似水平方向的线条状粗糙擦撞痕，局部检见木屑附着，距地高度在 23cm~66cm 之间（如图 3-13 所示）；轿车左前照灯灯罩右上部斜面破裂，受损处表面带有线条纹路的斜向平整片状擦痕，其下方相邻垂面处检见带有线条纹路的竖向、横向平整片状擦痕，痕迹呈叠加状态。

图 3-12　左前轮检查情况

图 3-13　前保险杠左转角外侧痕迹照

（二）事故现场复勘

当事人指认事故现场的涉案树木的树干下部轻微倾斜，根部地面隆起，树皮表面检见一处竖向开裂（如图 3-14 所示）。

图 3-14　当事人指认现场复勘照

三、分析讨论

1. 轿车前保险杠左转角外侧检见近似水平方向的线条状粗糙擦撞痕，局部检见木屑附着。根据痕迹的形成机理，结合现场树木情况分析认为，上述痕迹符合轿车前保险杠左转角外侧与现场树木树干下部发生接触所形成的痕迹特征。

2. 轿车左前照灯灯罩右上部受损痕迹表面擦痕平整，痕迹方向为多方向，且该痕迹部位与轿车前保险杠左转角外侧不处于同一平面上。根据痕迹的形成机理，上述痕迹不符合与现场树木发生接触所形成的痕迹特征。

3. 轿车左前轮略微向后位移，其受力方向为由前至后，不排除其悬架构件变形的可能性；当事人所述案情为轿车在倒车过程中与树木发生接触，轿车受力方向应为由后至前；轿车左前轮受力方向与当事人所述案情不符。

综上分析认为，轿车左前轮向后位移的情况不符合在当事人指认的本次事故中与现场树木发生接触所形成。

【鉴定案例 4】

一、案情简介

20×× 年 ×× 月 ×× 日，在 ×× 市 ×× 公园内，发生一起 ××××× 号黑色保时捷牌轿车与路外石块发生接触的道路交通事故。

委托鉴定事项：该轿车左前门受损痕迹是否为本次事故所造成。

二、鉴定过程

（一）检验所见

轿车左前门前下角检见一道开口朝上的弧形线条状擦撞痕，局部破裂，其最低点距下方围板凸出棱边约 10cm，该痕迹下方部位表面未检见受损痕迹。经测量，该车右侧围板凸出棱边距地高度约 21cm，左前门前下角擦撞痕距地高度约在 31cm~32cm 之间（如图 3-15 所示）。

图 3-15　轿车受损痕迹照

（二）事故现场复勘

本次事故现场位于 ×× 市 ×× 公园内的干燥沥青路面。道路左侧（以车辆行驶方向为前方）路外检见一处石块，石块露出地面部分呈近似三角锥体形状，其右侧（靠近路面侧）棱边处于凸出部位，且为右低左高状态；石块底部最右端与沥青路面左侧边线的间距约为 36cm；石块凸出棱边距地高度约 31cm 处与其底部最右端的水平间距约为 36cm（如图 3-16 所示）。

图 3-16　当事人指认现场复勘照

三、分析讨论

轿车左前门前下角的擦撞痕呈弧形线条状，根据痕迹的形成机理，结合当事人指认的事故现场石块形态、空间位置综合分析认为，形成上述痕迹，轿车必须向左大幅度倾斜，必将导致轿车向左侧翻。显然，现场情形限定两者不具备发生接触的空间条件。

【鉴定案例 5】

一、案情简介

20×× 年 ×× 月 ×× 日，在沪蓉高速 ×× 路段，发生一起 ×××× 号小型轿车（以下简称乙车）与 ×××× 号白色特斯拉牌小型轿车（以下简称甲车）相撞的道路交通事故。

委托鉴定事项：甲车左后信号组合灯受损痕迹是否为本次事故所造成。

二、资料摘要

事故现场照片显示：甲车后保险杠中部检见黑色物质附着的撞击印痕，该痕迹中间呈横向线条状，外侧呈“⌈⌉”形状，该痕迹上缘与甲车后保险杠中部横向凸出棱边近似重合。

乙车前部黑色中网破损，横向隔栅部分受损断脱，中网边框形状呈“”形状（如图 3–17 所示）。除上述痕迹外，该车车体前部未检见其他新鲜碰撞痕迹。

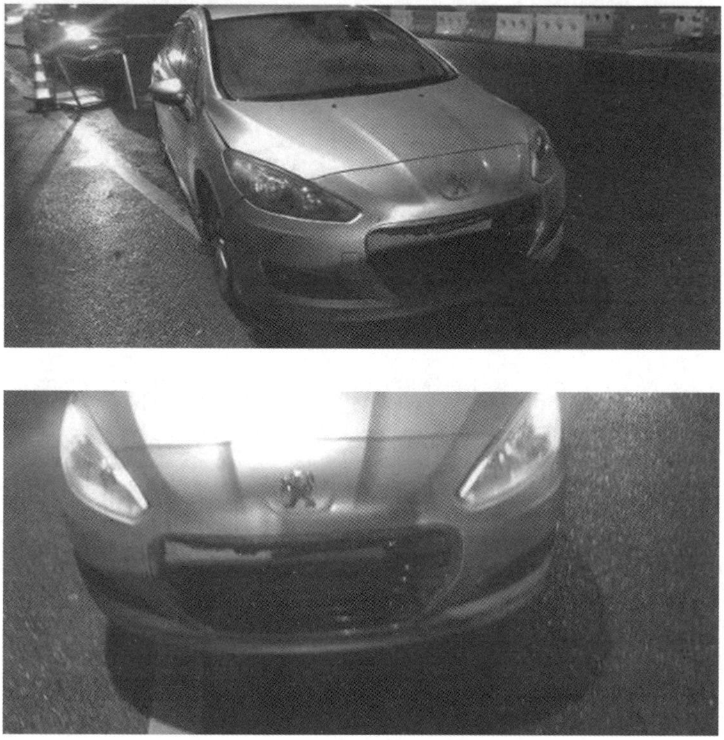

图 3–17　乙车碰撞部位痕迹照

三、鉴定过程

检验所见：

甲车后保险杠已拆卸，根据同类型车辆对照测量，其后保险杠中部横向凸出棱边的距地高度约为 60cm。该车左后信号组合灯为分体式结构，左侧灯具的灯罩后右侧（垂面）检见陈旧性的线条状破裂痕迹，其上部（斜面）右侧边缘处检见陈旧性的破裂痕迹，裂面泛黄；右侧灯具的灯罩左侧面至后左侧（垂面）检见方向不一的不规则的线条状破裂痕迹并伴有沿裂痕方向的条状擦痕（如图 3–18 ~ 图 3–21 所示）。

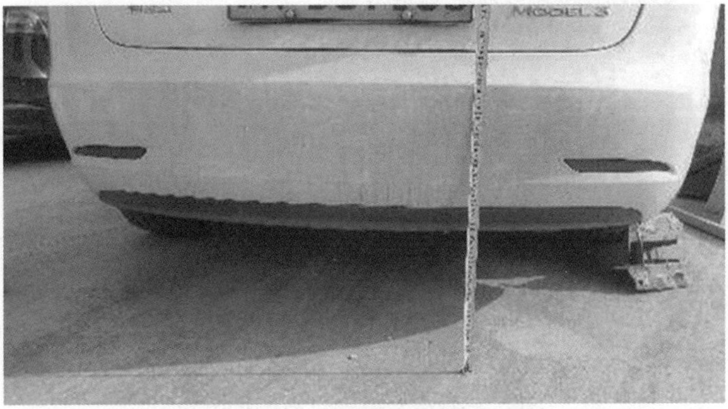

图 3-18　甲车后保险杠痕迹照

图 3-19　甲车左后信号组合灯高度

图 3-20　左后信号组合灯左侧部分痕迹照

图 3-21 左后信号组合灯右侧部分痕迹照

四、分析讨论

1. 根据现场照片显示的甲、乙两车受损痕迹，将乙车前部中网受损痕迹与甲车后保险杠受损痕迹相比较，两者在痕迹形态、形成方式上相对应且有相应颜色的物质转移。根据痕迹的形成机理，其符合乙车前部中网上部与甲车后保险杠相接触所形成的痕迹特征。

根据上述痕迹位置及距地高度，结合乙车前部未检见其他新鲜碰撞痕迹分析认为，乙车前部与甲车左后信号组合灯无接触条件。

2. 甲车左后信号组合灯左侧部分的灯罩表面裂痕均较轻微，且均较陈旧，系陈旧性痕迹，非本次事故中所形成。

3. 甲车左后信号组合灯右侧部分的灯罩破裂痕迹位于其左侧面及转角处，痕迹不规则且多方向。根据痕迹的形成机理，其不符合受由后至前的撞击所形成的痕迹特征。

【鉴定案例 6】

一、案情简介

20×× 年 ×× 月 ×× 日 19 时 20 分，在 ×× 县 ×× 镇 ×× 村 ×× 搅拌站厂区内，发生一起 ××× 号小型轿车（以下简称轿车）与柳工牌轮式装载机（以下简称装载机）相接触的交通事故。

委托鉴定事项：该轿车与无号牌柳工牌装载机的接触形态。

二、资料摘要

委托单位提供的现场照片显示：在事故现场，装载机尾部配重装置左侧下部与轿车左前翼子板上部、发动机盖左侧相接触，两车纵轴线的夹角接近 90°（如图 3-22 所示）。

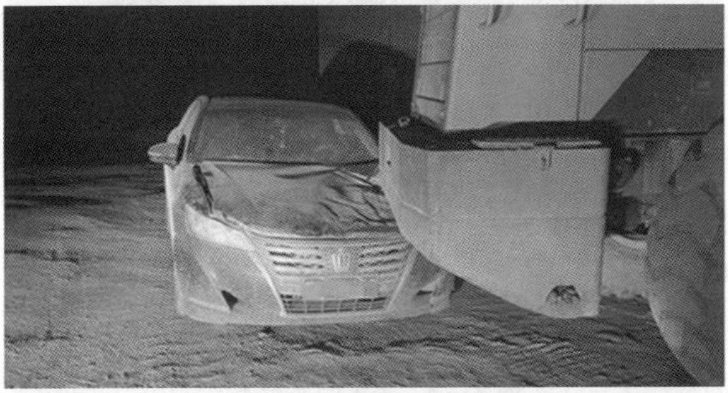

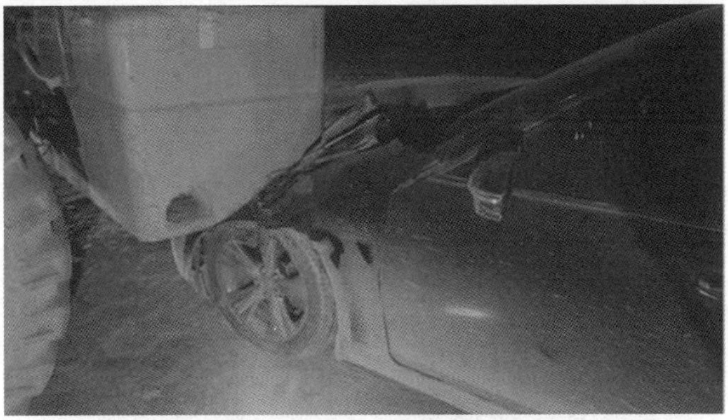

图 3-22　现场照片

三、鉴定过程

检验所见：

1. 轿车左前翼子板上部、发动机盖左侧均凹陷、皱褶变形，其表面均检见线条状排列的新鲜粗糙擦撞痕，痕迹方向均近似横向，受力方向为由左至右（如图 3-23 所示）。

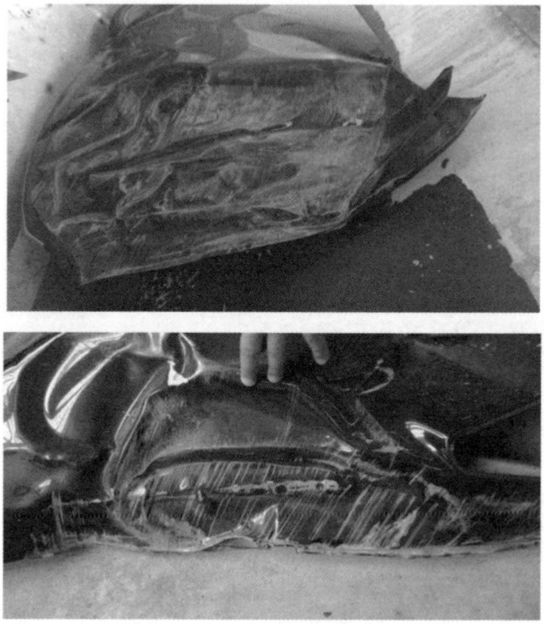

图 3-23　轿车受损痕迹照

2. 装载机尾部配重装置左侧下部斜面较粗糙，其表面检见纵向（沿纵轴线方向）的新鲜擦撞痕（如图 3-24 所示）。

图 3-24　装载机接触部位痕迹照

四、分析讨论

将轿车左侧前部受损痕迹与装载机尾部配重装置左侧下部受损痕迹相比较，两者在痕迹形态、形成方式及痕迹方向上均对应相符。

根据痕迹的形成机理，综合轿车受损痕迹受力方向及现场照片显示的车辆停止位置关系分析认为，上述痕迹符合倒车过程中的装载机尾部配重装置左侧下部，与轿车左侧前部发生一次接触所形成的痕迹特征。

第4章　涉车骗保案痕迹特征鉴别

工欲善其事，必先利其器。涉车骗保案痕迹特征鉴别，关键是要扎实做好基础工作：一是要大量参阅有关“汽车构造及其运行原理、材料性能”“痕迹检验”“机械运动力学”等文献资料；二是适时深入汽车修理行业调研求教；三是同时完备勘验器材；四是不定期与交通警察、保险公司及社会调查机构等部门沟通了解业界动态；五是组建专家团队，针对案件不同类别，组织具有高级资质的痕迹鉴定人，同时特聘请汽车工程类大学相关专家教授、汽车修理专业资深高级工程师等一并到现场会诊，全力攻坚。

4.1　新旧程度判断

受理涉车骗保案痕迹鉴定大多距事发时间间隔较长，车辆破损痕迹均有不同程度毁损，而“转嫁车损型”等涉车骗保案其痕迹新旧程度判断至关重要。

4.1.1　在放大镜下观察破损处成色

发动机舱内、前照灯腔在运行时温度较高，其部件破损较长时间处于此种环境，则断口色泽逐渐变得暗涩。选择同类部件材料进行破损实验，对比其断口、断面即可判断（如图 4-1、图 4-2 所示）。

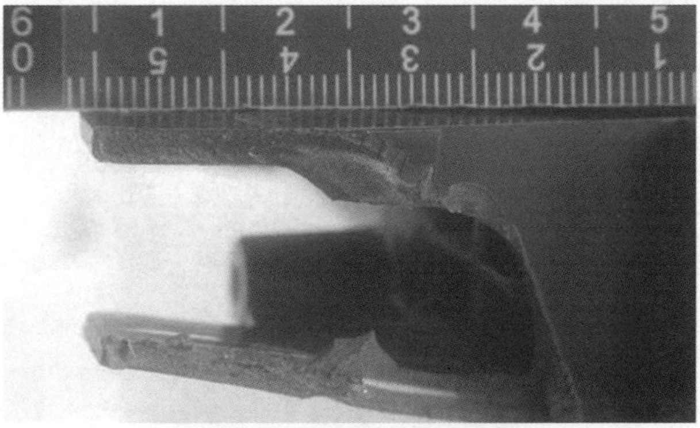

图 4-1　车灯壳体破裂新痕

图 4-2　车灯壳体破裂旧痕

4.1.2　观察破损处灰尘（毛绒）粘附程度

使用镜头吹尘球或柔软毛刷，可吹散或刷净正常事故破损（因破损部件及时拆卸处于凉置状态）附着灰尘，但事故前破损处附着灰尘毛绒因受热烘烤粘附力增强，则不易清除。

4.1.3　在放大镜下观察破损处断口细微特征

断口断面并非平滑，多呈凸凹细微点坑状或尖锐毛刺状，如有硌手感则是新近形成；如毛刺消失且断面平滑则可能是事故后车辆运行一定时间磨损所致，应是事（案）前形成的破损痕迹（如图 4-3、图 4-4 所示）。

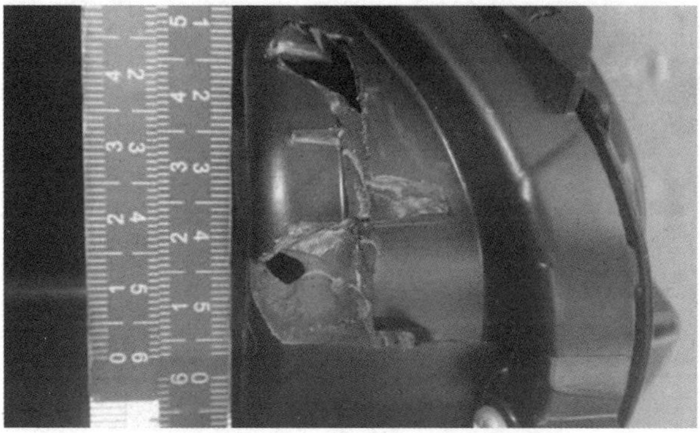

图 4-3　车灯壳体破裂新痕

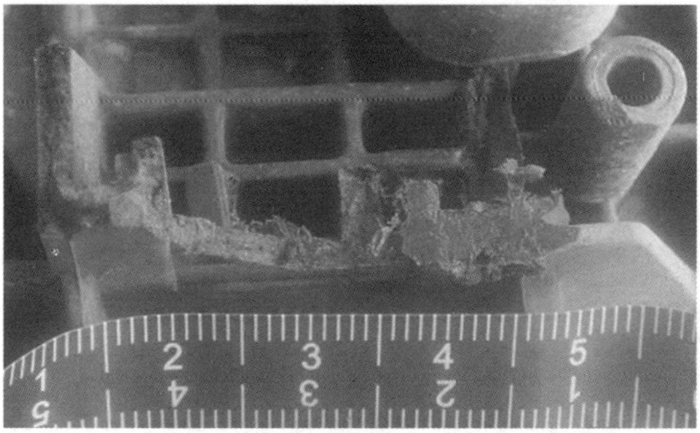

图 4-4　车灯壳体破裂旧痕及磨损特征

4.1.4　观察"旧件替代"特征

以旧的破损部件冒充替代本次车损部件鉴别，重点应观察涉案部件破损断面的新旧程度、查询部件的出厂日期、零部件代码（贵重部件在制造厂商信息库均有备存），比较与之对应的部件表面成色或氧化程度。

4.2　受力方向甄别

车辆痕迹系造痕体与承痕体相互接触的动态过程中形成，因此具有一定方向性。正常交通事故中，车辆外部接触痕迹与应力传递至其他部件破损痕迹的受力方向均为一致；涉车骗保案中车辆破损痕迹大多是在部件拆卸后或拆卸过程中人为破坏，接触痕迹与受力方向易出现矛盾。例如，前照灯总成固定支架部位各异，朝向不同，人为致损会在作用力方向与接触痕迹受力方向等容易出现相互矛盾。

4.2.1　观察车辆痕迹痕起缘、痕止缘特征

注意观察痕迹的切入面与脱离界面上“点、线、面”的细微特征。

1. 观察痕迹部位表层物质或介质推移堆积状态，由痕起缘至痕止缘逐渐减少，可反映痕迹受力方向（如图 4–5、图 4–6 所示）。

图 4–5　受力方向为由右至左

图 4–6　受力方向为由下至上

2. 部件之间衔接缝隙两侧棱边粘附物分量比较多的一侧反映痕迹受力方向，螺孔内螺纹压痕位置及螺孔受力变形偏移方向或豁口朝向反映痕迹受力方向（如图 4–7、图 4–8 所示）。

图 4–7　受力方向为由右至左

图 4–8　受力方向为由右至左

3. 对一次性形成的片状线条形刮擦痕迹方向，痕起缘线条排列形态较为整齐，痕止缘线条排列则可能长短参差不齐（如图 4–9、图 4–10 所示）。

图 4–9　受力方向为由左至右

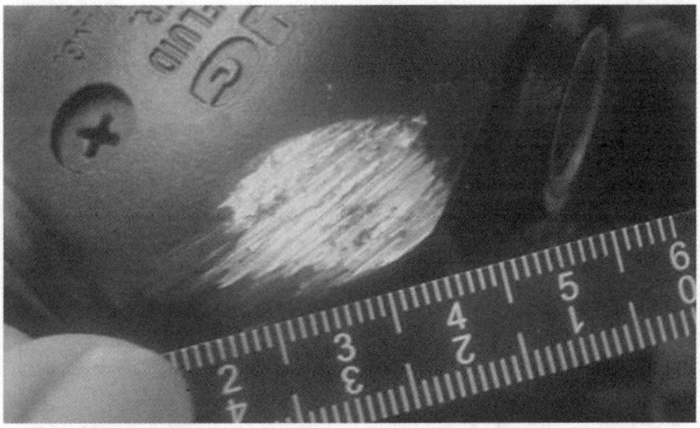

图 4-10　受力方向为由右上至左下

综上特征，并结合现场情形可以判断痕迹受力方向。

4.2.2　玻璃破裂形态

普通型玻璃受力破碎呈不规则片块状脱落，观察检验其断面上汇聚成束的弓（弧）形纹形态，其弧线聚束点起点指向受力（打击）点，弓（弧）则显示受力方向[①]。钢化型玻璃则局部呈蛛网状凹陷显示其方向，无凹陷呈放射状，受力点可见玻璃微粒且有硌手感。

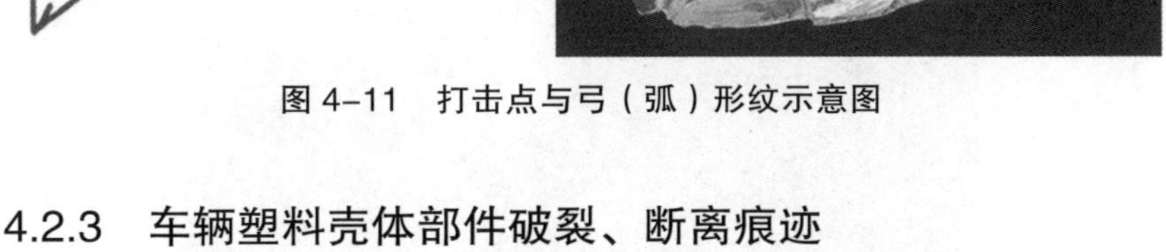

图 4-11　打击点与弓（弧）形纹示意图

4.2.3　车辆塑料壳体部件破裂、断离痕迹

1. 壳体断面两边棱（边沿）其中一边出现凸起的皮瓣状毛边，则毛边

① 罗亚平主编：《痕迹检验教程》，中国人民大学出版社 2014 年版，第 358 ~ 359 页。

方向为受力方向，如右侧毛边受力方向为由右至左（如图 4-12、图 4-13 所示）。

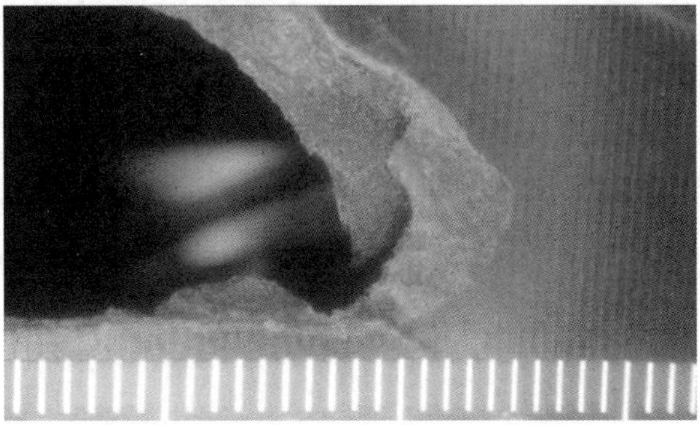

图 4-12　受力方向为由右至左

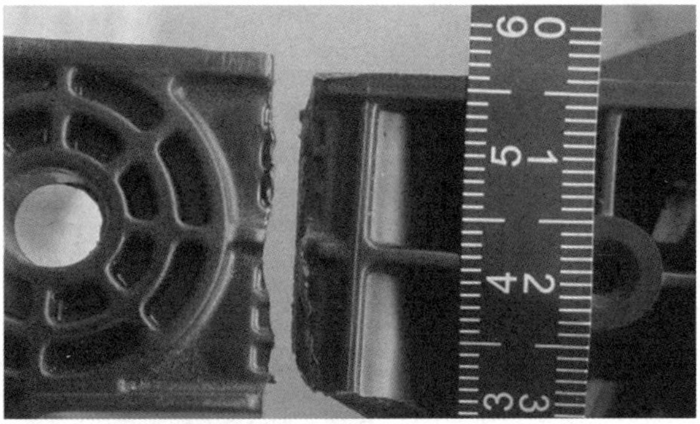

图 4-13　受力方向为由左至右

2. 断面呈斜坡状，如由右向左倾斜，则受力方向为由右至左（如图 4-14、图 4-15 所示）。

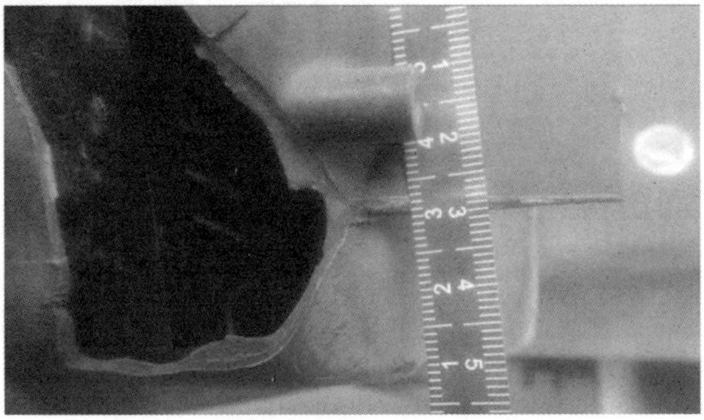

图 4-14　受力方向为由右至左

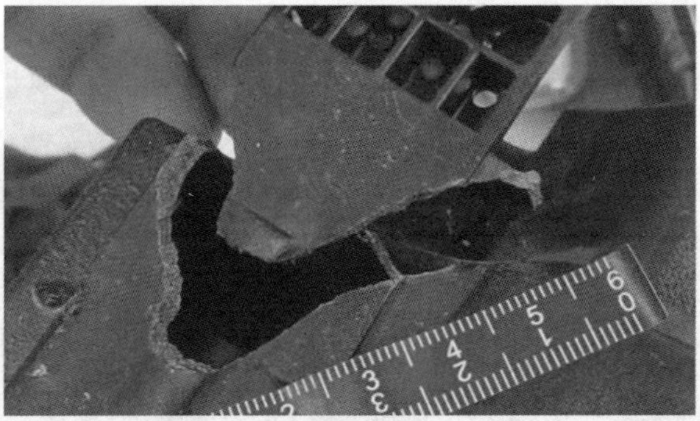

图 4–15　受力方向为由左至右

3. 断面其中一边棱出现较为规整的压缩性光泽或类似焊疤的推挤痕（铝合金壳体破裂、断离痕迹亦出现类似特征），如下边棱出现推挤痕，则受力方向为由上至下（如图 4–16、图 4–17 所示）。

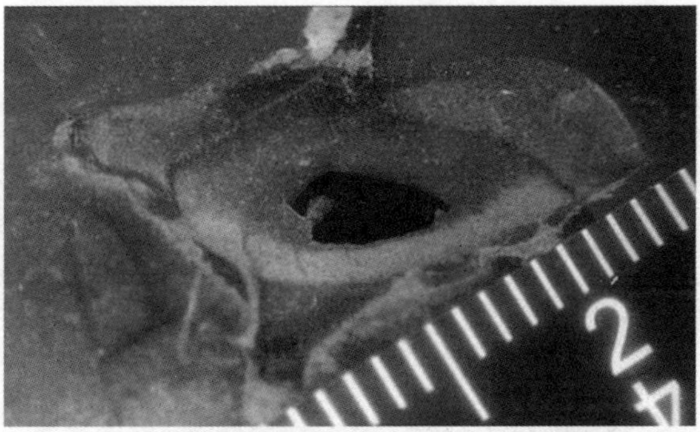

图 4–16　受力方向为由上至下

图 4–17　受力方向为由上至下

4. 外伸连接构件（如前照灯固定支架）断裂而尚未断脱的痕迹，可对其端部由轻至重从不同方向、不同角度分别进行推挤、按压实验。裂缝间隙在外力作用下会扩大或缩小，且松手可复位，则扩大一方为受力方向（如图 4–18、图 4–19 所示）。

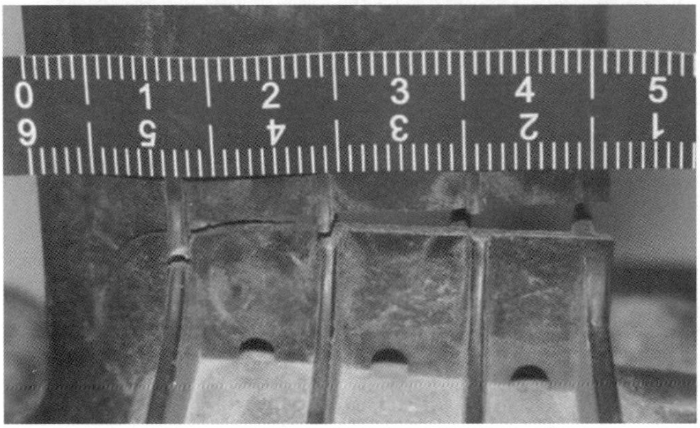

图 4–18　受力方向为由右至左

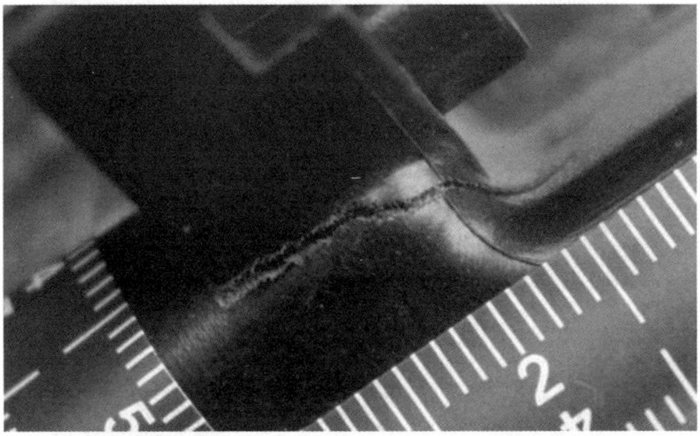

图 4–19　受力方向为由右下至左上

4.2.4　应力传递所致的破损痕迹

在外力作用下，产生的应力传递挤压致车体内部某零部件（如塑料、铝合金壳体）局部形成非接触性断裂、隆起、凹陷等破损痕迹，据其隆起、凹陷的折弯方向及断口两侧错位的搭接状态等特征可推断受力（挤压）方向（如图 4–20、图 4–21 所示）。

图 4-20　受力方向为由右至左

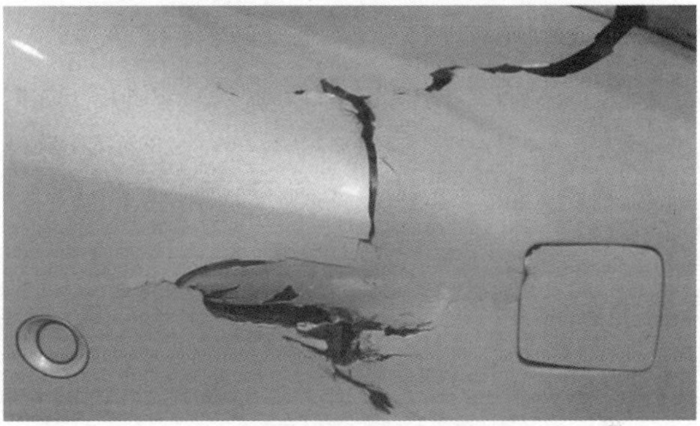

图 4-21　受力方向为由下至上

4.3　距地高度比较

车辆痕迹对应的距地高度勘测虽看似简单，但也不可忽视一些影响因素。

1. 装载情况：如车辆载货、载人数量；

2. 转向情形：车辆转向时，车体呈反向倾斜，如向左转向，车体则向右倾斜；

3. 倾倒状态：车辆因故倾倒（侧翻）或处于倾倒状态；

4. 制动情况：车辆紧急制动时车头下沉等。

通过模拟实验测试其临界值，其上限与底限之间即可评判为“可以形成”的范围。涉车骗保案中，标的车与固定物（隔离桩、混凝土立柱等）接触，除比对观察二者接触痕迹形态特征、受力方向对应性及表层物质、介质交换或转移性状之外，比较其距地高度是否在“可以形成”范围内，也是评判事故真伪性质的一个重要依据。

4.4 形成次数分析

正常事故车损痕迹与其应力导致其他部件受损多为一次性形成，即便是继发性运动中两次或数次接触，其形成方式具有连贯性，运动轨迹和时空顺序具有对应关系。人为伪造破损则可能有多次行为造痕，分析鉴别车辆接触痕迹与其他部件车损痕迹，是否为应力传递所一次性形成，是评判事故真伪性质的又一重要途径。

4.4.1 作用力强度与传递

车辆接触痕迹所反映的作用力强度，与其他部件受损程度存在关联性。根据接触痕迹所在车体部位的材质和破损程度评判承受力的强度、角度，分析其作用力能否造成其他部件受损；根据接触痕迹与其他部件受损部位之间，是否具备应力传递条件、构件关联、间隔空间，可以分析接触痕迹能否导致部件受损，有无内在联系。

4.4.2 痕迹受力方向

观察车辆接触痕迹与其他车损痕迹的受力方向是否一致，正常事故接触痕迹的受力方向大多一致。涉车骗保案中，人为伪造车损则在作用力方向易于出现漏洞，具体按上述“4.2”阐述的方法仔细甄别。

4.4.3 工具痕迹特征

观察其他部件受损处，是否有使用工具形成的痕迹特征，分析具体工具和形成方式。

4.4.4　人工徒手痕迹特征

观察是否有人工徒手“扳、拉、折、拧”所形成的痕迹特征：麻花状拧转痕、拉丝状扳拉脱痕、节瘤状反复折叠以至断脱的疲劳痕（如图 4–22、图 4–23 所示）。

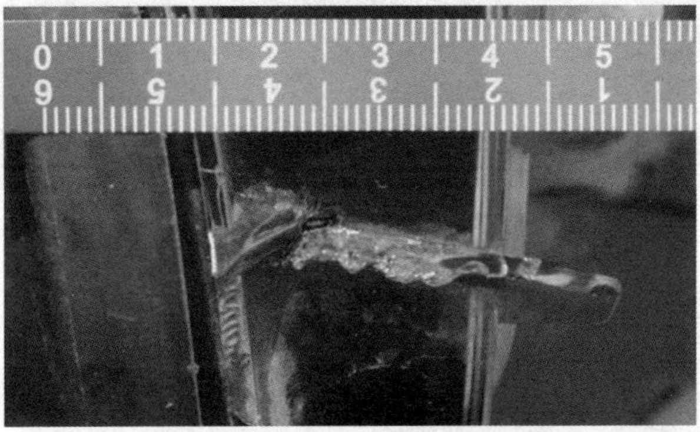

图 4–22　节瘤状

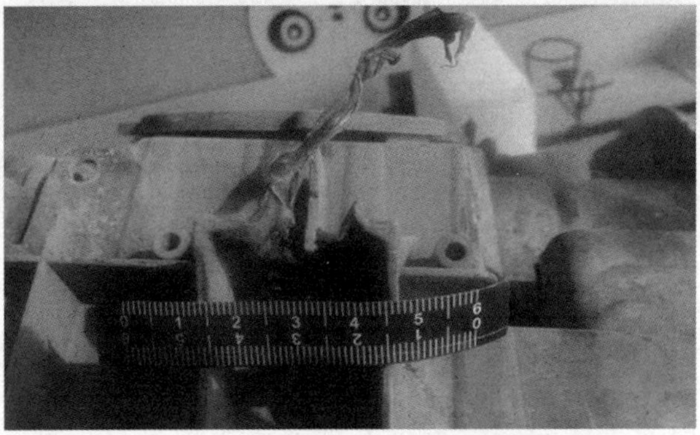

图 4–23　拉丝状

4.4.5　孔洞痕迹形成方式

分析车辆部件壳体不规则块状孔洞痕迹形成机理时，应注重观察断离边沿、边沿走向、开叉裂纹朝向及转角形态（平滑或毛糙）等细微特征，结合受力方向分析判断孔洞痕迹形成的方式和次数（如图 4-24、图 4-25 所示）。

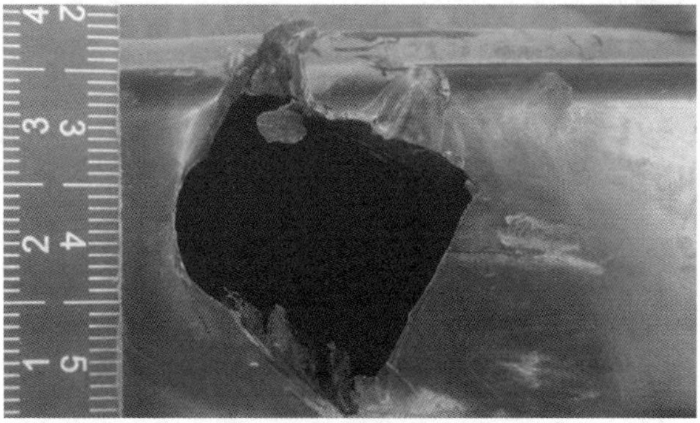

图 4-24　上边沿外翻

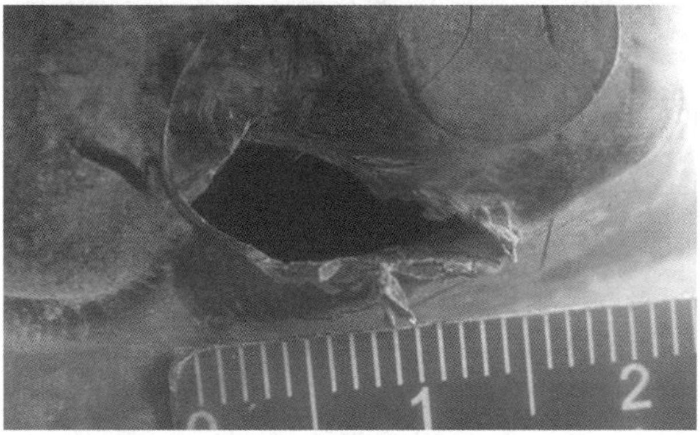

图 4-25　豁口朝右

4.4.6　并列痕迹特征

应注重发现的车体凹陷变形处并列痕迹，预谋故意型涉车骗保案不法车主，为了致整车报废同时规避自伤而选择撞击部位和角度。常会先行试探性碰撞，或第一次撞击未达到预期损毁报废而再次冲撞。通常，在破损凹陷处底部或两侧会形成形态类同、受力轻重有别的条状并列痕迹，俗称“试探痕和弥补痕”。凹陷变形多呈半圆柱形、楔形及沟槽状等形态，鉴别其并列痕迹是否为一次性形成，可以对照造痕客体（固定物体）撞损前的外部结构特征，判断是否具备一次性形成造痕条件（如图 4-26 所示）。

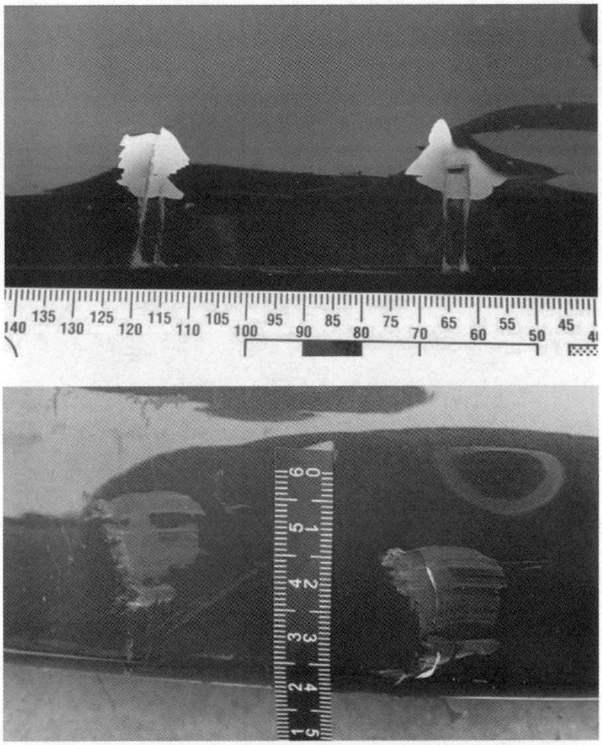

图 4-26　同一造痕体两次接触成痕

4.5　形成空间探讨

痕迹形成的要素，传统理论忽略了“特定空间”这一关键性要素。交通事故（涉车骗保案）中的车体（物体）受损、人体损伤等痕迹（伤痕）形成机理，更突显了“特定空间”要素的重要性。在勘查现场一线作业层面上，研究痕迹形成空间及其限制条件，对判断案件性质有着十分重要意义。

4.5.1　车外接触痕迹

应注重观察车辆与固定物的接触空间条件和限制性节点。车辆与固定物接触时，一方是相对静止的固定物体，另一方处于运动状态的车辆。运动的车辆虽可改变行驶姿态与静止物体附近绕不开的空间障碍，如消防栓相邻的承重柱、路外山坡相邻的行道树等接触，从而出现伴生痕迹；超过车身的失衡限度，还可能会出现侧翻等。前照灯外罩受损时，应观察分析与其相邻且较为突出的保险杠是否受损，能否避开，造痕体接触部位是否具有对应嵌合的结构特征。上述空间限制性节点如能得到解析，真实的事故形态则将逐步明晰（如图 4-27、图 4-28 所示）。

图 4-27　现场固定物形态测量

图 4-28　车体外形结构测量

4.5.2　厢内受损痕迹

车厢（驾驶室）空间相对封闭，车辆剧烈运动时产生的强大惯性或车辆翻滚震动颠簸，均可致车厢内物件损坏和人体损伤。观察在其有限空间内与之对应的致伤物体有无形成条件，形成方式、痕迹（损伤）形态是否对应相符，两者之间有无相关部件或其他乘员身体阻碍，并在三维空间里展开分析探讨，或进行绘画、车模推演，从而判断伤者在事发时行为方式和乘坐位置（如图 4–29、图 4–30 所示）。

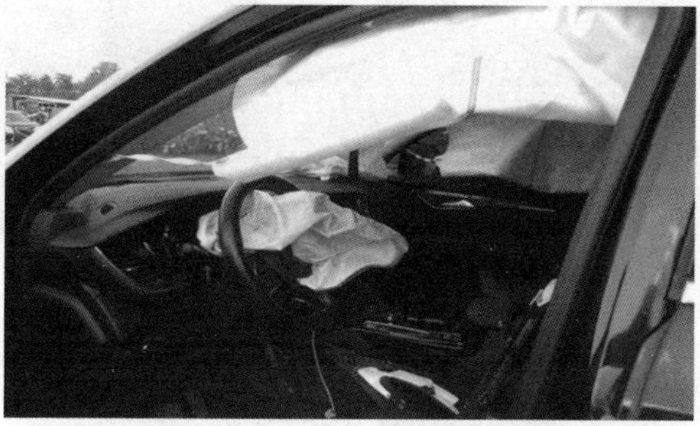

图 4–29　车内安全气囊展开情况

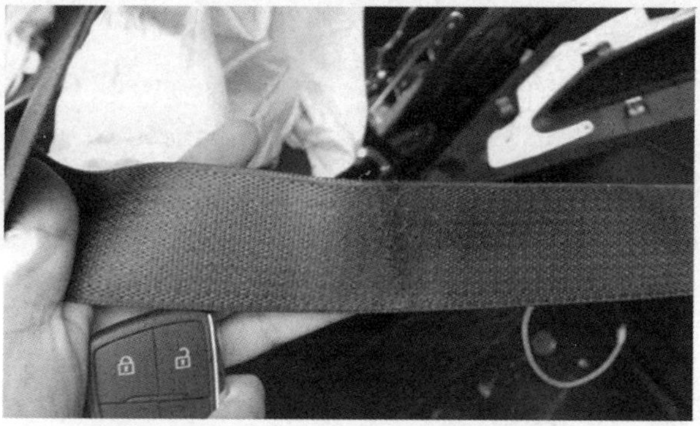

图 4–30　车内安全带使用情况

4.5.3　舱内受损痕迹

机舱内空间狭窄，其零部件受损多为外力传递形成的应力，或外力致部件位移与其他构件挤压所致。如果机舱内的部件（如前照灯后壳和固定支架）出现断裂、凹陷等破损的作用力方向异常，则可能发现由于空间限制或绕不开的构件障碍，只有开启舱盖或拆开相关部件方可形成上述车损痕迹。显然，事故性质将随之明朗（如图 4–31、图 4–32 所示）。

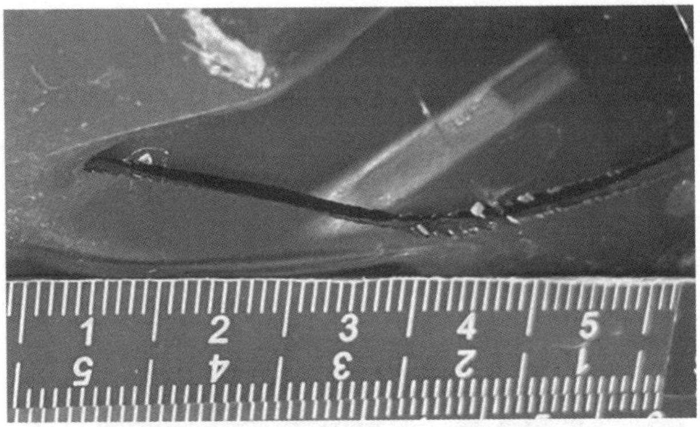

图 4-31　前照灯壳体下部受损

图 4-32　前机舱右后部高压线束断损

4.5.4　车底受损痕迹

汽车底盘距地空间低矮狭窄，最低处为油底壳、差速器、变速器以及汽车动力电池包等部件，一旦出现机械、动力故障维修费用较高。由于上述故障有若干种类不属于保险赔付范围，故而时有车主谎报交通事故，并牵涉到现场路坎、石块、路缘石及窨井盖等物体，企图瞒天过海转嫁车损。

现场勘查时，应注重观察二者有无对应痕迹，受力方向是否相符，距地高度是否在可以形成范围内，具体操作时应考虑“紧急制动、快速下坎”导致车头下沉幅度加大。即使接触痕迹相互对应，也还应深入探究痕迹与故障点之间有无应力传递和形成空间的条件（如图 4-33、图 4-34 所示）。

图 4-33　现场模拟

图 4-34　路面突起物测量

4.6　痕迹顺序研判

4.6.1　线条状痕迹

擦划、滑擦、挫划等痕迹，先形成的痕迹会被后来痕迹交叉重叠，其线痕不连贯，后形成痕迹则连贯且在两痕交汇处可见类似人体损伤组织间桥的小梗（如图 4-35、图 4-36 所示）。

图 4–35　受力方向近似重叠

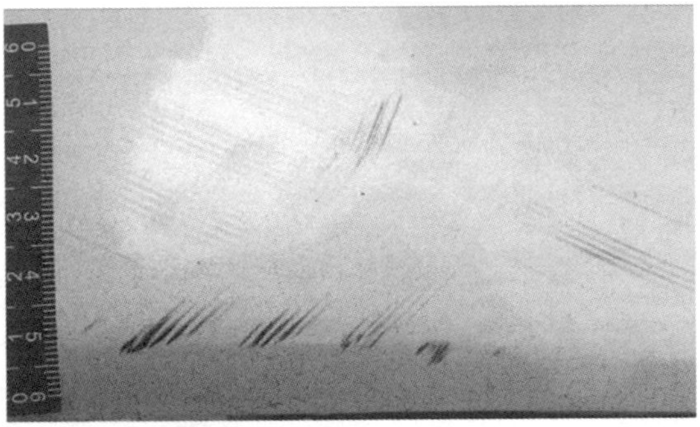

图 4–36　受力方向交叉重叠

4.6.2　破裂痕迹

破裂交叉痕迹，多呈丁字形相交，其裂缝有一端渐变尖窄此为先形成的裂痕，后形成裂痕因扩展延伸被前痕所阻，则无渐变尖窄特征（如图 4–37、图 4–38 所示）。

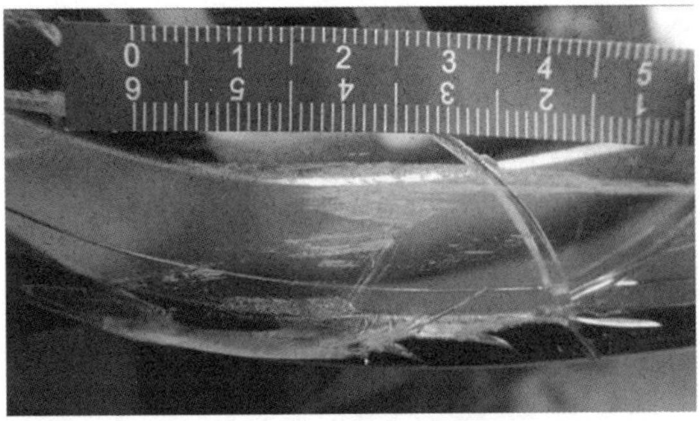

图 4–37　丁字形相交

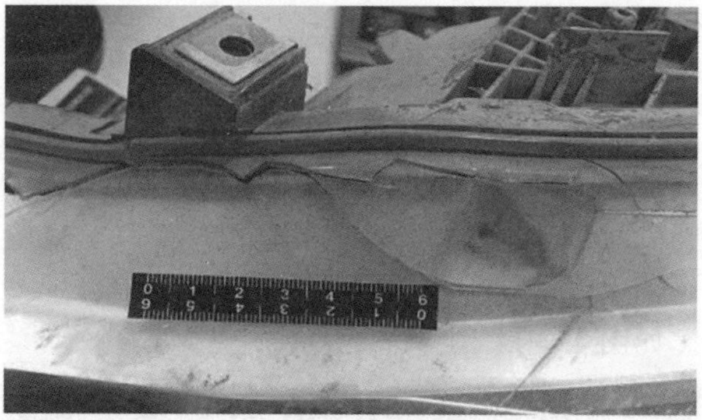

图 4-38　斜向相交

4.6.3　附着物形态

附着物横向或斜向推挤扩散为先形成痕迹；叠加状态的附着物处于底层为先形成痕迹（如图 4-39 所示）。

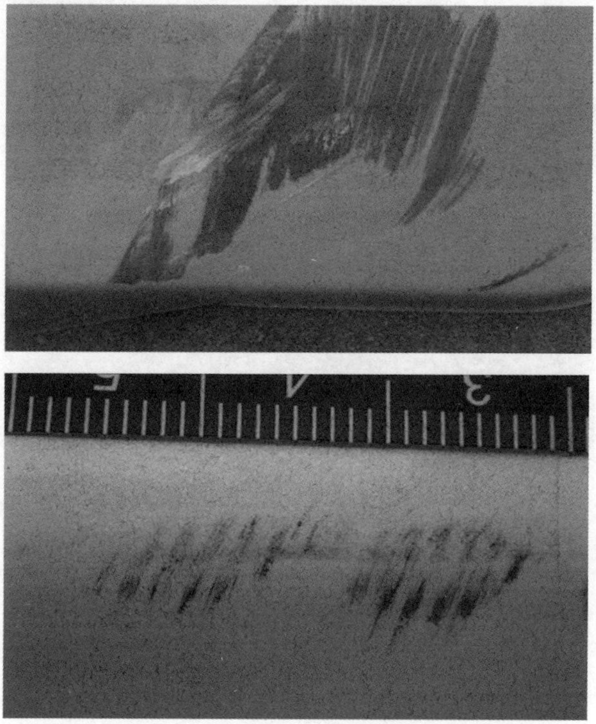

图 4-39　深色附着物处于底层

4.6.4 车底痕迹形态

车底碰撞挫划痕多呈纵向，线痕连贯，由此导致油底壳、差速器等部件受损渗漏油，油液顺着挫划痕线条状小沟槽向两端流淌延伸，表面有水滴状和积滞状渍油特征；如渗漏油在先，则油迹呈片状浸润扩散且边界较虚，挫划痕小沟槽呈无扩展积滞状渍油特征；如事后抹油，则油迹边界清晰且分布均匀（如图 4-40、图 4-41 所示）。

图 4-40　渗漏在先

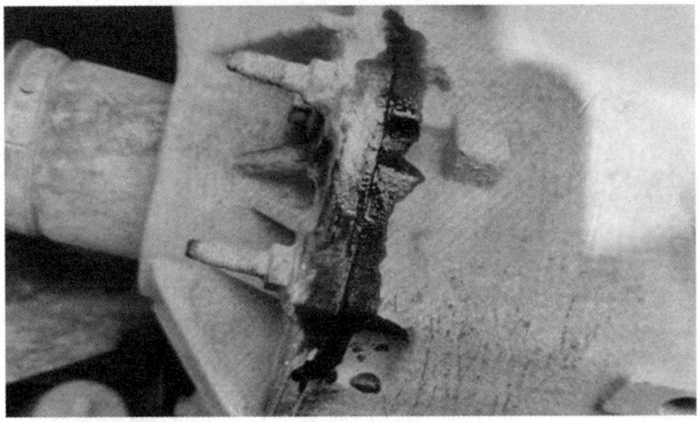

图 4-41　事后抹油

4.7　材料特性分析

车辆部件材料物理特性是指材料的密度、力学性能（强度）、塑性和弹性、脆性和韧性、刚度及硬度等。以前照灯总成为例，灯罩的材料一般采用高标号聚碳酸酯（又称 PC 树脂），其具有硬度高、韧性大、强度高、透光性好等特性；其外壳一般采用 PP 材料（聚丙烯）和 ABS 材料（聚丙烯 - 苯乙烯 - 丁二烯共聚物，又称 ABS 树脂），材料具有韧性好、抗冲击强度高及抗弯曲疲劳性等特性，一般撞击下不易破裂。在事故中，灯罩接触痕迹如仅表层轻微擦划受损，而灯壳却异常破裂、支架（俗称灯脚）断脱，就此分析断言为前者应力传递致后者受损，则显然不合逻辑，与材料特性相悖（如图 4-42、图 4-43 所示）。

图 4-42　灯罩结构

图 4-43　灯壳结构

4.8 非接触性特征

非接触性痕迹具有间接性形成机理，其形成过程较为复杂。其中，“因接触力度、角度、传递应力的关联性构件性状、相对空间位置”等因素，直接决定其作用力，如“推拉、挤压、拧扭”等的表现形式。在实践中，这类因果关联性受损痕迹，有的对应性特征不明显，甚至反应异常、令人费解。对此，不妨进行换位思考，假定上述痕迹系人为扩损所致，该如何着手实施。使用排除法穷尽各种伪造手段，包括拆解部件和使用工具，如仍不可达到与现场特征相符的情形，那么“己所不能、勿责于人”。即便疑虑重重，也应回到原点重新认可“应力作用”之说。

车辆碰撞多为高速运动过程中发生，速度快动能大，其应力所致的受损特征为：塑料类部件破裂痕断口较为规整无毛边，断面平滑无硌手感，裂缝走向自然；金属类部件多呈弯折、凹陷等变形，铝合金类破裂痕特征则与塑料类同；上述情形与人为（徒手扳拉或工具破损）侵损的痕迹特征有明显区别（如图 4-44、图 4-45 所示）。

图 4-44 铝合金断裂痕迹照

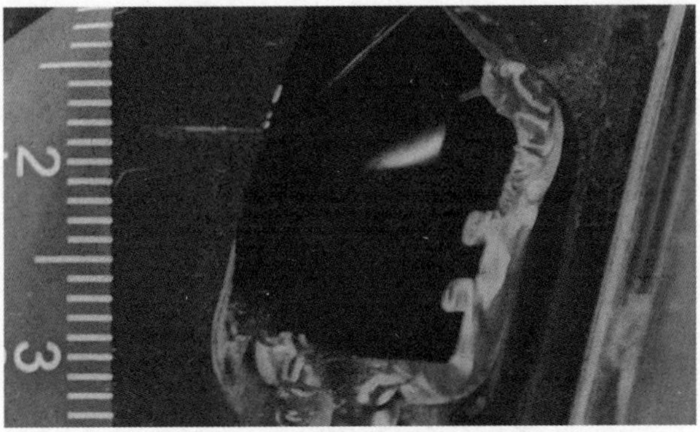

图 4–45　塑料断裂痕迹照

4.9　故障车损特征

在“转嫁型”涉车骗保案中出现故障类车损及痕迹特征。

4.9.1　气缸受损痕迹

气缸因故进水或润滑油流失致损，轻则活塞环卡滞导致发动机气缸壁拉伤，重则导致活塞连杆弯折断离、缸壁挫损及缸体破裂；其连杆断离端头可见明显磨损特征（如图 4–46、图 4–47 所示）。

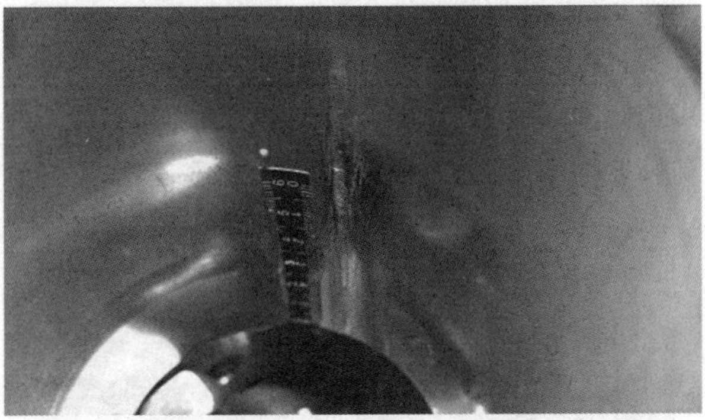

图 4–46　缸壁拉伤痕迹

图 4-47　连杆弯曲变形痕迹

4.9.2　变速器受损痕迹

变速器因暴力驾驶、保养不当或故障等原因，导致内部齿轮组等部件受损，破损的金属碎屑及碎片在运转过程中会造成异常磨损，甚至击穿变速器壳体；经拆检变速器，可根据内部零件的受损痕迹结合故障现象分析受损形成原因（如图 4-48 所示）。

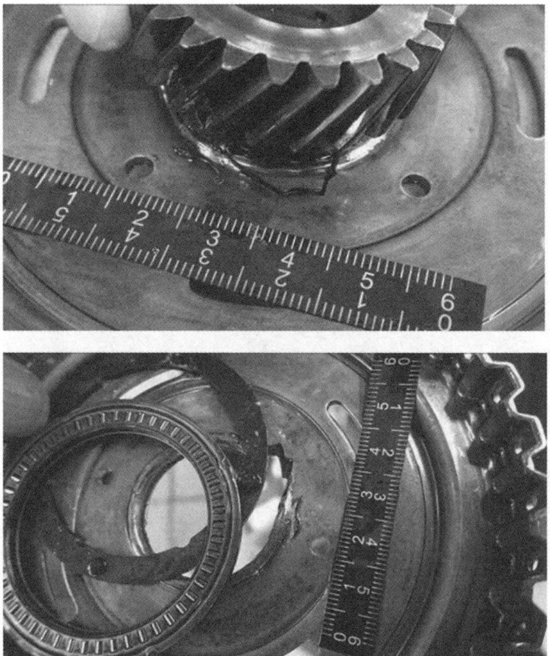

图 4-48　变速器内部太阳齿轮根部断裂

4.9.3　底盘有关部件壳体底部受损痕迹

此类受损痕迹多出现于底盘部分，尤以发动机油底壳、变速器壳体、后桥壳体等部位居多。其主要表现为，上述某部位与地面凸起物接触形成磕碰受损，从而导致润滑油流失致使该部件无法正常工作，甚至报废。此类痕迹受力方向为由前至后或由后至前（倒车），或由下至上，且伴有泥沙或路面材料自然附着。如果受损部位距地高度不在可以形成范围内，则应排除此痕迹与地面障碍物接触；如果同时检见此类痕迹为机械性损伤，并伴有反复击打的重叠痕迹，则人为致损的可能性较大。

有些手动挡变速器，因驾驶人操作不当（强制挂挡）而导致箱体内部齿轮受损，其破损齿面的脱落碎屑有可能高速（齿轮高速旋转所致）击打击穿壳体，并导致箱内润滑油渗出或泄漏，痕迹受力方向为由内而外。如果受力方向是由外而内，并伴有明显的机械性损伤，则可以排除是变速齿轮击穿箱体所致（如图 4-49、图 4-50 所示）。

图 4-49　油底壳由内向外击穿

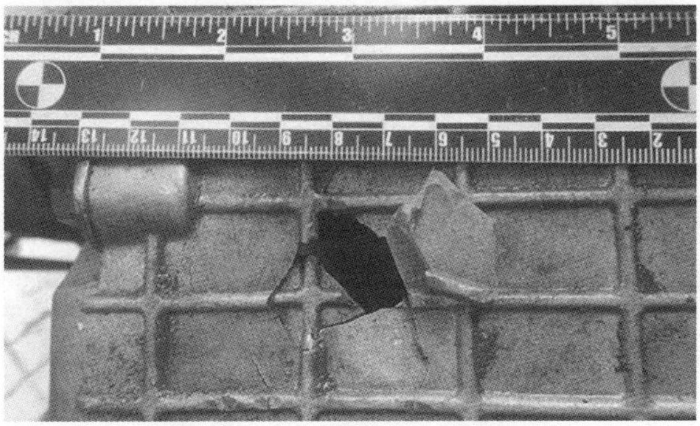

图 4-50　油底壳由外向内砸穿

4.9.4 控制模块受损痕迹

车辆控制模块进水、受潮短路损坏，其模块板面可见霉斑、锈迹或熔断烟熏痕迹（如图 4–51 所示）。

图 4–51 电子控制模块进水受损

4.9.5 轮胎破裂痕迹

轮胎老化、磨损过度、气压过高以及超载超速等原因导致轮胎爆裂，其痕迹特征呈不规则辐射状伴帘线层不规则断裂；撞损刺切导致轮胎破裂，其痕迹特征为豁口处较规则且反映造痕体外部结构特征和附着物（如图 4–52、图 4–53 所示）。

图 4–52　轮胎爆裂受损

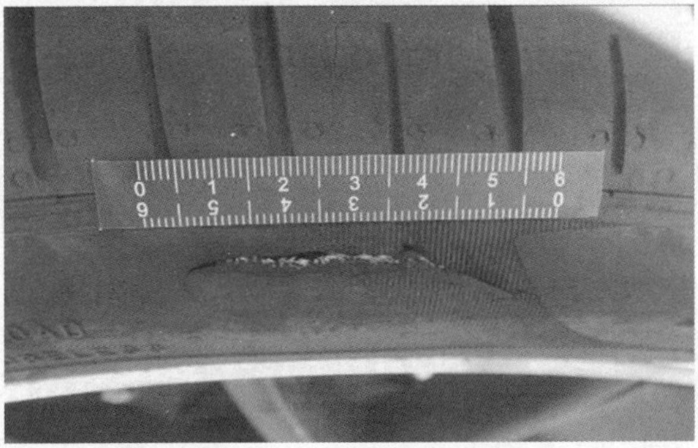

图 4–53　轮胎刺切破损

4.10　伪造车损特征

涉案人员常以修理厂为平台，借助汽车修理工具、设备，采取各种手段对涉案车辆进行毁损或扩损，以致部件损坏丧失功能而报废。在此过程中，会留下相应痕迹特征。

4.10.1　撬压类工具及痕迹特征

涉案人员通常会选用改锥（螺丝刀）、钳子等工具，运用杠杆原理对相邻部件进行撬压破损。

1. 插孔撬压。使用金属杆件工具插入部件螺孔撬压，如灯壳支架上的痕迹特征为，在钢质螺孔对角两边沿有挤压痕，痕底有压实光泽，或在塑料、铝合金螺孔受力一侧出现崩塌痕及凹陷状压痕（如图 4-54、图 4-55 所示）。

图 4-54　安装孔撬压痕

图 4-55　螺孔撬压痕

2. 扩缝撬压。使用端部扁平的杆件工具（如一字形改锥），在零部件衔接间隙中插入扩缝撬压致部件破裂或缝隙扩大。其裂痕断口或缝隙可见短条状压痕，痕壁压实且光滑，其长（宽）度即是改锥刀口宽度（如图 4-56、图 4-57 所示）。

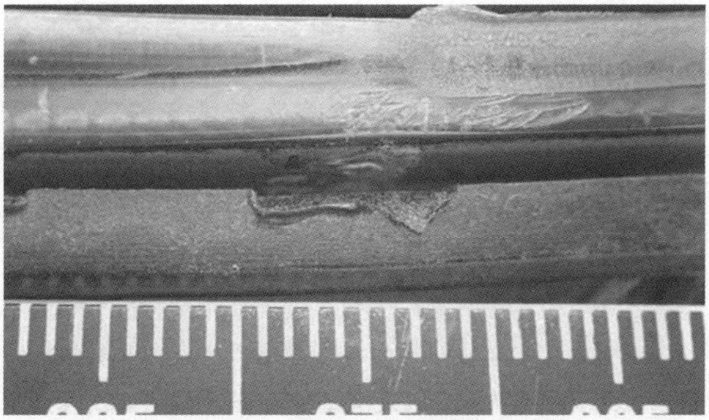

图 4–56　撬压方向为由上至下

图 4–57　撬压方向为由下至上

3. 夹持撬压。使用夹持类工具（如钳子），在部件某结构扁平单薄或突出外展部位进行咬合夹持，并左右或上下扳扭撬压致夹持物体断裂脱落。其断痕两侧毛边出现弯折且朝向不一，有疲劳痕迹特征。留有钳类工具夹持痕迹的断片多被隐藏或毁灭（如图 4–58、图 4–59 所示）。

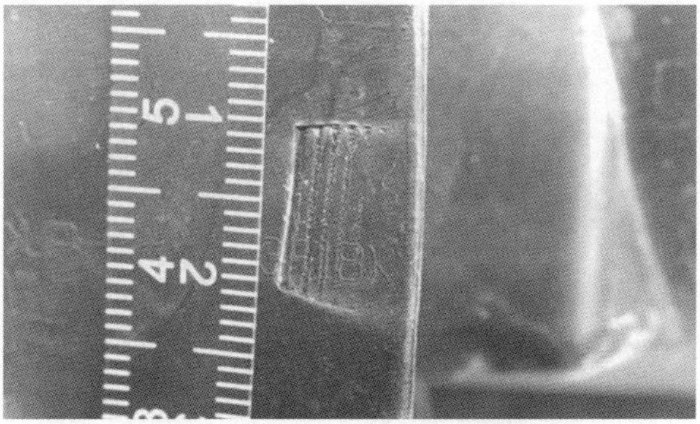

图 4–58　夹持部位在右边沿

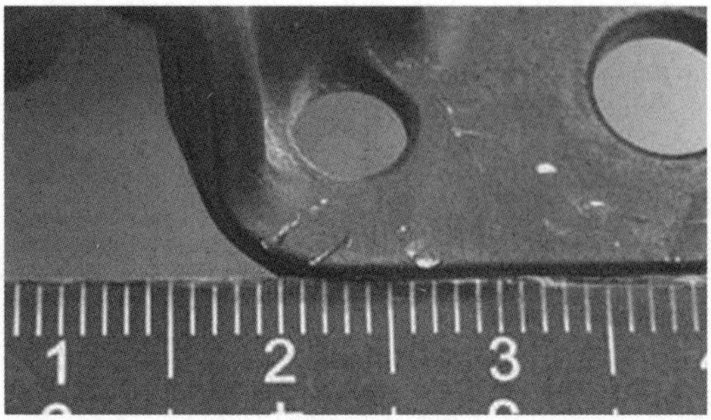

图 4-59　夹持部位在左下沿

4.10.2　锤击类工具与痕迹特征

铁锤种类较多，就汽车修理常用和涉案车辆痕迹反映较为典型的有鸭嘴锤、圆头锤和尖头锤三种。涉案车辆锤击痕多出现在灯具壳体、油底壳和变速器的底部，且与挫划、磕碰及撞击痕互有局部重叠、覆盖。

1. 鸭嘴锤。锤体两端分别为方柱体和扁平鸭嘴状。其锤击痕迹多呈实条状或“]”状，棱边棱角较实（如图 4-60、图 4-61 所示）。

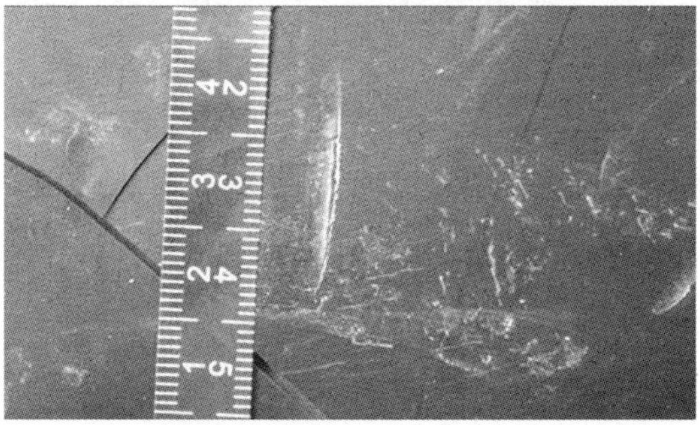

图 4-60　锤击痕（平面）

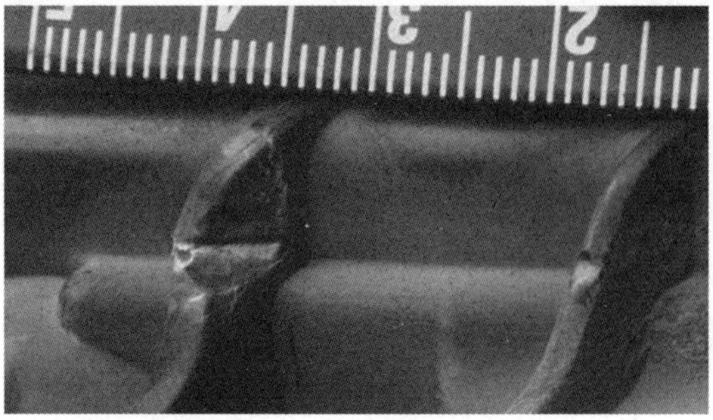

图 4-61　锤击痕（棱边处）

2. 圆头锤。锤体两端分别为圆柱体和半球体。其锤击痕迹多呈“半圆、半球及月牙等形，弧弦朝向为受力方向（如图 4-62、图 4-63 所示）。

图 4-62　锤击痕（铝合金表面）

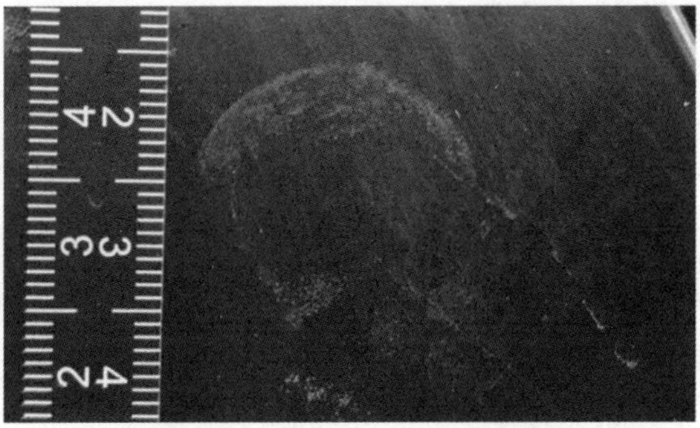

图 4-63　锤击痕（塑料表面）

3. 尖头锤。锤体两端分别为圆锥体和圆柱体。其痕迹典型特征即锥形叩痕，多为起始“开路”痕（如图 4-64、图 4-65 所示）。

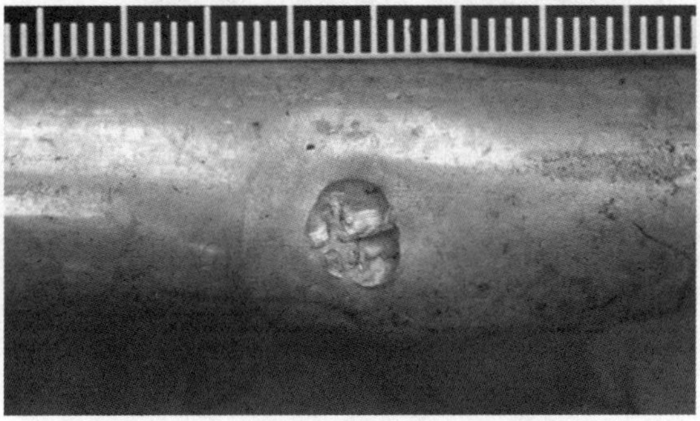

图 4-64　锤击痕（铝合金表面）

图 4-65　锤击痕（塑料螺孔）

4.10.3　錾凿类工具及痕迹特征

汽修厂常使用的钢质錾子前端为扁平呈 V 楔形，尾端为圆形锤敲面予以加力，凿子与錾子大体形状相同，但有的凿子前端为圆锥或方锥体。涉案车辆錾凿痕多出现在油底壳、变速器底部加强筋埂交叉处和灯具支架与灯壳相连的加强筋处，偶有出现在发动机缸体和气缸壁处。其痕迹呈 V 形，两侧痕壁较光滑，豁口左右两边棱有对应的推挤形成的凸边状特征（如图 4-66、图 4-67 所示）。

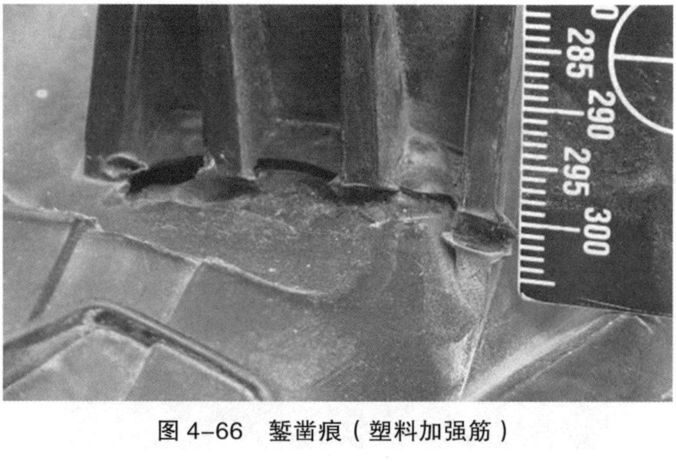

图 4-66　錾凿痕（塑料加强筋）

图 4-67　錾凿痕（铝合金安装孔）

4.10.4　液压类工具及痕迹特征

使用液压机对汽车某厚重构件（如活塞连杆）施压致其破损断裂，其痕迹多呈条形凹槽状、倒圆锥体凹陷状，痕底痕壁较为平滑，两侧或周边痕起缘有对称的推挤形成的凸边状特征（如图 4-68、图 4-69 所示）。

图 4-68　活塞连杆表面压痕

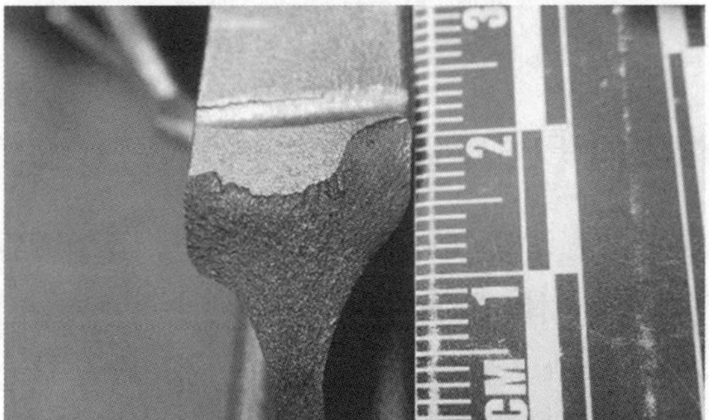

图 4-69　活塞连杆受压断裂痕迹照

4.10.5 切割类工具及痕迹特征

常见的切割类工具有电工刀和美工刀，其切割痕多出现在非金属部件，如灯壳加强筋转角处，痕迹形态与錾痕类似，但豁口较窄，两侧痕壁规整光滑，痕起缘凸边状特征不明显（如图 4–70、图 4–71 所示）。

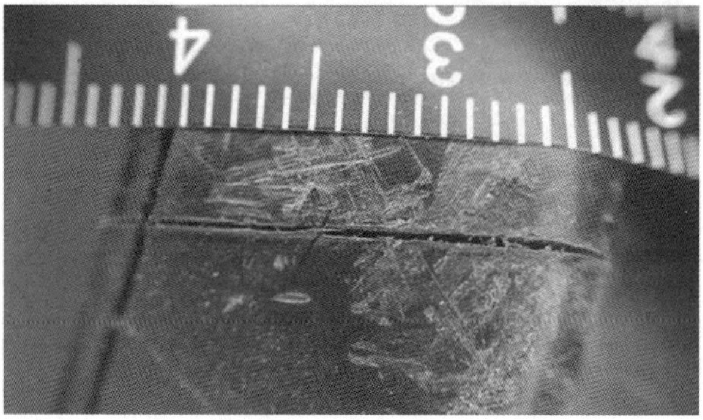

图 4–70 切割痕豁口

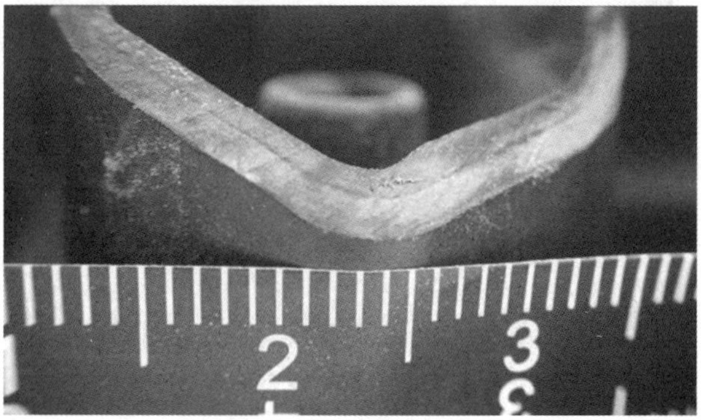

图 4–71 切割痕痕壁

4.10.6 钻铰类工具及痕迹特征

常见的钻铰类工具有麻花钻和三角铰刀，在涉案车辆较少出现钻铰痕，偶尔出现，大多随承痕载体灭失。勘查时，要注重搜寻壳体内腔散落的钻铰末屑（如图 4–72、图 4–73 所示）。

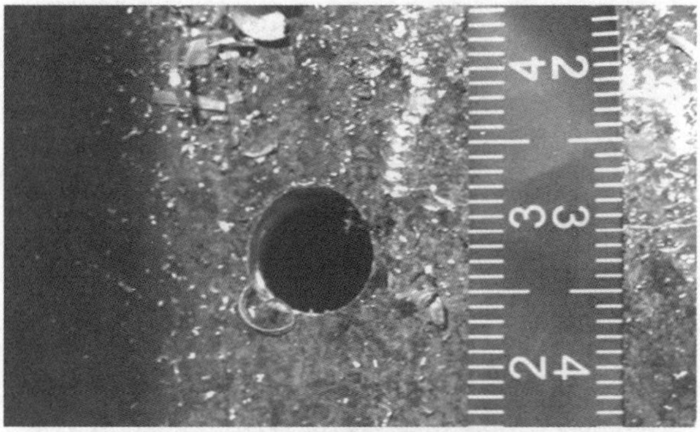

图 4-72　钻铰痕（铝合金表面）

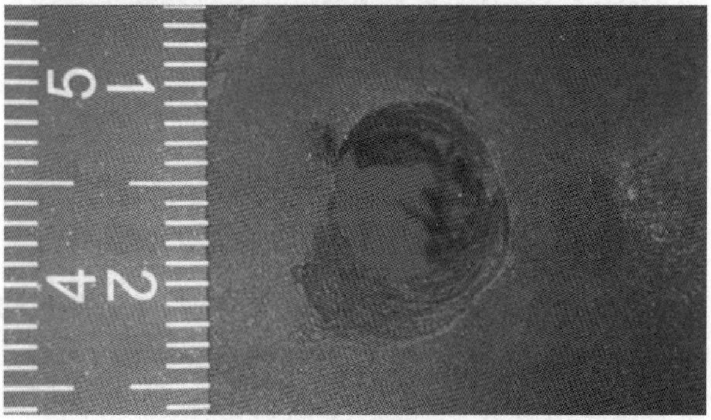

图 4-73　钻铰痕（塑料表面）

4.10.7　打砸类工具及痕迹特征

常见的打砸类工具随机性很大，包括石头、木棒及铁块等。在打砸中心处，大体能反映工具质地和接触部位外部结构特征，车体或呈凹陷状变形，或向周围辐射状破裂。近期出现的遮掩方式，即垫衬柔软物体打砸，其痕迹零乱且边界较虚。

4.10.8　烤烙类工具及痕迹特征

烤烙类工具多为塑料焊枪、贴膜电烤枪及电烙铁等，其手段有三种情形：

1. 采用塑料焊枪高温烘烤 PP、ABS 类塑料部件，使其软化降低强度（150℃软化，270℃熔化），再用“扳、拧”等方式破坏，痕迹呈熔流状、拉丝状特征，表面有光泽（如图 4-74 所示）。

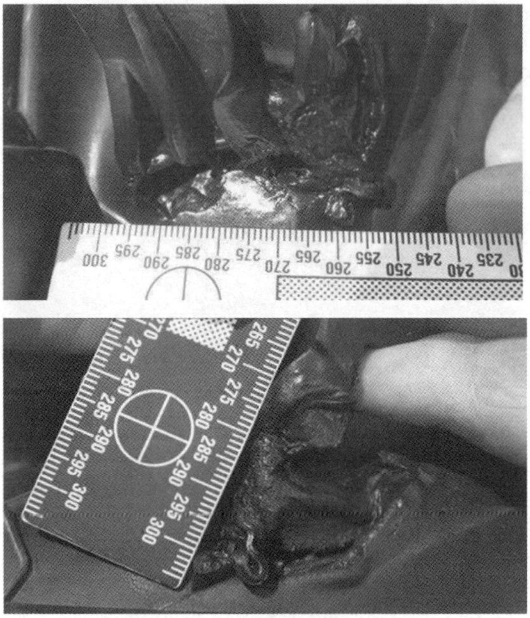

图 4-74　高温熔流状痕迹

2. 先使用锤、錾等工具破坏，对遗留有工具痕迹部位进行烘烤使其损毁，痕迹呈龟裂、崩裂状特征（如图 4-75 所示）。

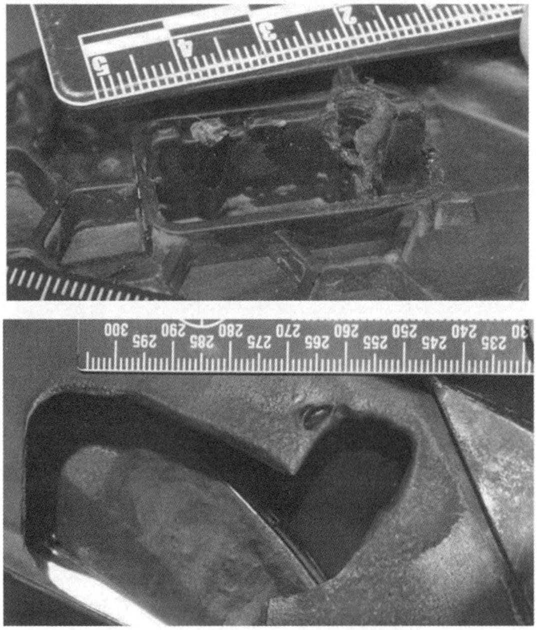

图 4-75　高温烘烤工具痕迹

3. 使用电烙铁烧蚀受损部位（如图 4-76 所示）。

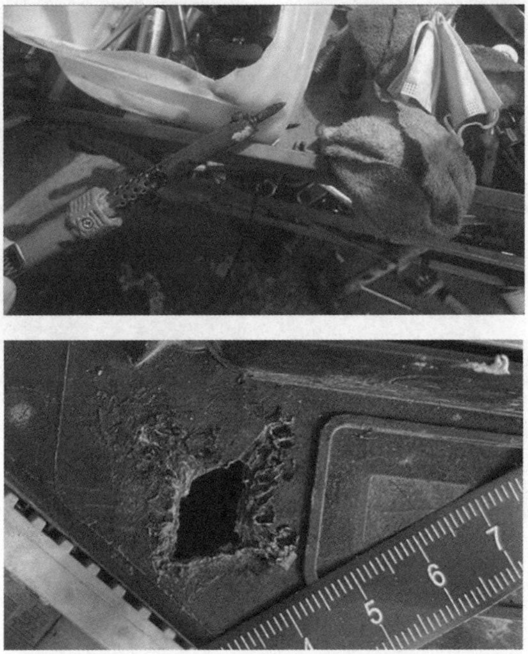

图 4-76　烙铁烧蚀受损部位

4.10.9　“扳、拉、折、拧、踹、砸”等方式损车及痕迹特征

该方式在实案中占比不大，一般情形是先使用工具“开路”，再徒手操作，扳掉留有工具痕迹部分，并将其断片、碎片销毁；或使用柔软物体衬垫后用脚踹。

具体多为先扳拉再折拧，逐次或反复进行，在交变应力作用下，突破部件材料弯曲疲劳和拉伸极限抗力断离和脱落，痕迹多呈“拉丝状、麻花状、舌头状及焊疤状”等疲劳性痕迹特征（如图 4-77 所示）。

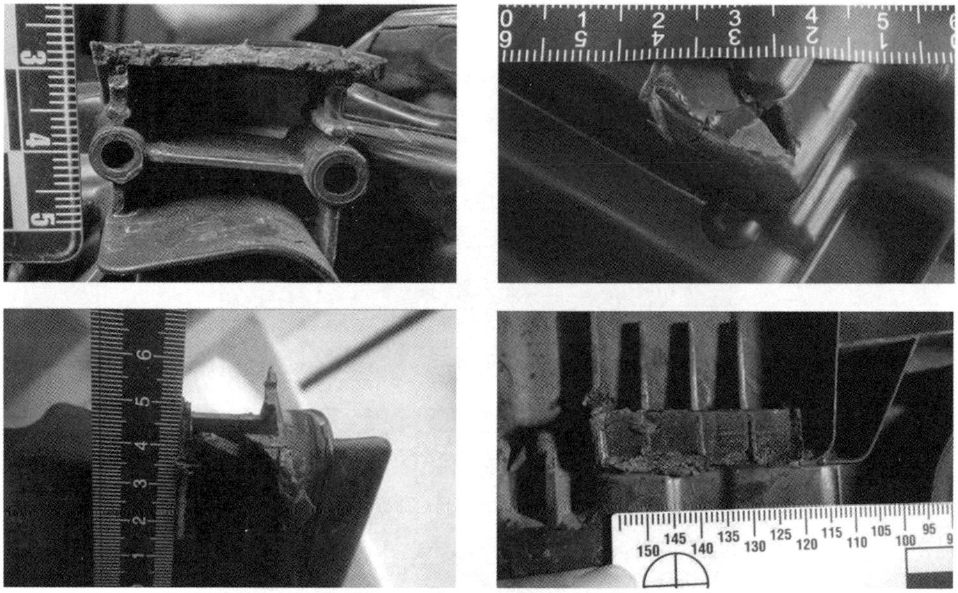

图 4-77　扳砸折拧等痕迹

4.11　典型案例解析

【鉴定案例 1】（陈旧修复、磨损痕迹）

一、案情简介

20×× 年 ×× 月 ×× 日，×× 驾驶 ×××× 号小型普通客车（以下简称客车）出车位时与右侧停放的 ×××× 号红色梅赛德斯奔驰牌小型轿车（以下简称轿车）发生接触，致其左前照灯受损。

委托鉴定事项：该轿车左前照灯受损是否为本次事故所造成。

二、资料摘要

委托单位提供的现场照片及客车车辆痕迹物证照片显示：客车右侧边梁后部、右后轮轮辋、右后轮轮眉后部表面检见红色物质附着的片状擦撞痕迹，右后轮外侧胎壁表面检见红色物质附着及黑色橡胶擦脱的片状擦撞痕迹。轿车前保险杠左侧检见红色涂层擦脱、黑色物质附着的片状擦划痕迹，未见凹陷变形。左前照灯向内侧位移，灯罩表面见黑色物质附着的片状擦划痕迹，受力方向为左后至右前，痕迹较为轻微。

三、鉴定过程

检验所见：

1. 轿车前保险杠已修复，左前照灯已拆卸（如图 4-78 所示）。该灯上部左侧支架断裂脱落，痕迹前端检见两处不规则沟槽状痕迹，其边缘均检见塑料卷翘，受力方向为由后至前（如图 4-79 所示）。

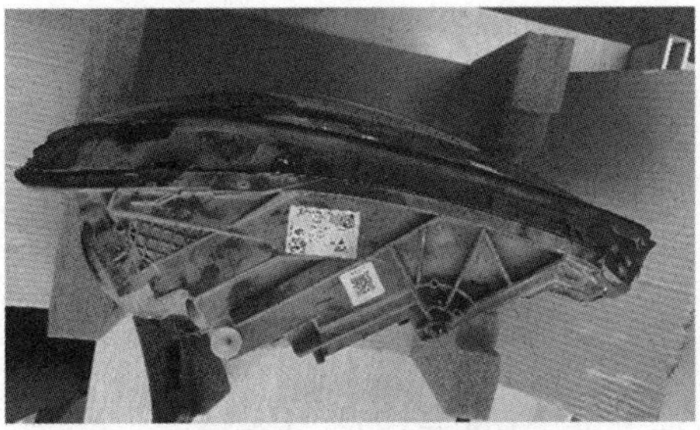

图 4-78　左前照灯

图 4-79　上部左侧支架痕迹照

2. 灯体上部右侧支架左侧断脱，表面检见磨损伴灰尘附着痕迹，其周边检见粘连修复痕迹，裂口处检见两处金属线向左侧弯折，受力方向为由左至右（如图 4-80、图 4-81 所示）。

图 4-80　上部右侧支架痕迹照

图 4-81　痕迹细目照

3. 灯体下部右侧支架断脱，其周边检见粘连修复痕迹，左侧裂口处检见两处金属线，其右前侧螺母基座向前破裂弯折，且受力面表面光滑，受力方向均为由后至前（如图 4–82、图 4–83 所示）。

图 4–82　下部右侧支架痕迹照

图 4–83　螺母基座痕迹照

四、分析讨论

1. 轿车左前照灯上部右侧支架、下部右侧支架表面均检见粘连修复痕迹及两处突出的金属线，均系事故发生前修复痕迹。

2. 轿车左前照灯上部左侧支架的受损痕迹受力方向为由后至前，并检见两处不规则沟槽状痕迹，而两车接触形态为侧面刮擦，两者受力方向不一致，且接触部位不具备形成不规则沟槽状痕迹的尖锐造痕客体。

3. 轿车灯体下部右侧支架右前侧螺母基座的受损痕迹受力面表面光滑，符合刚性客体锤击敲打形成的痕迹特征；灯体上部右侧支架、灯体下部右侧支架及其右前侧螺母基座的受损痕迹受力方向均为由后至前，与两车接触受力方向不一致；轿车左前保险杠及左前照灯灯罩受损程度较轻，未形成明显形变。

根据痕迹的形成机理分析认为，轿车左前照灯灯体的破损断裂非本次事故中所造成。

【鉴定案例 2】（人为錾、敲痕迹）

一、案情简介

20×× 年 ×× 月 ×× 日，在 ×× 市 ×× 大桥桥面路段，××××

号白色梅赛德斯－奔驰小型轿车与 ×××× 号小型普通客车相撞。

委托鉴定事项：轿车左前照灯受损痕迹是否为本次事故所造成。

二、资料摘要

委托单位提供的现场照片显示：客车前保险杠右转角松旷脱位，右前照灯灯罩右下角破裂，右前翼子板前下部凹陷变形并向后弯折，受损部位表面及右前轮外侧均检见擦撞痕。轿车左前翼子板上部凹陷变形，翼子板后部、左前轮外侧及左前门前部检见擦撞痕；前保险杠左转角外侧及左前照灯灯罩外侧均检见轻微的片状擦痕；左前翼子板、左前照灯及前保险杠之间缝隙未检见明显变形。

三、鉴定过程

检验所见：

1. 检验时轿车已修复，左前照灯及左前翼子板均已拆卸。轿车拆卸下的左前翼子板上部凹陷变形，其后部检见由后下至前上的斜向擦撞痕。轿车拆卸下的左前照灯灯罩基本完好，其壳体上部右侧及后侧的圆柱形固定支架均断裂脱落，其断面呈后低前高斜向坡面状态，其上部右侧固定支架相邻的加强筋表面检见敲击痕迹（如图 4-84、图 4-85 所示）。

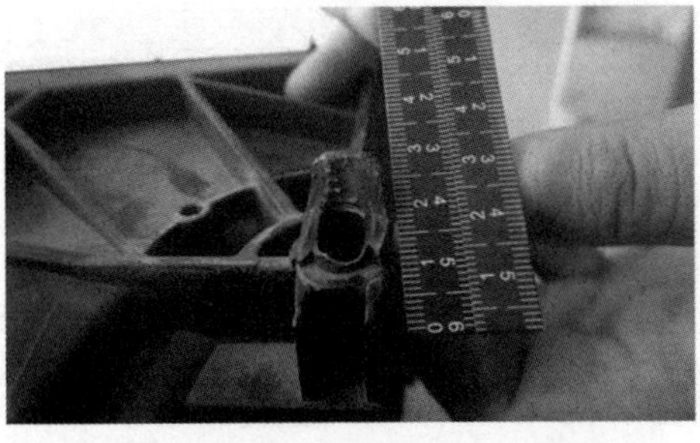

图 4-84　壳体上部右侧支架痕迹照

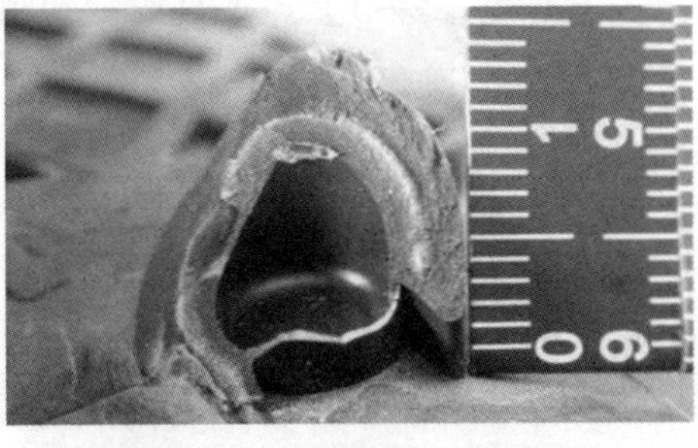

图 4-85　壳体后侧支架痕迹照

2. 左前照灯壳体下中部固定支架整体断裂脱落，其断面粗糙、局部破裂，断面左侧检见一处楔形錾凿痕迹，痕迹表面光滑，支架断面附近加强筋表面检见多处擦痕（如图 4-86、图 4-87 所示）。

图 4-86　壳体下中部痕迹照

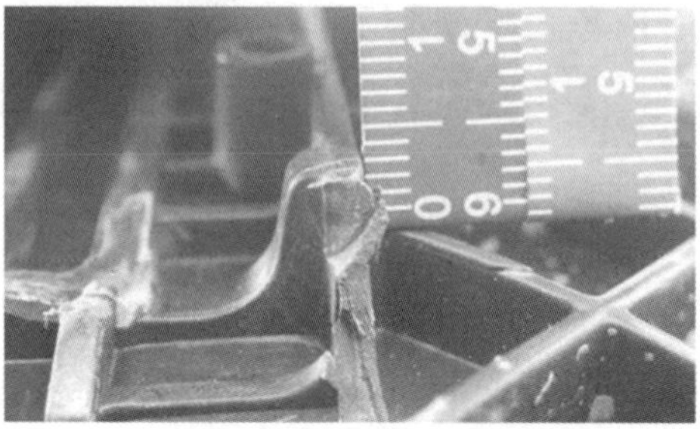

图 4-87　加强筋处痕迹照

四、分析讨论

1. 将客车右侧前部（前保险杠右转角、右前照灯、右前翼子板、右前轮）受损痕迹与轿车左侧前部（左前翼子板、左前门、左前轮）受损痕迹相比较，两者在痕迹形成方式、距地高度上可以对应相符。上述痕迹符合客车右侧前部与轿车左侧前部发生接触所形成。

2. 轿车左前照灯壳体上部两处支架断裂痕迹受力方向为由左后至右前，且局部检见敲击痕迹，符合人为作用所形成的工具痕迹特征。

3. 轿车左前照灯壳体下中部支架整体断裂脱落，其断面左侧局部检见錾凿痕迹，相邻部位表面检见多处擦痕，受损程度较重，其在痕迹形态、受损程度符合人为作用所形成的工具痕迹特征。

【鉴定案例 3】（工具凿穿痕迹）

一、案情简介

20×× 年 ×× 月 ×× 日，在 ×× 市 ×× 区 ×× 路，发生一起 ×××× 号白色梅赛德斯 - 奔驰牌小型轿车前部与 ×××× 号小型客车后部相接触的道路交通事故。

委托鉴定事项：轿车右前照灯受损是否为本次事故所造成。

二、鉴定过程

检验所见：

1. 轿车右前照灯灯罩外侧、前保险杠右转角外侧距地高度在 35cm~70cm 之间检见由前至后的擦撞痕。

2. 轿车拆卸下的右前照灯灯罩前侧安装有软性橡胶衬板，该衬板右下部具有两处固定卡扣，其中左侧卡扣的卡座破损；将衬板取下后，受损卡座局部断脱，检见洞穿痕迹，其断痕下部附近表面检见由下至上的挫划痕（如图 4-88 所示）。

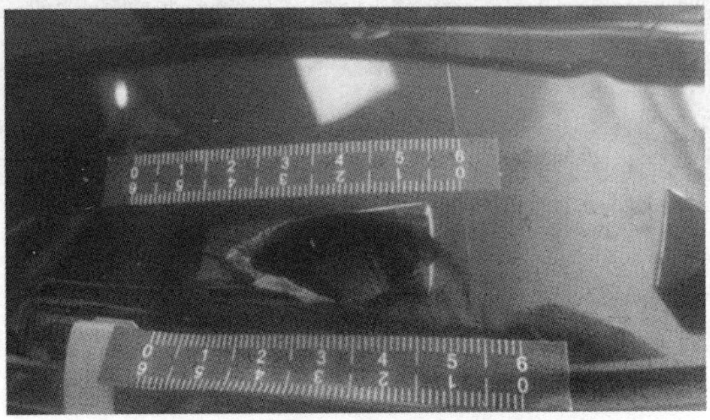

图 4-88　灯罩洞穿痕迹

3. 卡座受损脱落的两块碎片断面均不规则（如图 4-89 所示），将其与卡座残留部分进行拼合后（如图 4-90 所示），其中较小块碎片表面（与挫划痕迹相邻部位）检见有錾凿印痕，受力方向为由下至上（如图 4-91 所示）。

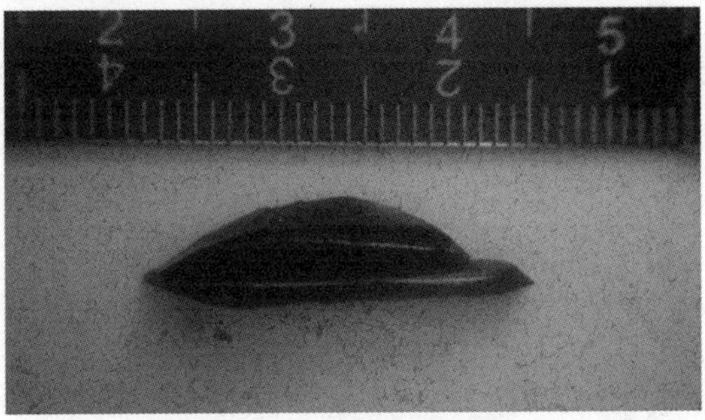

图 4-89　脱落的卡座碎片

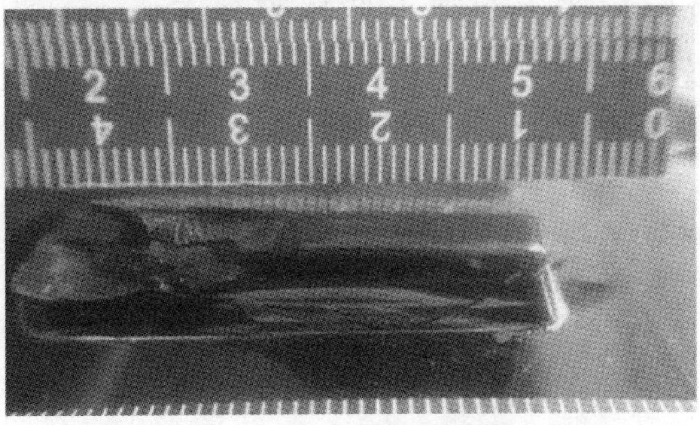

图 4-90　碎片拼合照

图 4-91　錾凿痕细目照

三、分析讨论

1. 轿车右前照灯灯罩外侧、前保险杠右转角外侧的受损痕迹受力方向均为由前至后，且在同一平面上。上述痕迹符合本次事故中轿车右侧前部与其他车辆尾部发生一次接触所形成的痕迹特征。

2. 轿车右前照灯壳体前侧右下部（靠左侧）的衬板卡座破损、洞穿，受损脱落的碎片及断面下部附近表面检见錾凿痕迹及挫划痕，痕迹受力方向均为由下至上。

根据痕迹的形态及形成机理，上述錾凿痕迹及挫划痕符合工具痕迹特征，可排除该衬板卡座破损、洞穿痕迹为本次事故中所造成的可能性。

【鉴定案例 4】（痕迹非一次形成）

一、案情简介

20×× 年 ×× 月 ×× 日 17 时许，在 ×× 市 ×× 大桥路段，发生一起 ×××× 号黑色巡洋舰牌小型越野客车、×××× 号小型轿车、×××× 号小型轿车三车追尾的道路交通事故。

委托鉴定事项：客车左前照灯受损痕迹是否为本次事故所造成。

二、鉴定过程

检验所见：

1. 检验时，客车前保险杠已修复，前保险杠内侧左下部、进气格栅内侧左上部均检见修复痕迹；前中网左侧饰条表面检见新鲜擦撞痕迹；前保险左侧上部边沿卡口处检见片状划擦痕迹（如图 4–92 所示）。

图 4–92　客车概览照

2. 客车左前照灯下部安装的镀铬饰条已拆卸，其表面及灯罩表面未检见明显擦撞痕迹；灯体前下沿中部螺钉座下沿破裂受损；灯体后侧右下部支架外端螺孔外沿破裂脱落（如图 4–93 所示），该支架根基处断裂并向左侧灯壳延伸，其断口较为陈旧（如图 4–94 所示），受力方向均为由前下至后上受力。

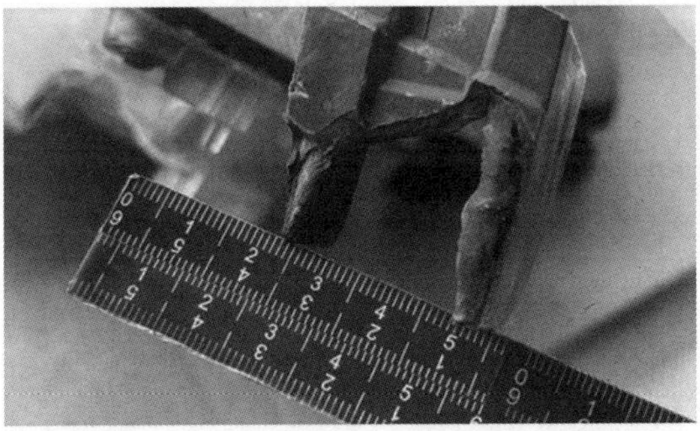

图 4–93　灯体后侧右下部支架痕迹照

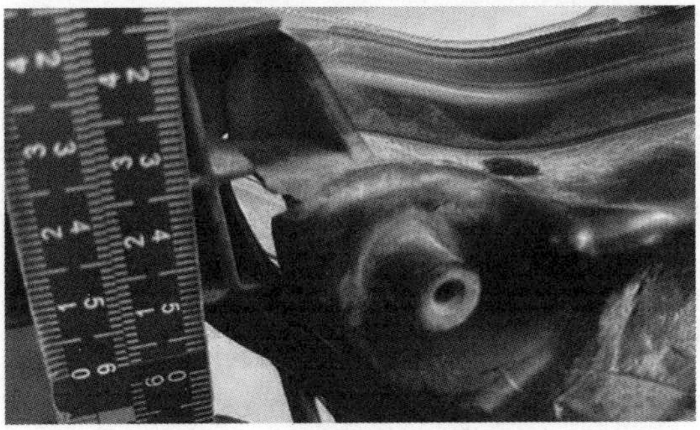

图 4–94　支架根基处痕迹照

3. 灯体右侧上部支架（固定于车体前部左侧副架）中部横向断裂受损，受力方向为沿灯体前下至后上受力（如图 4–95 所示）。

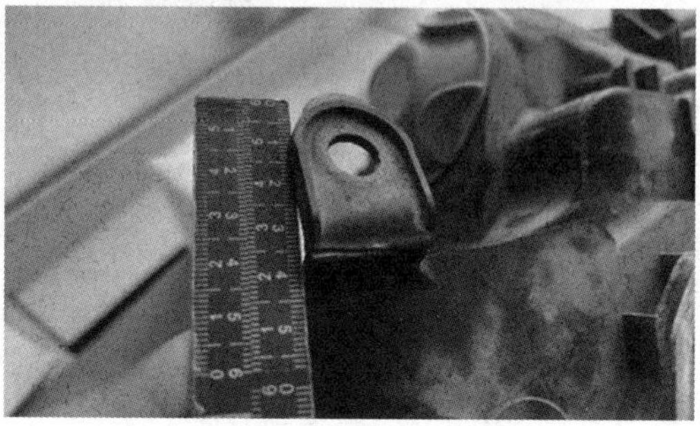

图 4–95　右侧上部支架断裂痕

4. 灯体后部右下侧近下边沿处检见破裂洞穿痕迹，破裂面上部检见塑料卷曲，下部检见撞击痕迹，受力方向为由后至前。灯体后部左下侧旋盖下方检见破裂洞穿痕迹，其左侧 0.6cm 处检见弧形月牙状磕击类工具痕迹，受力方向为由后至前（如图 4–96 所示）；将灯体复位后，其受损处后方与其他部件之间存在一定空间。

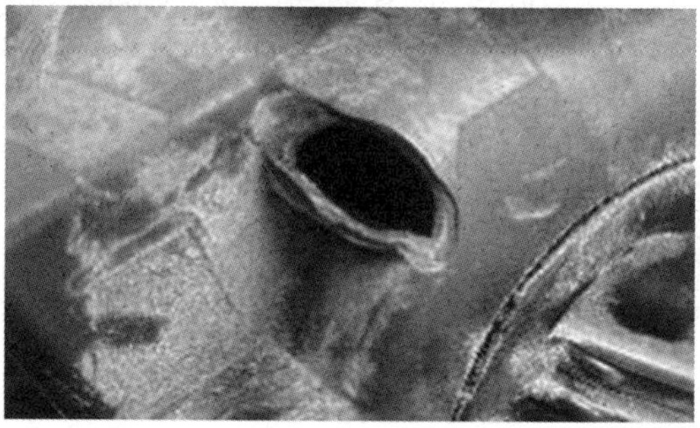

图 4–96　后部左下侧洞穿痕迹

三、分析讨论

1. 客车前保险杠左侧检见修复痕迹，中网左侧检见受损痕迹。结合案情分析认为，事故发生时，客车车体前部左侧与前方车辆发生碰撞的事实成立。

2. 现场照片显示的事故发生时涉案车辆接触形态：客车左前照灯灯罩未与对方车体接触。客车左前照灯体后侧右下部支架、右侧上部支架受力方向均为由前下至后上，且灯罩及前部饰条表面未检见明显擦撞痕迹；灯体后部右下侧近下边沿处检见洞穿、撞击等痕迹，受力方向为由后至前；灯体后部左下侧旋盖下方的洞穿痕迹及磕击类工具痕迹，受力方向为由后至前，其后方无构件连接且存在一定空间。灯体前下沿中部螺钉座破裂受损痕迹，受力方向为由后下至前上。上述痕迹非一次性形成，在痕迹受力方向、断口新旧程度均不一致，且部分痕迹形成条件受空间限制，与现场情形及事故接触形态均相不符。

3. 客车前保险杠左侧、中网左侧在本次事故中受损，受力方向为由前至后；以上两部件与左前照灯灯体接触部位，分别在该灯体前下沿、右侧外沿裙边及灯体周边的定位卡销；上述可传递应力的部件、构件均未检见受力破损擦撞痕迹。

综上分析认为，客车左前照灯的受损痕迹非本次事故中所造成。

【鉴定案例 5】（痕迹方向不一致、附着物颜色差异）

一、案情简介

20×× 年 ×× 月 ×× 日，在 ×× 市 ×××× 路段，发生一起 ×××× 号白色宝马牌小型普通客车（以下简称甲车）与 ×××× 号灰色威马牌小型普通客车（以下简称乙车）相接触的道路交通事故。

委托鉴定事项：上述甲车右前照灯受损是否为本次事故所造成。

二、资料摘要

委托单位提供的乙车车辆照片显示：该车左侧后部充电口盖板外侧及后边缘均检见灰色漆层擦脱的新鲜擦痕，盖板轻微错位；后保险杠左前侧下部及左后轮轮眉后部检见擦痕；左后轮外侧胎壁检见黑色橡胶擦脱。上述痕迹距地高度在 0cm~80cm 之间。

三、鉴定过程

检验所见：

1. 甲车更换下的右前照灯灯罩外侧检见多道弧形破裂痕迹及多处白色物质附着的片状擦痕，破裂面错位，由外向内侧垂直受力，片状擦痕由后至前受力（如图 4–97~ 图 4–99 所示）。

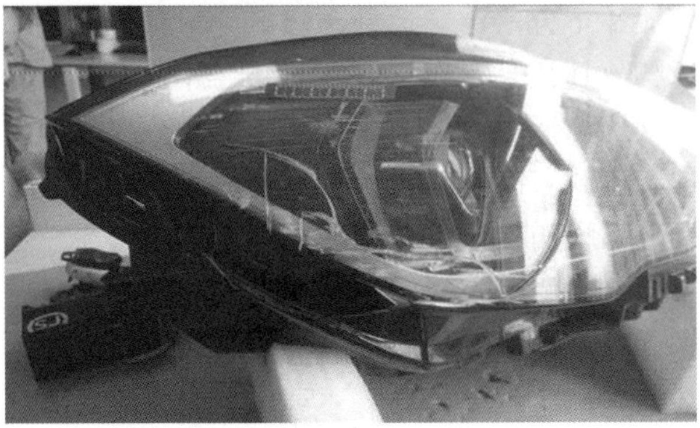

图 4–97　右前照灯

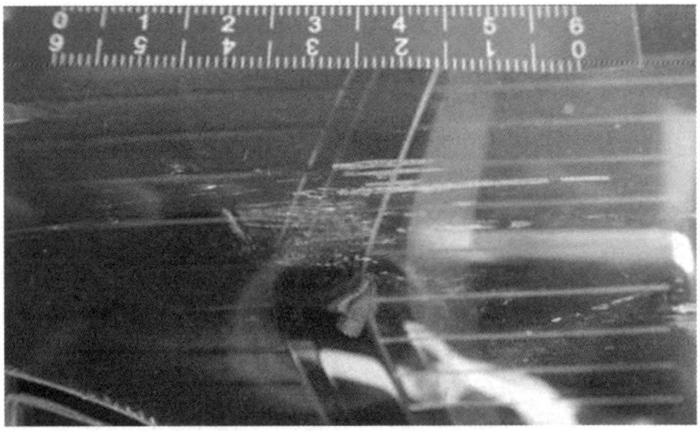

图 4–98　灯罩外侧片状擦痕

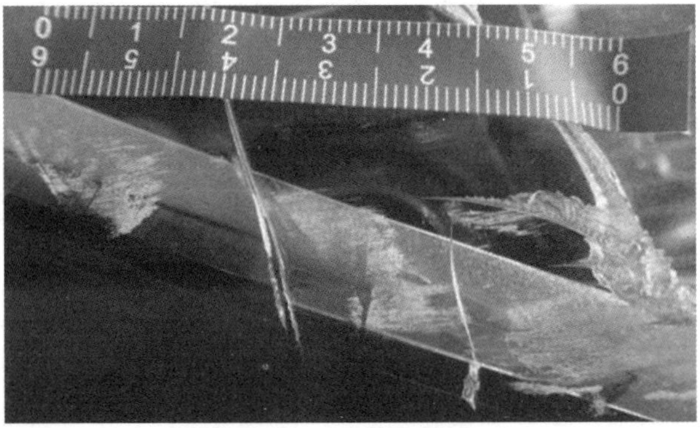

图 4–99　灯罩破裂痕迹

2. 其灯罩外侧后下方相邻的壳体破裂并形成三处缺损，其断面局部检见毛刺，其受力方向均为沿受损面垂直方向受力（如图 4–100 所示）。

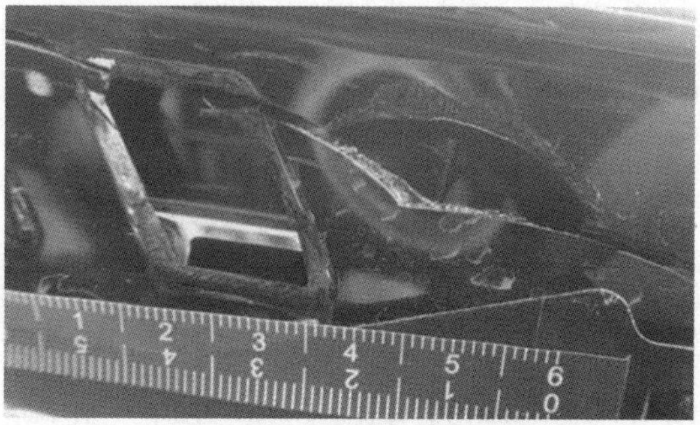

图 4–100　灯罩外侧破裂痕迹

四、分析讨论

1. 将甲车右侧前部受损痕迹与乙车左侧后部受损痕迹相比较，两者在距地高度上对应相符，且有相应颜色的物质交换。根据痕迹的形成机理，甲车右侧前部与乙车左侧后部发生刮擦性接触可以成立。

2. 甲车右前照灯灯罩外侧及相邻壳体的破裂痕迹均为多处受力，其受力方向均为与受损面垂直方向，灯罩外侧的白色物质附着擦痕沿受损面受力方向为由后至前，两者受力方向不一致；甲车与乙车接触形态为侧面刮擦，受力方向应为沿车辆纵向受力，且附着物颜色存在差异。

综上分析认为，甲车右前照灯破损痕迹不符合与乙车左侧后部发生一次性侧面刮擦所形成。

【鉴定案例 6】（旧痕断面磨损特征）

一、案情简介

20×× 年 ×× 月 ×× 日，一辆小型普通客车（以下简称客车）倒车与停放的 ×××× 号黑色梅赛德斯 – 奔驰牌小型轿车（以下简称轿车）发生接触，造成车辆受损的道路交通事故。

委托鉴定事项：该轿车右前照灯受损痕迹是否为本次事故所造成。

二、资料摘要

由现场照片显示：客车后保险杠中部与轿车前保险杠及中网右侧发生

接触，导致轿车中网右侧向后位移变形，挤压其右前照灯内侧；轿车右前照灯未与客车后部直接接触。

三、鉴定过程

检验所见：

1. 检验时，轿车右前照灯、前保险杠及中网均已拆卸，中网内衬塑料支架右侧横向凸出部（外端具有卡扣）向后弯折、断裂，其断面新鲜（如图 4–101 所示）；前防撞横梁右侧上表面检见断裂的右前照灯固定支架，其断面毛糙并检见磨损痕迹及泥灰附着（如图 4–102 所示）。

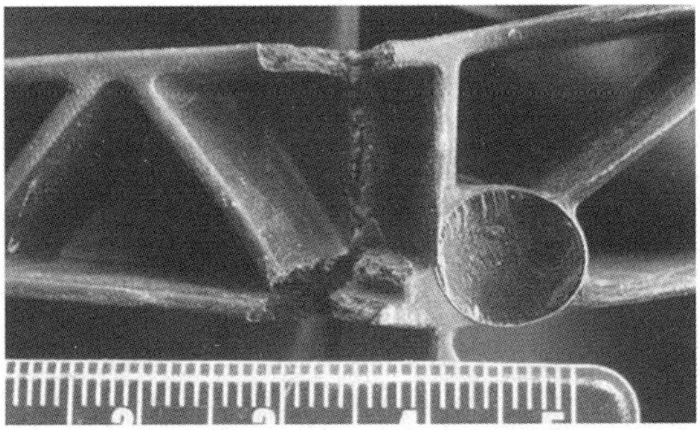

图 4–101　中网内衬支架右侧裂痕

图 4–102　防撞横梁右侧固定支架裂痕

2. 轿车右前照灯壳体左侧中部固定支架断裂，其断面新鲜；该支架上方的壳体边缘处塑料卡扣断脱，其断面新鲜（如图 4–103 所示）。

图 4–103　壳体边缘卡扣断脱

3. 轿车右前照灯壳体上表面后部固定支架底部破裂，裂痕断面较陈旧并检见泥灰附着（如图 4–104 所示），支架表面检见带有“中国 ××”字样的贴纸，其左侧边缘破裂，断面处检见金属条嵌入。

图 4–104　后部固定支架裂痕

4. 轿车右前照灯壳体底部右侧固定支架断裂脱落，其残留部分断面毛糙并检见磨损痕迹及泥灰附着，相邻壳体破裂，裂痕断面检见泥灰附着（如图 4–105 所示）。

图 4–105　壳体底部支架裂痕

四、分析讨论

1. 轿车中网内衬塑料支架右侧横向凸出部、右前照灯壳体左侧中部固定支架及其上方塑料卡扣（与中网内衬支架相连处）均受损断裂，痕迹表面均新鲜。根据痕迹的形成机理，结合本次事故现场情况分析认为，上述痕迹符合轿车中网右侧受由前至后外力作用，导致其向后位移与右前照灯壳体左侧发生接触、挤压所形成的痕迹特征。

2. 轿车右前照灯壳体上表面后部固定支架底部及左侧边缘处均破裂，底部裂痕断面检见泥灰附着，系陈旧性痕迹；其左侧边缘处裂痕断面检见金属条嵌入，符合修复后所遗留。根据痕迹的形成机理，结合该处支架表面的贴纸综合分析认为，上述痕迹不符合在本次事故中所形成。

3. 轿车右前照灯壳体底部右侧固定支架断裂脱落，其残留部分及脱落部分断面处均毛糙并检见磨损痕迹及泥灰附着，断裂支架的相邻部位破裂痕迹断面检见泥灰附着，均系陈旧性痕迹。根据痕迹的形成机理分析认为，上述痕迹不符合本次事故中所形成。

【鉴定案例 7】（断裂磨损、折扭痕）

一、案情简介

20×× 年 ×× 月 ×× 日 ×× 时，在 ×× 市 ×× 区 ×× 路段，发生一起 ×××× 号黑色梅赛德斯奔驰牌小型轿车（以下简称轿车）追尾 ×××× 号小型普通客车（以下简称客车）的道路交通事故。

委托鉴定事项：上述轿车左、右两前照灯的受损痕迹是否为本次事故所造成。

二、资料摘要

委托单位提供的车辆照片及现场照片显示：事故发生后，轿车前中网竖向饰条及左、右侧边框均断裂受损，其表面及周边饰条表面可见红色物质附着的片状擦撞痕迹；客车尾门下部凹陷变形，表面检见红色涂层擦脱的片状擦撞痕迹。

三、鉴定过程

检验所见：

1. 检验时，轿车前保险杠、前中网、两前照灯均已拆卸。轿车左前照灯前侧右下部壳体检见一处横向不规则裂纹，受力方向为由前至后；灯体上表面左后部支架断裂脱落，灯体断裂面右侧检见塑料弯折翘曲，具有折扭痕迹特征，总体受力方向为由上至下（如图 4-107 所示）；灯体右侧前部支架断裂脱落，灯体断裂面前部洞穿，受力方向为由上至下（如图 4-108 所示）；灯体下表面前中部支架断裂脱落，灯体破裂面左侧边沿检见翘起，其受力方向为由左至右（如图 4-109 所示）。

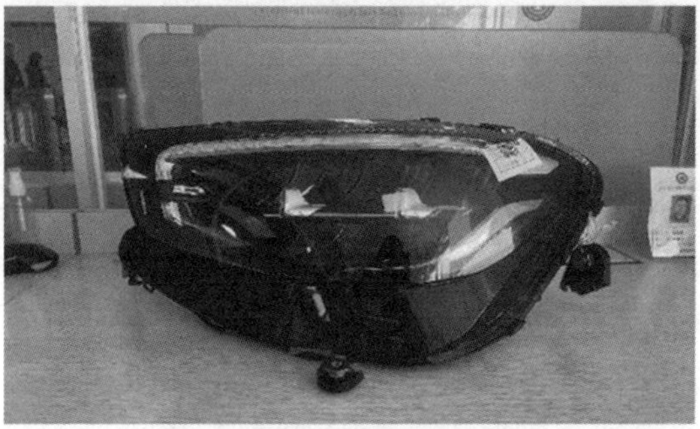

图 4-106　左前照灯概览

图 4-107　上表面左后部支架断痕

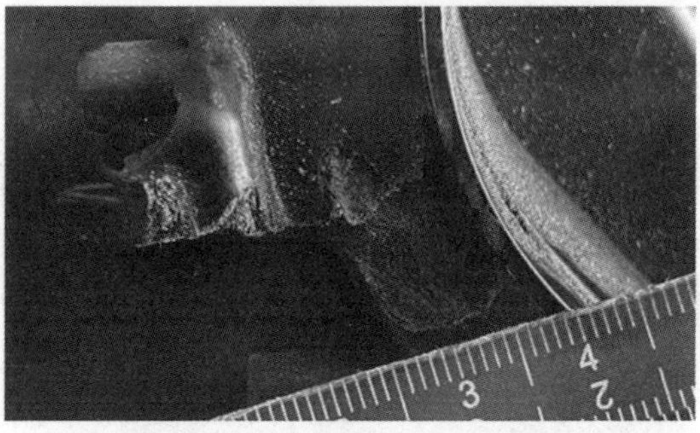

图 4-108　右侧前部支架断痕

图 4-109　下表面前中部支架断痕

2. 轿车右前照灯前侧左下部壳体检见一处横向线条状裂纹，受力方向为由前至后（如图 4-110 所示）；灯体上表面右后部支架断裂脱落，支架（脱落物）断裂面后部检见多条裂痕，受力方向为由上至下（如图 4-111 所示）；灯体左侧前部支架断裂脱落，受力方向为由上至下（如图 4-112 所示）；灯体下表面前中部支架断裂脱落，灯体破裂面检见磨损挤压痕迹，表面较为平滑，受力方向为由右至左（如图 4-113 所示）。

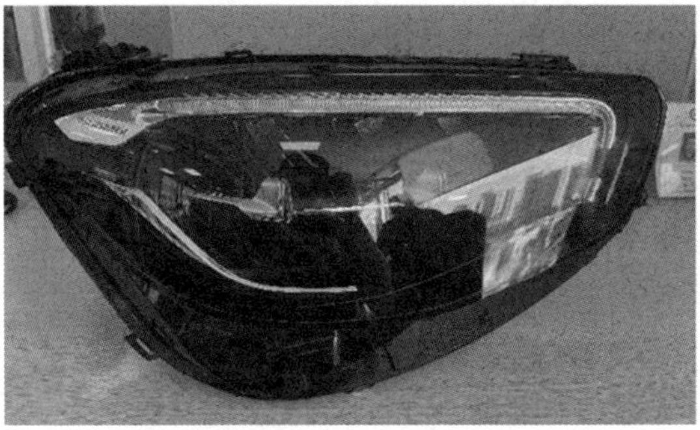

图 4-110　右前照灯概览

图 4-111　上表面右后部支架断痕

图 4-112　左侧前部支架断痕

图 4-113　下表面前中部支架断痕

四、分析讨论

1. 由现场照片中轿车前部的受损痕迹与客车后部的受损痕迹分析认为，轿车前部追尾客车后部，轿车受损痕迹整体受力方向应为由前至后。

2. 轿车左前照灯前侧右下部壳体、右前照灯前侧左下部壳体的受损痕迹，受方向均为由前至后。根据痕迹形成的机理，结合事故中轿车前中网的受损痕迹、应力传导作用等因素分析认为，轿车左前照灯前侧右下部壳体、右前照灯前侧左下部壳体的受损痕迹符合本次事故所形成。

3. 轿车左前照灯、右前照灯各支架痕迹形态各异、受力方向不一致，不符合一次性受力所形成的痕迹特征，且存在折扭、磨损挤压等痕迹特征，上述痕迹非本次事故所形成。

综上分析认为，轿车左前照灯前侧右下部壳体、右前照灯前侧左下部壳体的受损痕迹符合本次事故所形成。轿车左前照灯各支架、右前照灯各支架的受损痕迹非本次事故所形成。

【鉴定案例 8】（油底壳锤击、活塞连杆断离磨损痕迹）

一、案情简介

20×× 年 ×× 月 ×× 日，在 ×× 市 ×× 立交桥路段，×××× 号白色别克牌小型轿车疑似发生磕碰底盘的道路交通事故。

委托鉴定事项：该车发动机受损痕迹是否为本次事故所造成。

二、鉴定过程

检验所见：

1. 轿车底盘前部至后部检见多处粗糙摩擦痕迹及砂砾状物质附着。

2. 轿车拆卸下的发动机部件及油底壳外侧表面检见大面积油迹，其底部外表面右部（网格状花纹处）破裂脱落，相邻部位检见多处散在的敲击、打击痕迹；脱落的碎片局部检见敲击、打击痕迹，其断面处未检见油迹（如图 4-114 所示）；油底壳后侧右上部及相邻的内部隔板处均检见由内向外的周向撞擦破裂痕迹，局部脱落。

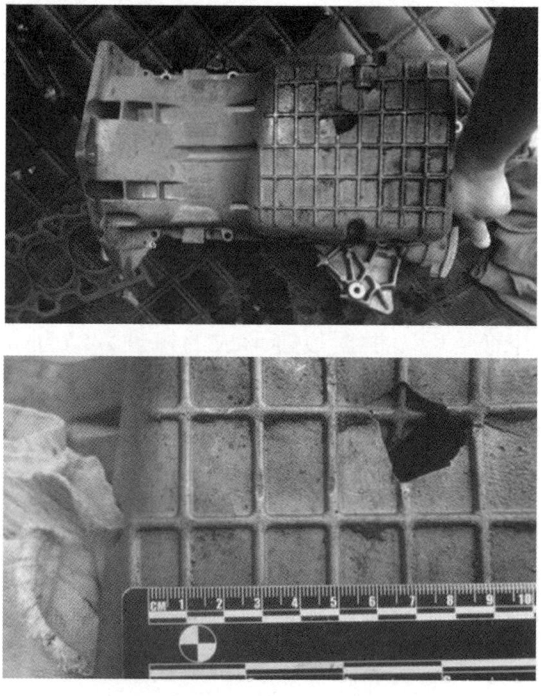

图 4-114　轿车油底壳痕迹照

3. 轿车发动机一缸缸体两侧均破裂脱落，受力方向均为由内向外；一缸气缸内检见断裂变形的活塞及连杆上半部分，连杆断端及缸体内侧表面均检见碰撞、挤擦痕迹，连杆下半部分断端检见撞痕及弯曲变形痕迹；其余三缸缸体及活塞、连杆外观均完好（如图 4-115 所示）。

图 4-115　轿车活塞连杆痕迹照

4. 轿车空气滤清器壳体内侧下表面检见陈旧性不明液体痕迹。

三、分析讨论

1. 轿车油底壳底部外表面右部（网格状花纹处）检见破裂痕迹及多处散在的敲击、打击痕迹，其脱落的碎片表面检见敲击、打击痕迹，且断面处未检见油迹。根据痕迹的形成机理，上述痕迹符合铁锤类工具多次敲击所形成的痕迹特征，且未检见碎片脱落时油底壳内润滑油从底部破损处泄漏所形成的油迹，不符合轿车在行驶过程中受外来异物碰撞所形成的痕迹特征。

2. 轿车油底壳后侧右上部及相邻的内部隔板处均检见由内向外的周向

撞擦破裂痕迹，局部脱落；发动机第一气缸两侧缸体均破损；两处受损痕迹在位置关系上相邻，受力方向上相一致；发动机第一气缸内检见断裂变形的活塞及连杆上半部分，连杆断端及缸体内侧表面均检见碰撞、挤擦痕迹，连杆下半部分断端检见撞痕及弯曲变形痕迹；其余三缸缸体及活塞、连杆外观均完好。根据汽油发动机的工作原理及痕迹的形成机理，上述痕迹均符合轿车发动机第一气缸受由内至外的钝性客体暴力冲击作用所形成的痕迹特征，符合发动机运转过程中一缸连杆断裂所形成的损伤情形。

3. 根据轿车发动机受损痕迹，结合轿车空气滤清器壳体内侧下表面检见的陈旧性不明液体痕迹分析认为，不排除发动机存在因不明液体进入缸内形成的陈旧性损伤。

综上分析认为，×××× 小型轿车发动机及油底壳受损痕迹不符合在本次事故中受外来异物碰撞所形成。

【鉴定案例 9】（变速器人为錾痕）

一、案情简介

20×× 年 ×× 月 ×× 日，在 ×× 市 ×× 区 ×× 市场，发生一起 ××××× 号别克牌小型普通客车底盘与地面石块磕碰的道路交通事故。

委托鉴定事项：该车变速器受损痕迹是否为本次事故所造成。

二、资料摘要

事故现场照片显示：事故现场石块（当事人指认）呈扁平状，高度约为 20cm，其表面未检见明显的磕碰、擦划痕迹，上表面较为平坦（如图 4-116 所示）。

图 4-116　当事人指认现场石块

三、鉴定过程

检验所见：

1. 客车变速器安装于车辆底盘左侧前部，位于发动机左侧、左侧纵梁上方；变速器壳体底部中间金属孔处检见楔形破损痕迹，相邻处检见刮擦痕；变速器壳体底部黑色塑料部件（螺栓孔位处）检见三处刮擦痕迹；变速器底部及相邻部件表面未检见泥灰、砂砾附着（如图 4–117 所示）。

图 4–117　变速器概览

2. 客车更换下的变速器金属壳体底部中间圆孔处检见楔形破损痕迹（最大宽度约 9mm，痕底宽约 3mm，深度约 7mm），相邻处检见纵向条状刮擦痕，痕迹表面均平整、光滑（如图 4–118 所示）；该痕迹相邻的黑色塑料壳体局部呈熔融状并向上挤擦变形，表面光滑并检见五道线条状沟槽（如图 4–119 所示）；变速器黑色塑料壳体底部螺孔位处检见多处散在状擦划痕迹（如图 4–120 所示）；变速器底部未检见泥灰、砂砾附着。

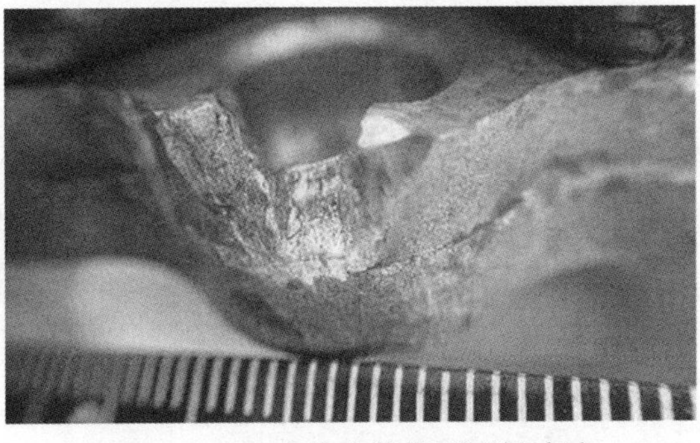

图 4–118　壳体底部楔形受损痕迹

图 4-119　塑料壳体挤擦变形痕迹

图 4-120　壳体底部散在擦划痕迹

四、分析讨论

1. 客车变速器壳体底部受损痕迹较为分散，且不连续，表面均未检见泥灰、砂砾附着，其金属壳体的受损痕迹表面平整、光滑，破损痕迹呈楔形。根据痕迹的形态及形成机理，结合本次事故现场石块外观形态分析认为，上述痕迹不符合客车变速器壳体底部与本次事故现场石块发生磕碰所形成的痕迹特征，其符合使用工具錾凿所形成的痕迹特征。

2. 客车变速器安装于车辆底盘前部左侧，位于发动机左侧、左侧纵梁上方，非凸出部位；事故现场石块呈扁平状，其上表面较为平坦；两者在空间上不具备发生接触的形成条件。客车变速器下方相邻的纵梁等部件表面均未检见新鲜痕迹及泥灰、砂砾附着，事故现场石块表面未检见明显磕碰、擦划痕迹，无相应痕迹表明二者发生过接触。

综上分析认为，客车变速器壳体底部受损痕迹非与当事人指认事故现场石块接触所形成。

【鉴定案例 10】（电动汽车高压线人为剪切痕）

一、案情简介

20×× 年 ×× 月 ×× 日 ×× 时，在沪渝高速 ×× 市路段，发生一起 ××××× 号蓝色蔚来牌小型普通客车（以下简称客车）追尾 ××××× 号轻型普通货车的道路交通事故。

委托鉴定事项：客车两条高压线束受损是否为本次事故所造成。

二、资料摘要

委托单位提供现场照片显示：客车前保险杠左侧断裂受损，左前照灯、左前翼子板受损脱落，左前轮位移断脱，轮眉受损脱落；前舱盖向后弯折变形，左侧撕裂受损，表面均检见新鲜擦撞痕迹。货车货厢底板右侧后部、后部栏板、右侧栏板后部均弯折变形，局部破损脱落；后部防护装置弯折变形，表面均检见新鲜擦撞痕迹。

三、鉴定过程

检验所见：

1. 检验时客车受损部位均已修复，要求鉴定的两条高压线束为 PTC 高压线束总成、后桥电动机高压线束，以上两处高压线束断损部位位于前机舱右后部，该区域未检见周边零部件受损情况及碰撞痕迹（如图 4-121、图 4-122 所示）。

图 4-121　前机舱概览

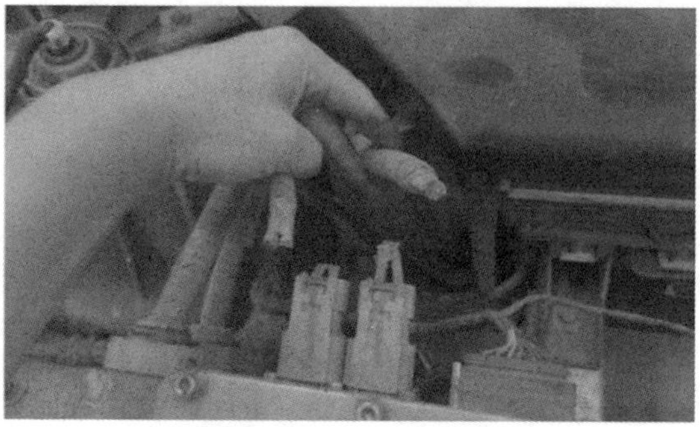

图 4-122　线束断损部位

2.PTC 高压线束总成前部断裂处为与其前部插头连接处，经比对线束断头与插头断头相互对应，系一次性受力形成，该两个断头（包括线束外包绝缘胶及内部金属线束整体断头）表面均检见两侧倾斜程度不一的切面（如图 4-123、图 4-124 所示）。

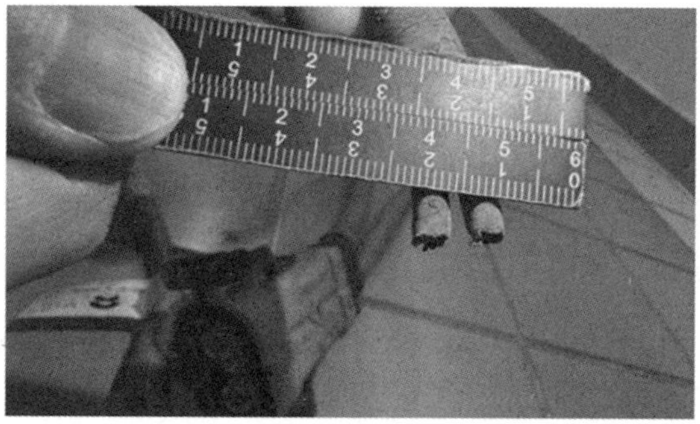

图 4-123　PTC 高压线束断头

图 4-124　断痕细目照

3. 后桥电动机高压线束插头未提供实物，其线束断头（包括线束外包绝缘胶及内侧金属线束整体断头）表面检见两侧倾斜程度不一的切面，内部金属线束向内收缩位移（如图 4-125、图 4-126 所示）。

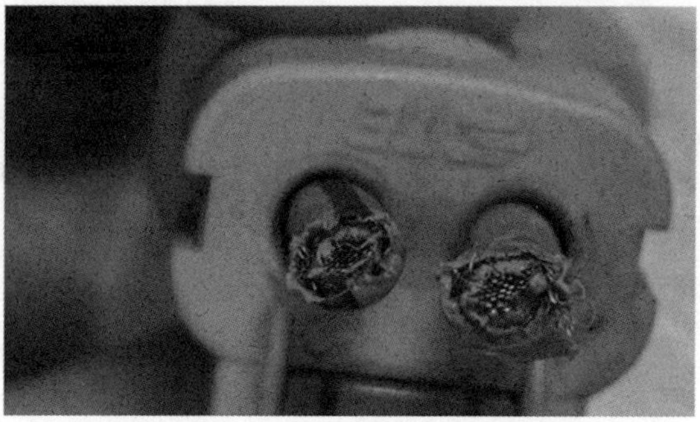

图 4-125　后桥电机高压线束断头

图 4-126　断痕细目照

四、分析讨论

1. 根据客车与货车的受损痕迹情况，结合案情分析认为，客车前部左侧及左侧前部的受损痕迹符合与货车后部右侧及右侧后部发生接触所形成的痕迹特征。两条高压线束受损部位位于前机舱右后部，该区域未检见周边零部件受损情况及碰撞痕迹，可排除上述高压线束受损为事故中受周边零部件碰撞、挤擦所形成的可能性。

2. 客车两条高压线束断头处均检见两侧倾斜程度不一的切面，其受作用力不在同一直线上，符合剪切类工具错口咬切所形成的痕迹特征。

综上分析认为，××××× 号小型普通客车两条高压线束的受损痕迹非本次事故中所造成。

第5章　落水车辆痕迹鉴定

该类案件系不法车主特意购置二手老旧高端车辆，多预设现场，选择偏僻且视频监控盲区，将车辆驶入路边水体，并编造谎言以骗取大额保险赔付。此类案件特点为：一是选择二手老旧中高档车型作案。落水车辆多为奔驰、宝马、奥迪等中高端二手车，购置年限大都已为8年以上，或发生过重大车损事故而大幅贬值，其购入成本远低于按保险合同约定的实际价值。二是车贩与修理厂商串通。该类案件当事人多有二手车交易或修理厂从业背景，也有选择熟人作为行驶证车主、被保险人，以规避风险识别。三是足额投保且不计免赔。涉案当事人多选择足额投保险种，将车损险按新车购置价保足，并投保不计免赔率、指定专修厂险。四是编造难以查证的出险原因。当事人报案通常自称由于疏忽大意、分心走神，在“相向来车、人畜横穿”等情形下，避让不及且处置不当导致出险。五是规避调查、自伤风险。涉案车驾驶人多选择非常熟悉的偏僻乡村且视频监控盲区的路段为出险地点；为规避伤及自身，一般选择的水体水深不超过身高，并避开较陡岸坡，以防车辆入水倾覆翻滚不易逃生[①]。

对这类案件鉴别，关键是证伪涉案人陈述，用现场（车辆）痕迹物证和现场特定情形揭露证实其编造的谎言不成立。由于此类鉴定是针对涉案

① 唐汇明、毛宏权：《对保险车辆落水事故中欺诈风险的调查分析》，载《保险职业学院学报》2016年第30卷第二期，第28页。

人在事发时的主观态度，即是故意还是意外，其检验方法和论证要素具有自身特点。

5.1　研究涉案信息

5.1.1　详细了解出险过程

出险过程是指涉案车辆的出发时间地点、行驶路线及目的地，出险时间、出险原因，采取的应对措施，行驶车速，落水过程中车辆和人员的状态，以及报警方式等。通过调取行经路线相关路口监控、“天网”探头等视频信息，与现场目击者、围观人员、施救人员的陈述内容进行相互印证，验证出险过程的真实性。

5.1.2　调取现场相关资料

对于原始照片和视频，应重点是观察现场痕迹物证的性状和涉案车辆落水停止后的状态，涉案人逃生出口及逃生过程，结合车辆落水速度、落水过程、坠落高差、落水点水深，落水人员及车辆在落水后的状况等多个因素，分析是否存在明显不符合正常事理和逻辑的疑点。

5.1.3　询阅现场目击者、围观者及救援人员的证言和陈述

注重了解事发时涉案车辆行驶轨迹和现场形态，涉案人衣着、受伤状态及求助报警过程：了解驾驶人（含同车落水的人员）随身衣着物品打湿情况、破损污渍及体表损伤；了解车辆落水后水淹高度、逃生过程、驾驶人、物品打湿情形及尾厢内物品状况，分析衣着及随身物品是否与季节、气温相符等。驾驶人跳车逃生未落水的，随身衣物上的污渍与落水位置的泥土、植被与现场情况是否相符；如手机未打湿，则应了解手机在报案前后的通话记录。了解落水车起吊过程及施救中所形成的痕迹，车辆出水后第一时

间的挡位、点火钥匙的位置及车内损失状况。综上分析车辆落水前行驶状态，车辆落水前是否处于正常使用状态①。

5.1.4 询查涉案当事人对事发过程的陈述

落水车辆涉嫌骗保案事前进行过精心策划，涉案人对理赔调查事先进行过全盘考虑，早就编构了“故事情节”，甚至在行业管理部门内有人出谋划策。因此，对当事人陈述，应从细节入手，在不同时段、不同对象的陈述（如交通警察、保险公司、调查咨询公司等部门的笔录）中进行对照甄别，从中寻找破绽。可以商请公安机关调取当事人手机通话记录及定位移动路线等信息，分析相关当事人相互之间在事故发生前是否存在异常通话记录，以及所陈述的内容是否一致。

5.1.5 全面了解当事人职业背景

应全面了解行驶证车主、实际车主、驾驶人、车上人员、报案人等当事人从业情况：有无正当稳定职业，二手车、修理厂从业背景，与有前科涉车骗保团伙有无关联；还应了解落水车驾驶人的驾龄及历史违章记录。

5.1.6 详细分析涉案车辆相关信息

详细分析车况性能、转手使用、事发前肇事情况以及车损部位和部件等，特别注重了解在案发之前是否存在投保异常（时间近迫、份额多份、赔付额大、受益人变更等）情况：一是涉案车辆来源，车辆何处何时购得、转让合同金额、实际购车成本，二手车交易合同有无伪造疑点；二是分析历次出险案件损失状况，是否发生过重大车损，转向、制动等部件是否存在隐患的可能；三是排查历次出险记录中的当事人之间是否有关联，信息

① 唐汇明、毛宏权：《对保险车辆落水事故中欺诈风险的调查分析》，载《保险职业学院学报》2016 年第 30 卷第二期，第 30 页。

是否存在交叉。①

5.2　勘查事发现场

在客观层面上，勘查现场是发现涉案线索的重要途径，司法鉴定机构参与勘查多为复勘。对此，司法鉴定人员应根据委托单位提供的原始现场照片、勘查笔录及视频（可转移至手机），对照现场严格按程序依次进行。

5.2.1　观察事发路段路况、质地及周边环境

勘查根据涉案车辆行驶路线，从离落水地点近百米处开始，全方位观察整个出险地点交通环境、道路走向，以及周围空间环境、居民分布等情况。重点观察事发路段的路面质地和坑洼破损，以及路宽、视野等情况；观察路边的路坎、草木及障碍物倒伏受损情形；测量水体岸线坡度以及落水口有效宽度；了解目击者所在的位置、距离（落水点）及能见度。据此分析判断，涉案车辆落水前行驶状态和正常落水可能性。②

5.2.2　勘查落水车辆制动印痕

勘查应从制动印痕起点处开始，在鉴别区分落水车印痕和其他车辆印痕的基础上，测量印痕长度、宽度，距路坎、岸线的距离，印痕是否连续或间断，以及印痕所反映的轮胎花纹特征；应观察两组并行的印痕是否有轻重之分，并测量前轮印痕纵轴与入水岸线的夹角，路坡上印痕是滑擦状还是滚压状。印痕勘查要从路面痕迹开始一直延伸到车辆落水位置为止。据此分析，车辆落水过程中驾驶人采取的应急处置措施，是否符合意外事

① 唐汇明、毛宏权：《对保险车辆落水事故中欺诈风险的调查分析》，载《保险职业学院学报》2016 年第 30 卷第二期，第 31 页。

② 唐汇明、毛宏权：《对保险车辆落水事故中欺诈风险的调查分析》，载《保险职业学院学报》2016 年第 30 卷第二期，第 30 页。

故发生规律。

5.2.3 现场特定环境分析

实践中，该类案件并非所有现场都有轮胎印痕迹，故而对现场特定环境勘查尤为重要。

1. 现场道路宽度。受车辆最大转弯半径制约，道路宽度与车辆入水角度紧密相关，宽则入水角度可大可小，过窄则只能小角度入水，且可能导致车辆侧翻倾覆，涉案人多有顾虑。如果现场道路较窄，车辆入水角度较大且落水状态较为平稳，则应考虑涉案车辆在现场可能反复进退调整方向，使车辆纵轴与水岸线垂直。

2. 现场痕迹性状。观察临水路肩坡岸树木、杂草、石块及地面等物体上碾压、倒伏、撞擦等痕迹及其相关附着物的性状和较大树木、坚固障碍物间距，车辆入水后停止状态（是否倾覆）。据此推断车辆入水口宽度，是否大于涉案车辆轮距，通过现场实验，确定车辆入水角度。综上分析车辆入水前方向盘旋转时是否能够一次性完成，如超出一次性操纵角度而需换手交替转向，则说明涉案人具有强化落水意向。

3. 现场腾空痕迹。车辆腾空状驶出路外落水情形，如路肩较窄、坡岸较陡，其表面植物上擦压痕迹不明显或轻微。如果路肩较宽、坡岸较缓，在路坡较高的植被正面形成有挤压、碰撞痕迹，其高度大于车体接触部位的距地高度，则应考虑是否是车辆俯冲状态意外落水。根据运动力学原理，车辆驶出路外是在惯性和重力的作用下进行的平抛运动。勘测涉案车辆第一落水点与临水路沿垂直间距，运用平抛公式可计算车速，或根据涉案驾驶人陈述事发时车速，可以计算路沿与落水点直线水平距离。

其公式为：$S=v_0t \qquad h=\frac{1}{2}gt^2 \qquad t=\sqrt{\frac{2h}{g}} \quad S=v_0\sqrt{\frac{2h}{g}}$

公式中，S 为车辆平抛落点与起点的直线水平距离，v_0 为车辆水平方向的初速度，h 为平抛起点与落点的垂向落差，t 为车辆从抛出到落地时所用时间，g 为重力加速度。

5.3　检验涉案车辆

1. 勘验、测量车体长度、宽度、轴距、轮距、前悬长度以及表面受损变形及其附着物，车厢内水渍线距地高度及与车辆水平面夹角。

2. 轮胎花纹形态及破损、磨损状态，尤其应注重观察胎肩摩擦、轮辋边沿挫划变形，以及底盘受损痕迹特征受力方向。

3. 点火钥匙、挂挡杆及方向盘分别所处位置，安全带使用情况及门窗、天窗开闭状态。

4. 发动机舱内查勘空气滤清器和滤芯上有无植物碎片、浮藻附着以及泥沙集聚。

5. 拆卸提取“行车记录仪”“汽车事件数据记录系统 EDR”，并导出、解读其相关信息。

检验时，还应结合车辆落水后的朝向、停止状态（倾斜、倾倒、侧翻、仰翻）及距岸线距离等情形，以利综合分析判断车辆落水形态及其过程。勘查车辆受损状况，目的是将车辆受损痕迹、现场路面或其他物体碰撞痕迹进行比对检验，如果痕迹对应不相符，则说明二者痕迹没有关联性，现场痕迹存在人为作假的可能性，事故的真实性就值得怀疑。

5.4　综合分析推断

涉案人在事发时的主观态度系精神意识范畴，对其准确分析判断较为困难。但根据辩证唯物主义反映论关于“意识的物化”及心理学“意识的外化”等论断揭示，涉案人现场行为受其主观意识支配，现场痕迹和异常情形均系行为人主观态度的客观反映。从现场痕迹和现场情形入手，顺着其行为轨迹进行逆向推断，由现场痕迹特征推断痕迹形成方式和机理，由现场物证性状推断事发时涉案车辆运行状态以及与相关的接触形态，同时结合涉案人陈述中自相矛盾的内容、事发时目击者证言和相关异常迹象等情况，进行系统归纳、综合分析，可以较为准确地判断涉案人真实的心理状态和主观意向。“意识的物化和外化”是一个跨学科的研究领域，涉及哲学、心理学、文化艺术及科学技术等多个学科。通过深入探讨意识的物化、外化的过程，可以更全面地理解个体内在世界与外在表现之间的关系，以及这一过程在不同领域的表现形式。正常的车辆意外入水事故，多为驾驶人疏忽大意、处置不当导致车辆偏离路面，或灾害性突发事件诸如滑坡坠石、树木倒伏、空中坠物、人畜横穿、道路坑坎等导致车辆避让不及。

上述情形除灾害性事故之外，此类现场形态、痕迹走向具有明显一次性形成的连贯特征，可以据此进行具体分析推断。

5.4.1　现场轮胎印痕分析

1. 根据事发现场路段路宽、弯度、坡度以及涉案车辆车体长度、宽度、轴距、轮距及前悬长度等参数（取安全宽度为 0.5m），可计算涉案车辆最小转弯半径（即车辆最大转弯角度）。

最小转弯半径的计算公式为：$R=\frac{L}{2}(\sin\varphi)$，其中 R 表示车辆最小转弯半径，L 表示车长，φ 表示车辆方向最大转角。转弯半径越小，车辆转向所需场地越小，其机动性越好。转弯半径与车辆转向角度相关，据以可推测涉案车辆最大入水角度。现场推演：以涉案车辆最小转弯半径、入水口一侧为起点，在涉案落水车来路的方向，从入水一侧路沿向另一侧分段移动圆心，分别用粉笔横向画弧并对应编号。然后，观察分析以上各种入水形态，其轨迹与现场实际情形是否相符。如果现场轮胎印痕出现零乱且走向不一，前轮胎印痕有交叉重叠呈原地辗转状，说明涉案车辆现场转向最大化，在最小半径前提下，车辆仍不能达到理想安全的入水角度。因此，只能在现场反复进退转向调整合适的入水角度，显然与意外落水情形不符。

2. 轮胎印痕单一，其花纹边沿较为清晰，则应测量该印痕与水体边岸线的夹角（俗称入水角度），并将其夹角的一夹边引伸至岸线相对应的路沿；如果是弧形滚印，则沿滚印两边沿顺着弧线向岸线相对应的路沿延伸画弧。选择同款车辆分别靠边、居中并逐步向岸线靠近逐一进行模拟实验，观察在什么位置车前轮接近夹边引伸线，或引伸弧线，距入水岸线最短距离，方向盘转动什么程度前轮弧线运行才能达到与印痕重合或平行状态。对方向盘转向角度测试分析，如果角度过大显然不符合驾驶本能行为。此外，在平坦宽阔场地同比尺度画线（示意行车道、路坎、路肩、岸坡及水体等）进行模拟实验，也可按比例缩小绘图用车模进行推演。

3. 轮胎印痕如出现制动、侧滑特征，则应测量印痕的长度、曲率半径 R，起止点与入水处距离，据以推算事发时车辆可能的行驶车速。通常车辆转向为防止侧滑，一般应控制的临界速度（$v_c=\sqrt{\mu gR}$），轮胎横向附着系数 μ 应视事发路面性状、轮胎磨损程度而定，一般情况下为 0.9 左右。

车速若高于临界速度则汽车产生横向侧滑现象，速度越高，侧滑越严重，甚至导致车辆侧翻。对此，驾驶人多以采取制动措施，降低车速在临界速度以下，以保证车辆和人身安全落水。据此判断事发前大致车速和车行惯性趋势，进而观察车辆入水是否顺势，如果逆势转向过大则有故意落水之嫌。

4. 路坡处出现车轮滚印，且能清晰反映轮胎花纹，如果路坡较缓，则应考虑是否人为故意溜车落水，或人为推车入水。

5. 轮胎印痕的加速特征。故意驾车落水，驾驶人为了自身安全，会尽量使车辆平稳驶入水中，在落水前会有一个短暂的急加速行为，在路面与路肩结合处附近会形成独特的痕迹。干燥路面的轮胎印上会看得到车轮带起的灰尘往行驶方向覆盖，路肩的草丛上则可见被快速旋转的车轮向后压倒的痕迹特征。

5.4.2　涉案车体痕迹物证分析

1. 车体前部和两侧擦撞及底盘受损痕迹应与落水口路沿、坡岸的草木及石块等障碍物破损、倒伏痕迹相对应，如果距地高度有较大差距，则推断涉案车辆入水时存在腾空俯冲的可能，分析车辆入水前行驶状态（车速较快）。

2. 胎肩磨损、轮辋边沿挫划变形特征与车辆落水现场制动、侧滑及挫划痕迹，二者在轮胎花纹形态、痕迹的方向及滑移的强度是否对应相符，如果有差异，则以车辆痕迹为参照，推断现场痕迹性状（存在损坏、灭失或人为作假的可能）。

3. 根据点火钥匙、挂挡杆及方向盘分别所处位置，分析涉案车辆落水发动机熄火时驾驶人应急驾驶状态。

4. 根据安全带使用情况，空调开关及门窗（天窗）开闭状态，分析涉案车辆落水后车内人员逃生过程。如证实前后两侧车窗是落水前开启，则应考虑当时气温是否适合开窗，有悖常理则有故意落水预留逃生通道之嫌疑。

5. 根据发动机舱内空气滤清器和滤芯上有无植物碎片、浮藻以及泥沙附着集聚，有多少，分析事发时发动机运行状态（低速运行或怠速运行发动机在稍有外界干扰会立即熄火，则进气管无负压，泥沙不能吸入）[①]。

6. 解析“行车记录仪”“汽车事件数据记录系统 EDR”相关信息。如果“行车记录仪”功能完好，唯当天或事发时段信息缺失，则有可能故意在案前人为做了手脚。

5.4.3 现场特定环境分析

实践中，该类案件并非所有现场都有轮胎印痕迹，因此对现场特定环境勘查尤为重要。

首先，勘测道路宽度，其宽度与车辆入水角度紧密相关，宽则入水角度可大可小，过窄则只能小角度入水，且可能导致车辆侧翻倾覆，涉案人多有顾虑。

然后，观察临水路肩坡岸树木、杂草、石块及地面等物体上碾压、倒伏、撞擦等痕迹及其相关附着物的性状和较大树木、坚固障碍物间距，并按比例绘制现场示意图。

最后，还应对照车辆相对应的痕迹物证及车辆入水后停止状态（是否倾覆）进行分析，在推断车辆入水角度基础上，分析车辆入水前方向盘旋转时是否能够一次性完成。如果超出一次性操纵角度而需换手交替转向，

① 百度文库：《保险欺诈故意落水案件运行形态查勘实例研究》。

则说明涉案人具有强化落水意向。如果落水路坡处出现腾空俯冲痕迹，在路坡草木接触形成正面的压痕或挤压痕、与树木等坡上其他物体的碰撞痕，其距地高度大于车体接触部位的高度，则应考虑是否正常意外落水。

5.4.4　涉案人陈述证伪

在车辆驶入水体的涉车骗保案中，涉案人的陈述几乎千篇一律：驾驶时，因发生车速过快、疏忽大意、操作不当、分心走神以及身体不适等意外情况，导致无意识转向驶入水体。如何证伪涉案人陈述，准确分析其行为取向，以达到揭示其真实主观意愿的目的，可以采取“以其矛攻其盾”的对策。

1. 将涉案人陈述过程与现场目击者的证言对照。首先应考察核实目击者所处位置、距离、视野能见度以及听觉接受范围，然后将各自陈述的过程（线路和节点）在现场图上分别标明，并予以对照分析，从细节入手寻找矛盾节点。

2. 在现场图上，将涉案人在交警、保险公司及社会调查机构中各自陈述的详细内容（涉案车辆临近现场时在路面的位置、速度）分别用不同颜色标点连线，进行相互对比，找出异同点，从中发现破绽。

3. 车辆行驶在临近现场路面时，车体临水一侧与临水路沿距离，以及行驶速度与车辆入水角度紧密相关。

车体与临水路沿距离与入水角度呈正比，距离大则角度大，反之则小；车速与入水角度呈反比，车速快入水角度小，慢则入水角度大。

根据上述规律，对涉案人的陈述落水情形进行现场模拟实验，或同比尺度画线进行宽阔场地模拟实验，或绘图车模推演。据此论证“事发意外”只会得出与现场情形相悖的结果，同时调整实验演示内容和方向，并阐证“主观意向”则与现场实际情况相符。在上述“证伪求真”过程中，应全程照相、录像予以固定存档，以备诉讼出庭质证。

5.5 典型案例解析

【鉴定案例 1】

一、案情简介

委托单位提供的当事人所述案情为：20×× 年 ×× 月 ×× 日 15 时，当事人 ×× 驾驶 ××××× 号灰色福特牌小型普通客车在 ×× 市 ×× 镇 ×× 村 ×× 基地附近乡村道路行驶时，因避让对向行驶的电动车，不慎将车辆驶入路边池塘中，造成车辆浸水受损的事故。

委托鉴定事项：小客车落水情况是否与本次事故现场情况相符。

二、资料摘要

1. 委托单位提供的现场照片显示：客车近似头南尾北停止于现场池塘北角南侧附近，其东侧水面附近见白色塑料管口（如图 5–1 所示）。

图 5–1 现场情况

2. 委托单位提供的当事人谈话笔录：谈话对象为当事人 ××，其陈述在客车行驶至事发路段接近事发池塘时，其所驾车辆位相对居中，对向电动车相对居左（客车左侧），客车车速在 50km/h 至 60km/h 之间，事发时当事人 ×× 左手持手机，右手转动方向盘。

三、鉴定过程

（一）检验所见

客车受损部位及痕迹检验：该车车体前下部受损并检见泥土附着，两侧前轮均检见泥土附着，右前轮泄气失压，车厢内及发动机舱内均检见水渍（如图 5-2、图 5-3 所示）。

图 5-2　车辆概览

图 5-3　进水痕迹

（二）事故现场情况复勘

现场复勘时间为 20×× 年 ×× 月 ×× 日，事故现场位于 ×× 市 ×× 镇 ×× 村 ×× 基地附近乡村道路，该道路为东南与西北方向通行，干燥水泥路面。经测量该道路西北端与厂区宽阔地面连接部位宽度约为 5.5m；道路西南侧为池塘，经测量道路西北段与池塘之间的泥土路肩最宽处约为 1.5m，池塘水面与路面落差约为 0.73m。

根据现场客车位置状态、结合现场路肩、坡岸内植被倒伏情况，判断客车在泥土路肩内遗留的行驶轨迹。经测量，上述轨迹朝向与道路西南侧边线的夹角约为 54°（如图 5-4 所示）。

图 5-4　现场复勘

四、分析讨论

1. 根据当事人所述的本次事故案情及其谈话笔录进行模拟实验：选择小型汽车（如小型普通客车等）头东南尾西北行驶于现场乡村道路西北端靠北位置，低速行驶（速度在 30km/h 以下）、方向盘右转 180° 时，可以在道路西南侧路肩内形成与客车遗留的轨迹夹角相近的行驶轨迹；而在车辆居中、速度较快、转向角度不足时，不能形成对应的行驶轨迹。

图 5-5　现场模拟

2. 当事人 ×× 陈述：事故时，其驾驶的客车居中，车速在 50km/h 至 60km/h 之间，且单右手握持方向盘。根据上述情况分析认为，当事人驾驶的客车在事故发生时，不具备形成模拟实验中形成对应轨迹所需的空间、速度及操作要求，即当事人所述的事故情况不可能形成现场勘验的车辆行驶轨迹。

综合分析认为，当事人 ×× 所陈述的客车落水情况与本次事故现场情形不相符。

讨论：现场车辆落水的行驶轨迹，反映出低速行驶（速度在 30km/h 以下）特征，车速若在 50km/h 至 60km/h 之间，车底部与岸坡应处于腾空状态，无法在坡岸植被形成倒伏痕迹。

【鉴定案例 2】

一、案情简介

委托单位提供的当事人所述案情为：20×× 年 ×× 月 ×× 日 15 时 33 分，当事人 ×× 驾驶 ××××× 号白色众泰牌小型普通客车在 ×× 县 ×× 镇 ×× 乡乡间道路行驶时，因避让道路中央石块，不慎将车辆驶入路边池塘中，造成车辆受损事故。

委托鉴定事项：小客车落水情况是否与本次事故现场情况相符。

二、资料摘要

委托单位提供的当事人谈话笔录：当事人 ×× 陈述在客车行驶至事发路段接近池塘时，因向左避让前方石块，客车冲入路边池塘内。事发时，客车车速在 40km/h 至 50km/h 之间，挡位为空挡，没有采取制动措施，方向盘左转约 180°。

三、鉴定过程

（一）检验所见

被鉴定客车车辆识别代号：L×××××，车辆尺寸 4744mm×1929mm×

1647mm。

该车前保险杠下部及左侧均检见泥灰附着，四车轮均检见泥土附着，车内检见水渍及泥灰，挡杆位于前进挡内，非空挡状态（如图 5-6、图 5-7 所示）。

图 5-6　车辆概览

图 5-7　进水痕迹

（二）事故现场复勘情况

现场复勘时间为20××年××月××日，事故现场位于××县××镇××乡乡间道路，该道路为西南与东北方向通行，干燥水泥路面。道路西北侧路肩坡面植物茂盛，坡下为池塘，该路肩水平宽度约为 2.2m，池塘水面与路面落差约 1.35m；事发路段西北侧路肩顶部至坡底的部分植物受损倒伏，受损范围宽度约为 3.8m，倒伏方向近似于由东南往西北方向，相邻位置的植物基本完好（如图 5-8 所示）。

图 5–8　现场复勘

四、分析讨论

1. 客车挡杆位于前进挡内，非空挡状态，与当事人 ×× 所述内容不符。

2. 事故现场道路路肩内植物倒伏痕迹宽度约为 3.8m，且该范围内坡面植物均倒伏，相邻位置植物完好；在形态上符合车辆斜向驶入斜坡后由坡上滑下进入池塘内所形成的痕迹特征。

3. 根据当事人 ×× 所述，事发时客车车速在 40km/h 至 50km/h 之间，而事发路段路肩斜坡坡度较大，客车车速较快时符合平抛运动规律，根据力学平抛公式及事故现场池塘水平与路面落差计算得出客车落点与路面边缘的距离，$S=v_0\sqrt{\frac{2h}{g}}\approx 5.83\text{m} \sim 7.29\text{m}$。

综合分析认为，车速若在 40km/h 至 50km/h 之间，车辆驶出路沿应处于腾空状态，其底盘不应与现场坡岸接触，当事人所述情况与现场道路路肩坡面上植物倒伏的情形不符。因此，当事人 ×× 所述的客车落水情况与本次事故现场情况不相符。

综上讨论，事故现场道路路肩及坡面内植物倒伏形态，符合车辆斜向低速驶入斜坡后由坡上滑下进入池塘内所形成的痕迹特征。事发时，客车车速若在 40km/h 至 50km/h 之间，其车底与现场岸坡则处于腾空状，这显然与现场实际情形不符。

【鉴定案例3】

一、案情简介

20×× 年 ×× 月 ×× 日13时30分许，××××× 号小型轿车在 ×× 市 ×× 区太 ×× 村乡村路段发生落水事故。

委托鉴定事项：轿车落水情况是否与本次事故现场情况相符。

二、资料摘要

1. 现场图及照片显示：本次事故现场系 ×× 农场机耕路路段，干燥非铺装路面，道路两侧生长大量杂草及灌木，部分侵入道路空间。道路东侧可见一处杂草、灌木明显倒伏的“豁口”，其中两侧倒伏明显呈沟槽状；在道路西侧（“豁口”对应处）的杂草亦可见倒伏。在道路东侧水塘岸边，可见水泥预制板材铺砌的护坡板，其中在“豁口”下方几块护坡板表面可见较为平直的轮胎印痕及若干较为竖直的滑擦痕迹；在水塘中，可见浸泡在水中的轿车，车顶露出水面（如图5-9所示）。

图5-9　现场照片

2. 笔录中当事人对事故自述：事发时，当事人驾车行驶至 ×× 农场边上的一条小路时，其同车的副驾驶乘坐人一直说右边的鱼池有鱼，让当事人看。然后，当事人不小心动了方向盘（以为挂的是空挡），导致车子开进了水塘里面。

三、鉴定过程

（一）检验所见

1. 被鉴定车辆为银色东风标致牌小型轿车，轴距长度为 2.6m，车体宽度为 1.65m（如图 5-10 所示）。

图 5-10　车辆概览

2. 该车前号牌右侧可见杂草嵌入；前保险杠左侧卡扣处松脱；左前翼子板、左前门、左后门、右前翼子板、右前门、右后门及右后翼子板可见若干纵向条状刮擦痕迹。该车左前门及右前门车窗玻璃处于开启状态，前风挡玻璃未见破损；打开发动机舱盖，其舱体内部、发动机表面、散热器及发动机舱底护板表面均检见大量泥土附着；方向盘向右偏转约 90°，中控台及仪表盘可见泥土附着，前排、后排座椅、脚踏面及车门均可见水浸痕迹（如图 5-11 所示）。

图 5-11　进水痕迹

（二）现场复勘

事发路段为南北走向，道路有效宽度约为 2.55m，西侧路肩宽度约为 1.5m；道路东侧杂草、灌木倒伏的“豁口”东与水塘相邻（如图 5-12 所示）；水塘西岸护坡板上沿与路面相距约为 1.53m，其间为平缓的土坡；路面距水塘护坡板底沿高度落差约为 1.55m，其中水塘护坡板上沿距其底沿落差较大，高度约为 1m；水塘护坡板底沿距路面（斜坡总长）约为 3.9m；单块护坡板长约 2.5m，其板块之间拼接缝隙延伸线与道路几何中心线近似垂直；道路东侧“豁口”相对应的护坡板表面自上而下的车轮滑擦印痕与护坡板拼接缝隙近似平行。

图 5-12　现场复勘

（三）现场模拟实验

将一辆“轴距、轮距”相近的车辆，按照事发时事故车辆行驶方向在事故现场进行模拟实验。首先，让该车在道路居中位置行驶至道路东侧开口时向右打方向，即使将方向盘向右打满时车辆并不能一次性进入道路东侧“豁口”，其车体右侧中部必然会接触到道路东侧未倒伏的杂草及灌木，且可能斜向下坡入水；然后，将该车位置调整到道路西侧路肩上并靠近道路西侧的斜坡，行驶到接近道路东侧“豁口”处时，向右打方向，此时方向向右打满时，仍然不能摆正车头进入“豁口”；最后，在现场进行数次进退调整方向，车头方可正对“豁口”，即车体纵轴与道路垂直（如图 5–13 所示）。

图 5–13　现场模拟

四、分析讨论

1. 事发路段道路东侧“豁口”处的杂草可见呈片状倒伏，其中两侧倒伏明显呈沟槽状。据其形态、间距及杂草倒伏方向等特征，结合道路西侧路肩杂草倒伏现象分析认定，此处应是事故车辆驶入水塘其车轮碾压所致。

2. 道路东侧水塘西岸铺砌护坡板表面检见由上至下较为平直的轮胎印痕及若干擦划痕，根据现场痕迹走向，可以判断轿车实际行驶轨迹为垂直（相对道路走向）且径直驶入水塘。

3. 当事人自述：“驾驶过程中，不小心动了方向盘（以为挂的是空挡）导致车子开进了水塘里面……”。根据常理，车辆由南向北通过该路段时，无论是居中，还是靠左（西）侧行驶，现场模拟实验证实，即使向右打满方向，车辆也不可通过该“豁口”驶入水塘。否则，车体右侧中部必会接触到“豁口”处南侧未倒伏的杂草及灌木，并且斜向下坡入水。鉴于现场水塘坡岸较陡、落差较大，必然导致车辆向右侧翻入水。据此分析认为，当事人自述行为与实际情况不符。

4. 车辆何种方式进入水塘？受现场道路宽度及道路两侧障碍物等因素制约，加之路东“豁口”宽度，护坡板车轮印痕走向、性状以及与道路相处角度等情形印证，其入水唯一方式为车辆在该处多次进退调整方向，使车头正对水塘后方可形成。

综上分析认为，轿车必须在现场经多次进退调整方向，使车头正对水塘后方可驶入水，其驾驶人笔录自述的事故过程与实际情况不符。

第6章　汽车火灾痕迹鉴定

车辆起火起因十分复杂，现场常狼藉不堪，性质则扑朔迷离。由于涉车类放火案存在故障自燃、碰撞引燃、飞火点燃、疏忽失火、人为放火（含骗保）等多种可能性，现场勘查先后由消防、交警、刑侦、保险等部门依次进行。对有涉车骗保嫌疑的，则邀请司法鉴定机构参与。

司法鉴定人员参与车辆起火案现场勘查应从起火部位、燃烧特征入手，分别予以甄别，缜密研判，方可准确判断案件性质。该类案件甄别方法涉及较多门类的学科和专业，且具有诸多的自身特点。

6.1　汽车火灾起因①

6.1.1　电气故障

汽车本身原因引发火灾中占比约80%，现代汽车智能化程度高、线路及设备复杂，导致发生火灾的危险性也就越来越大。汽车行驶状态下，全车线路均处于带电状态，即便停驶状态其中部分线路、设备仍然带电。因此，无论车辆行驶中还是停止数小时，甚至几天十几天均存在电路故障起火的

① 刘振刚：《车辆火灾调查技术》（2024年3月海口研讨班讲义），第83～86页。

可能。

常见引发火灾的原因为：一是蓄电池接点松动，接线绝缘老化破损，接点跳动或接线之间以及与车体发生短路打火，引发火灾。二是调节器中逆流切断器的弹簧折断或脱落，或接触不良致触点长期闭合、烧死粘接，失去断电功能，致蓄电池的电流倒回发电机，并引起线圈发热产生高温起火。三是车内电子元件损坏，极易形成点火源，引燃油蒸气、电缆或相近的易燃物品等。四是电气线路系统由于使用年限较长，尤其是和电气设备的绝缘老化快，极易引起漏电、短路以及线路与设备之间接头松动，导致接触不良，产生火花等情况，直至发生火灾。

根据火灾发生的原因，电气火灾可分为以下几种情况：

1. 导线过负荷。线路中自发的高电阻故障导致导线的温度高于其绝缘层的熔点，特别是在散热条件差的部位，在线束内部或仪表盘下方的导线经常发生这种现象。车辆线路由于设计时安全载流不足，或汽车购置后加装改装电气设备（车载音响、报警装置等），造成电路过载，加速绝缘层老化，造成线路过热燃烧。

2. 电气短路。车辆线路由于在制造、安装不当或车辆运行震动、颠簸与相关部件摩擦，损坏外绝缘层造成搭铁短路；线路接点不实、导线固定不良，致局部电阻过大产生热能；车辆在运行中发生碰撞事故时，可能使导线外皮破裂或折断引起短路；电动设备线圈绕组故障发热，引发短路故障。

3. 接触电阻过大。车辆线路连接器、接线端子，由于设计不当或安装不紧固，一旦出现接触松动，就会产生电弧；车内液体出现渗漏接触到接线端子，对其产生腐蚀、氧化作用，造成接触电阻过大、局部温度过热引发火灾；蓄电池表面或接线柱有杂质、油圬长时间腐蚀，也会造成连接点松动导致发热起火。

4. 电器失效。常见的电器失效的原因是启动开关由于触点熔焊，启动机磁力开关无法释放，如启动时间超过 5 秒，就有可能导致启动机处于长时间启动状态，造成启动机发热起火；车辆熄火后，电流表应回零，但由于发动机调节器的逆流断电器触点因故仍处于闭合状态，导致蓄电池电流倒流到发电机及其电器线路上引发火灾；电热椅控温原件失灵，或加热丝出现故障也可能引发火灾。

6.1.2　油料泄漏

车辆内油料品种较多，一旦泄漏遇火源则易引发火灾。据相关实验验证，电弧、电火花和明火是车辆主要引燃方式，其他油料如机油、变速器油等，主要由排气歧管、催化转化器等炽热表面引燃；发动机和相关部件都可能发生漏油的故障，变速器及上部通气孔有油喷出，助力转向罐及其连接管松脱，有关油料泄漏则可引燃酿成火灾。

常见起火部件为油箱、化油器和油泵：油箱一旦受外力撞击出现破裂，或其他原因受到损害燃油发生泄漏遇到热源、火源时，易引发燃烧，同时反作用于油箱，火势将扩大。化油器如进入油量不足，其工作时供给气缸的混合气体过稀致其燃烧缓慢，将延续进气门开启，火焰回窜进气管道而引起回火，烧毁相关部件。油泵膜出现破损，致燃油泵体小孔流出造成火灾；油泵内调节弹簧弹力大于浮子室对针阀压力密封性减弱时，燃油就会充满出现外溢，遇到明火则造成火灾。

6.1.3　机械故障

常见的引起火灾的机械故障包括制动装置不能复位，刹车抱死；发动机及其他部件润滑系统缺油，机件间摩擦产生高温引燃油污、配线等可燃物；分电器因故破裂致高电压松动跳火导致外侧油管起火；油泵附近排气管段断裂窜火，引发外壳附近起火；进气门关闭不严，气缸盖衬垫损坏、高压线与火花塞顺序接错导致汽化器回火引发火灾；劣质电器配件失效、断路器白金触点粘连不分离等机械故障也会引发火灾。

机械故障会导致车辆某些零部件破碎从相关壳体、缸体高速飞出，破坏外部其他零部件，造成电气线路短路起火，或造成机油大量泄漏，被炽热表面引燃起火。管路断裂、涡轮增压器壳体破损，喷出高温烟气流，也会引燃可燃物。

6.1.4 交通事故

道路交通事故引发车辆火灾的情况时有发生。事故发生时，车与车、车与人、车与物相互接触，剧烈的碰撞造成涉案车体破损、变形以及相关零部件位移。电气线路、电气设备在外力作用下变形破损，会导致短路、断路起火；供油系统（油箱、油泵、油管等）在受到剧烈碰撞后破裂，造成燃料泄漏，遇电火花、高温发动机、明火即可起火；车体内相关润滑油壳（缸）体破裂，导致内部的油料泄漏而引发火灾；运载化学物品，由于其性质不稳定，遇撞击则可能起火。

6.1.5 人为放火①

人为放火的动机有多种类型，主要包括报复泄愤、骗取保险金等类型。一般采用易燃液体汽油作为助燃剂，将汽油或其他易燃液体如柴油、油漆稀释剂等，直接泼撒在驾驶室（车厢）内、发动机部位及汽车轮胎处，或直接点燃车上可燃物实施放火。常见放火位置有如下几类：

1. 驾驶室（车厢）内放火。将汽油等易燃液体泼撒在座位上或驾驶台的仪表盘上，着火产生的高温致车体变色、变形；易燃液体着火初期产生轰燃或爆燃，可导致前后风挡玻璃破碎呈散在状脱落。如果未用易燃液体，则燃烧缓慢，风挡玻璃出现熔融变形，或破裂呈片状脱落。

2. 发动机舱放火。将易燃液体泼撒在蓄电池、空气滤清器、分电器及气缸部位上，以造成自燃的假象。如果上述部位是自身原因起火，一般情况下烧损程度具有局限性、不完全且残留物较多；但泼撒易燃液体放火，则烧损情况较为严重，铝合金构件有的呈熔块状，钢质构件出现变色发青，高分子材料呈融滴状。

---

① 赵龙庆、何超著：《常见汽车火灾的分类、预防与鉴定》，北京科学出版社2016年版，第104～105页。

3. 轮胎部位放火。即是将易燃液体泼撒在轮胎上，烧损严重，几乎全部烧蚀，金属轮毂局部烧熔，甚至与地面接触部分也烧毁。如果轮胎摩擦生热、刹车片过热起火，一般局部受热炭化或局部着火。

车辆火灾多种多样，除以上几类典型情形之外，还有“摩擦生热”“操作不当”“外来火种”“自留隐患”等类型，不能穷尽。总之，车辆火灾起因较为复杂，应依据车辆火灾现场勘验中发现提取的痕迹特征和物证的物理性状及化学性质分析判断其起因。

6.2　现场勘验要点

车辆火灾现场（原发现场、转移后现场）勘查一般程序按照：现场调查→环境勘查→初步勘查→专项勘查（起火范围→起火部位→起火点→引火源）等全方位展开，重点勘验可燃物烧损、金属变色锈蚀、燃烧蔓延方向等。勘验时，应依次检查各部系统，如电路、油路、气路等；车体内部勘验应注重发动机部件、油路、电路烧损状态，开关和手柄及操纵杆所在位置，观察发动机、驾驶室地面有无异物，区分吸烟留下火种或明火燃烧等特征；车体外部勘验应注重发现放火嫌疑的痕迹，排气管、催化转化器表面的痕迹以及轮胎过热起火形成的痕迹。

6.2.1　车辆火灾现场调查

车辆火灾现场调查，是通过对涉案当事人和其他相关人员的调查询问，现场信息的收集研判，有效地判断汽车起火的部位和可能的起火原因，从而为火灾现场勘查提供方向和思路。应注意查明车辆起火前的技术状态，准确认定火灾原因，从中发现并确定重点勘查部位以及引发火灾的可能因素。

1. 车辆基本信息。车辆履历、技术参数、规格型号以及车辆保险的保期、险种、保额等情况。

2. 火灾发生前车辆情况。维修故障、加装改装，以及使用年限、行驶里程等，火灾发生时车辆行驶、停止、怠速状况等。

3. 火灾发生前驾驶人、车内人员行为表现，火灾发生前后出现的疑人、疑事及反常现象等。

4. 驾驶人和乘员，报警人和目击者陈述起火过程，起火前的征象，发现时的“声、光、味”现象，起火后火势蔓延方向、燃烧范围、火焰和烟雾颜色变化等情况。

5. 火灾发生时，周围环境、路况以及晴雨、风力、风向、气温等气象情况。

6.2.2 起火部位（点）的分析判断

根据起火燃烧蔓延的痕迹特征和规律，通过全方位观察车体烧损状态，重点勘验车体金属外壳和车内残损部件的变形、变色、热熔、炭化等状况以及轮胎、轮辋的烧损程度等特征，进行综合分析判断。一般起火部位的主要特征为：

1. 烧损严重、钢铁类金属呈青蓝色；

2. 熔珠集中处，熔体流向和烟窜方向的起始处；

3. 驾驶室或车厢立面出现“V 形”或“坡形”燃烧痕迹等；

4. 可能出现一个或一个以上起火点。

总之，应根据车辆实际烧损程度和特征，采用对比（前与后、上与下、左与右）方法，对各部位烧损情形比较孰轻孰重，确定火灾发生、发展、蔓延的规律和特点。重点观察各种电气线路、电气设备熔痕形态，进而分析其熔化次序；可燃物的烟熏、炭化、烧失程度和不燃物的变化、变色、变形及锈蚀等特征，确定起火部位（点）。

6.2.3 放火的重点部位勘验①

放火点多选择在车辆的发动机舱内、驾驶室内、轮胎处、外置油箱处、车厢货厢内等部位。上述部位有如下特点：一是车辆要害重心，起火则车

① 赵龙庆、何超著：《常见汽车火灾的分类、预防与鉴定》，北京科学出版社 2016 年版，第 135 ~ 136 页。

毁；二是较为封闭的空间，有积留助燃剂和引火物的条件；三是部件外置，便于点火并可快速逃离现场。勘查时，还应观察车门锁具的锁闭状态，对车窗（包括天窗）夹缝中的车窗玻璃底沿残块（条）所在位置要重点勘查，从而推断在事发时车窗开、闭状态或留有缝隙空间的大小，进而分析涉案人的点火、投火方式。具体勘验的重点为：

1. 发动机舱内。注重观察机舱盖内外烧损状态，是否有局部变形、变色及锈蚀等情况；检查电路，从蓄电池正负极开始，然后中央接线盒、通向启动机和发电机及其线束、点火线圈、分电器、火花塞等；检查油（液）路，从进油气管开始到相关供油器具，然后查验依次冷却系统、空调系统等；检查气路，从空气滤清开始，然后进气管、排气管等。

2. 驾驶室（车厢）。根据车辆燃料蔓延特征和规律，进一步搜寻缩小起火部位，从前部仪表盘开始，往前、后排座位，前、后中央扶手盒，车门储物格以及车厢装载物品逐一勘验。同时，对重点部位有关电气线束、电器构件，如仪表左下部接线盒，以及仪表板、空调、车顶、电动车窗、电动座椅等线束及可疑电器部件进行拆解分析。

3. 后备厢。该部位的有关电气线路和用电设备主要分布于厢体周围，如尾灯线束、高位刹车灯和音箱等。在仔细检查上述线路电器的同时，还应关注后备厢存放物品的性状及烧损状态。

4. 轮胎。通常情况下轮胎不易点燃，在助燃剂作用下，或较强、持续燃烧的火源被点燃后，其燃烧性能很强且火势猛烈。勘查时，应关注风向，如在风口方向的轮胎被烧得很重，分析很可能使用助燃剂，则此处就是放火部位。现场应提取轮胎下方泥土、水泥块，轮胎残留物，及其上方挡泥板和周围附着的烟尘。

6.2.4　注重观察低位置（底层）燃烧特征

放火焚车行为大多有预谋，并制备足量的助燃剂、引火易燃物及排障工具等，在较为封闭的空间放火，火势由下而上燃烧特征明显。在起火瞬间，助燃剂爆燃或燃油蒸汽膨胀，可将近火点的挡风玻璃、车灯外罩震碎呈颗粒或块状脱落，因此机舱底部和驾驶室、车厢地面的物证潜在信息量大。玻璃片块朝下一面和落地的灯罩碎片内侧，附着的烟尘受侵扰较小，则保留有助燃剂残留成分。如果在轮胎处点火，在挡泥板凹面有上窜烟尘，地面则浸入有助燃剂成分。将上述烟尘、土块等提取，做“色质谱联用”分析则可判断助燃剂的种类、品位及标号。

6.2.5　作案工具痕迹及遗留物搜寻与分析

用于装载燃料或助燃剂的容器、点火的打火机等物件，有时会遗留在火场，或黏合在熔块以及夹杂在碳化物之中。同时，要特别关注本不应在事发车辆某部位出现的异常物件，如蓄电池处出现扳手、螺丝刀等物件，油箱处出现手电筒，驾驶室（车厢）里出现一端呈缠绕状铁丝（投送火源用）等，提取时应观察有无熔痕、电弧痕、烟熏痕和织物类炭化残留物。

6.2.6　痕迹物证提取

车辆火灾现场痕迹物证提取，关键是要选准提取部位，提取事关火灾性质的物证。

1. 电气残痕、残骸提取。重点提取带有熔珠的线束，相关电器、元器件、导线的熔痕和电弧痕，接插件端子熔痕。

2. 烟尘提取。重点提取机舱盖内侧、前部灯罩跌落地面的碎片、风挡玻璃碎片内侧或脱落块状玻璃朝地面一侧、挡泥板沟槽内以及距起火点较远的部件背火面一侧物体等附着的烟尘。

3. 碳化物、残留物提取。重点提取燃烧不充分的碳化物，驾驶室（车厢）地面过火残留物。

4. 地面物证提取。在风口方向燃烧较为严重有泼撒助燃剂放火嫌疑的轮胎下方地面提取泥土和水泥块；助燃剂有可能从车门缝隙流出，在其下方地面提取泥土和水泥块。

5. 金属断裂痕提取。有条件的原物提取，注意保护断口特征（以利于分析形成机理，鉴别是机械性损坏还是燃烧所致）。

6. 可疑遗留物提取。火灾车辆某部位不应出现的异常物件，如蓄电池处扳手、螺丝刀，外置油箱处手电筒，驾驶室（厢）里铁丝、打火机金属残骸以及车体周围出现的容器等，提取时应保护上述物件伴生的熔痕、电弧痕以及附着的烟尘和织物类炭化残留物等。

提取上述痕迹物证时，要标记提取部位、分布形态，并照相固定，然后用干净的塑料袋、玻璃管瓶分别包装，隔离保存，避免互相污染和干扰。

6.2.7 导线熔珠特征直观鉴别①

1.“一次短路”（由于导线短路引发起火）形态特征。其铜导线熔珠直径是线径的 1~2 倍，铝导线熔珠直径是线径的 1~3 倍；铜导线短路熔珠表面有光泽，铝导线短路熔珠表面有氧化膜、麻点和毛刺。铜导线短路熔珠内部孔洞的表面呈暗红色，光泽度差，平滑有微量炭迹；铝导线短路熔珠内部孔洞的表面有一层深灰色氧化膜，其他特征与铜熔珠类似。

“一次短路”形成的熔珠位于导线的端部或歪在一侧，熔珠内部孔洞数量少，分布在熔珠中部；其熔痕与导线交接处有明显熔化与未熔化的分界线；两导线相对应处会出现凹痕，其痕内表面有光泽但不平滑，有堆积状毛刺，有扎手感；多股铜线熔痕无黏结痕，仍可逐根分离，在线端部出现微小熔珠。

2.“二次短路”（起火后导线绝缘层失效引发短路）形态特征。其铜导线短路熔珠的直径大于一次短路、小于纯火烧形成的熔珠，表面有小凹坑且光泽性差；铝导线短路熔珠表面的一层深灰色氧化膜有小凹坑、裂纹及塌陷现象。

“二次短路”形成熔珠内部孔洞数量多，分布在的边缘及中部；铜导线熔珠内部孔洞的表面呈透明感的鲜红色（红宝石色），光泽度强，有较多炭迹；铝导线短路熔珠内部孔洞的表面有一层深灰色氧化铝膜，光泽度强，有粗糙的条纹或光亮的斑点。熔痕与导线无明显分界线，导线有微熔变细特征；多股铜线端部熔珠，其导线变硬或黏结在一起。

3.“纯火烧熔痕”形态特征。铜导线熔珠直径是线径的 1~3 倍，铝导线熔珠直径是线径的 1~4 倍；通常位于熔断导线的端部或中部，表面光滑

① 莫善军、梁栋编著：《电气火灾痕迹物证鉴定分析与应用案例》，暨南大学出版社 2014 年版，第 5 ~ 20 页。

无麻点和小坑，并具有金属光泽；有过渡痕迹，熔珠附近导线明显变细；铜质多股软线的端部形成熔珠或尖状熔痕，并与附近细铜线熔化且粘结在一起，难以分开；在熔珠内有未被熔化的间隙孔。

6.2.8 常用仪器分析检测

1. 金相特征分析①。运用金相分析仪器观察火烧熔痕金相特征，从而判断火灾种类和性质。

（1）“一次短路”金相特征。其金相组织呈细小的胞状晶或柱状晶；内部孔洞数量少且在中部；熔珠磨面内部气孔小而较少并整齐；熔珠与导线衔接处的过渡区界限明显，其晶界较细，孔洞周围铜、氧化亚铜共晶体较少且不明显；在偏光镜下观察其孔洞周围及洞壁的颜色不明显。

（2）“二次短路”金相特征。其金相组织被很多气孔分割，出现较多粗大的柱状晶或粗大晶界；内部孔洞多，分布在熔珠边缘中部，铜质内孔表面呈透明状鲜红色，光泽度强，有炭迹；金相磨面内部气孔多而大且不规整；熔珠与导线衔接处的过渡区界限不太明显；熔珠晶界较粗大，周围的铜和氧化亚铜共晶体多且较明显，孔洞周围及洞壁呈鲜红或桔红色。

（3）纯火烧熔痕金相特征。其金相组织呈粗大的等轴晶，无孔洞，个别熔珠磨面有极少缩孔（多股导线熔痕除外）；熔珠内部有未被完全熔化的间隙孔。

2. 质谱—色谱联用分析法②。运用质谱仪、色谱仪等仪器检测分析燃烧熔块及残留物的分子量、化学结构、裂解规律和单分子分解形成等定性、定量信息。该方法适用于对火案现场皮革、塑料等有机物和疑似助燃物、助燃剂（油料）、熔块等物质的物理性状、化学性质及其量化分析鉴定。

3. 剩磁分析法③。利用钢铁等金属处于高强度电流（如短路、雷击）的磁场中被磁化，在一定时间内保持磁性体的特质。该方法是采用“特斯

---

① 莫善军、梁栋编著：《电气火灾痕迹物证鉴定分析与应用案例》，暨南大学出版社 2014 年版，第 5 ~ 20 页。

②③ 赵龙庆、何超著：《常见汽车火灾的分类、预防与鉴定》，北京科学出版社 2016 年版，第 121 ~ 135 页。

拉计”仪器对火案现场（熔痕周围）钢铁类材料检测交直流磁通密度，从而分析判断是否电气短路或雷击引发起火。

6.3　痕迹物证鉴定要点①

车辆火灾起因认定一般是在现场勘验基础上，采取排除法，对火灾起因各种可能性进行逐一甄别。根据火灾现场痕迹形态、物证的物理性状以及化学性质等特征要素相符程度，认定火灾起因。

6.3.1　电气故障起因认定

1. 根据火灾燃烧的痕迹特征，经现场勘查和调查询问等工作，可以确定起火部位、起火点，在发动机舱（蓄电池、逆流切断器、电子元件及空调系统）和驾驶室仪表盘附近。

2. 在起火部位发现电气线路，或电气设备可能的故障点（如相线短路、导线过负载、电器失效）及其金属熔化痕迹等物证。

3. 火灾检验专门机构对现场提取的相关电气物证进行鉴定分析，其结论为，一次短路熔痕或者（火前）电热熔痕等。

4. 综合火场实际情况，有根据地排除其他火灾原因的可能性。

6.3.2　油料泄漏起因认定

1. 油料起火部位可确定在机舱内和底盘下面，一般发生在车辆行驶或怠速状态。

2. 机舱内发动机缸壁、排气歧管及三元催化器等，其表面发现有相关油料燃烧残留物粘附，同时发现可能的泄漏点。

3. 经现场勘查，在发动机舱内未发现电气线路或电气设备可能的故障

① 刘振刚：《车辆火灾调查技术》（2024 年 3 月应急管理部海口研讨班讲义），第 88 ~ 90 页。

点，或相关电气物证。在机舱内可见较浓的烟熏痕迹；经现场分析或专业技术鉴定结论均为二次短路熔痕或火烧熔痕等。

4. 综合火场实际情况，可以有根据地排除其他火灾原因的可能性。

6.3.3 机械故障起因认定

机械故障会导致车辆某些零部件破裂、断裂及变形，并引发火灾。例如，发动机及其他机械润滑系统缺油，会导致制动装置不能复位刹车抱死，分电器盖破裂，排气管断裂，气缸盖衬垫损坏，断路器白金触点粘连不分离等。其破损的断面、断口虽经燃烧有不同程度变化，但通过现场分析和技术鉴定能确定其变化系燃烧所致，破损为火前所形成。

6.3.4 遗留火种起因认定

1. 起火部位多在驾驶室内，货车起火部位则可能在货厢内。

2. 经现场勘验检查，起火部位未发现有电气线路、电气设备可能的故障点，以及油料泄漏的相关痕迹物证；经现场分析和技术检验，烧损痕迹均为二次短路熔痕和火烧熔痕等。

3. 汽车起火部位存在阴燃起火特征，且局部有易燃物燃烧炭化现象。

4. 可排除人为故意因素存在，特别是放火骗保的可能性。

5. 汽车火灾中遗留火种主要是烟头火源，以及曝晒易爆的打火机（内含丁烷）。现场调查发现，车内人员离开到起火的时间较短。

6.3.5 放火起因认定

1. 经现场调查询问等工作，发现涉案当事人存在骗保放火的可能动因（动机），以及与他人有较大矛盾、仇恨关系，存在被报复放火的可能性。

2. 起火部位在驾驶室（车厢）内、发动机舱前部、前后轮胎、外置油箱附近。根据机舱内火体积如呈倒锥体、驾驶室（车厢）内立面的燃烧痕迹呈倒梯形，结合钢质构件过火变色变形、铝合金熔块及非金属物件熔化等较为严重，及分布形态、蔓延方向火灾燃烧痕迹特征，分析判断有一个或一个以上起火点。

3. 火灾现场发现过火变形疑似助燃剂的容器（壶、瓶）残骸、点火工具（打火机外壳残骸、铁质防风罩以及用于点火缠绕投送火源的铁丝）等物品。

4. 在起火部位附近提取的相关物证，如玻璃碎片附着烟和车体外壳附着的烟尘及碳化残留物、地面泥土烟尘、可疑物残骸，及事发现场的墙壁、树干、隔离带表面附着的烟尘等。经专门鉴定机构检测分析，结果存在汽油、柴油、煤油及油漆稀释剂等助燃剂燃烧残留成分，且定量分析出样品量较大。可以排除汽车使用燃油的干扰因素，或其他的可能干扰因素。

5. 在起火部位未发现有电气线路、电气设备的可能故障点，或存在相关电气物证。

6. 现场过火痕迹物证，如二次短路熔痕和火烧熔痕等经技术鉴定均为火灾作用的结果。

7. 在起火部位提取的相关物证经技术鉴定分析虽未检验出助燃剂成分，但检出外来可燃物炭化残渣。经现场勘验，起火部位无电气火源存在，且同时可排除“遗留火种、外来飞火”的可能性。

总之，现代车辆结构较复杂，本身就存在多种可能引发火灾的因素，加之外来因素就更加复杂。上述仅列举几种常见汽车火灾起因，其他原因的要素不胜枚举。但最基本要素是确定起火部位和起火点，然后对提取痕迹物证进行技术分析检验，最后综合各方面情况加以认定。在实际火灾起因认定过程中，要善于抓住各自的特征和特点，结合现场调查询问中获取的信息，进行综合研判，从中找到有效途径，进而准确判断可能引发火灾的因素。

6.4　典型案例解析

【鉴定案例 1】

一、案情简介

20×× 年 ×× 月 ×× 日 ×× 时，×××× 号蓝色依维柯牌小型普通客车行驶至 ×× 高速公路时，其驾驶人感觉车辆无法提速，靠边停车后，发现车头底部起火。

委托鉴定事项：该小客车起火原因。

二、鉴定过程

检验所见：

1. 该车后部车门已拆卸，车体前部、顶部至后上部均检见过火痕迹，其表面漆层均损毁；车体两侧后部及后下部表面油漆均完好，后部两侧车轮均齐全（如图 6–1、图 6–2 所示）。

图 6–1　客车前部概览

图 6–2　客车后部概览

2. 该车前保险杠、中网、前部车轮及发动机舱内相关可燃部件均已燃烧损毁，发动机呈熔融状态；发动机舱左后角与驾驶室相通，该处电路线束部分熔断，断端检见熔珠（如图 6–3、图 6–4 所示）。

图 6–3　发动机舱

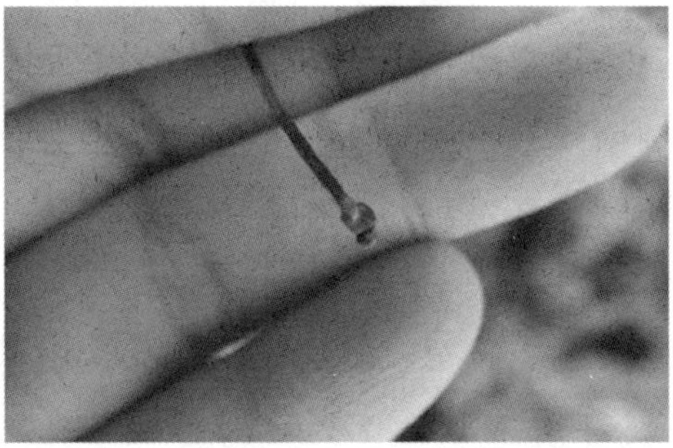

图 6–4　发动机舱左后角处熔珠

3. 驾驶室内前部（前排座椅及中控台）可燃部件均燃烧损毁，驾驶室仪表台下方电路线束部分熔断，其断端检见熔珠，其他部位电路线束未检见熔断、熔珠现象（如图 6–5、图 6–6 所示）；车厢后部装载的大米检见过火痕迹，部分烧毁，其后部大米包装袋完好。

图 6–5　驾驶室

图 6–6　仪表台

三、分析讨论

1. 根据车辆痕迹检验，客车车体燃烧过火痕迹呈现前重后轻特征，且车体后部呈现上重下轻的特征。由此判断，起火位置应位于车体前部，火焰燃烧至车顶部后向后蔓延。

2. 客车中控台下方电路线束部分熔断，其断端检见熔珠，在痕迹形态上符合电路短路熔断所形成的痕迹特征。根据车辆起火部位、燃烧过程，结合发动机舱、驾驶室前部受损程度判断，驾驶室中控台下方位置符合起火位置，不排除驾驶室左前角下部、中控台下方位置电路短路熔断，导致车辆起火燃烧的可能性。

综上分析认为，客车起火原因不排除系驾驶室左前角下部、中控台下方位置电路短路熔断所造成的可能性。

【鉴定案例 2】

一、案情简介

20×× 年 ×× 月 ×× 日 ×× 时 ×× 分，在 ×× 市 ×× 区 ×× 高速公路路段，×××× 号小型轿车发生一起后备厢起火的事故，该车后备厢内放有香炉、香纸等物品。

委托鉴定事项：该轿车的起火原因鉴定。

二、鉴定过程

检验所见：

1. 该车车体表面完好，未检见新鲜碰撞、刮擦痕迹及过火痕迹，其后备厢盖与保险杠缝隙处检见灰烬及燃烧残留物。

2. 该车后备厢内检见香炉、水果、塑料瓶、塑料盒、塑料筐、机油壶等物品，部分物品表面检见过火痕迹（如图 6–7 所示）；后备厢内部三面隔板表面均检见过火痕迹，呈熔融状态；后备厢内部两侧的信号灯线路均检见过火痕迹，且未检见熔断、熔珠等情形（如图 6–8 所示）；后备厢内侧前部与车内后排座椅靠背中部检见熔化的白色物质（如图 6–9 所示）。

图 6–7　后备厢内物品

图 6–8　后备厢内线路

图 6–9　后排座椅靠背中部

3. 该车车厢内后排座椅靠垫及其座垫中部、前排座椅靠垫上部及后侧、车篷顶部内饰板表面均检见过火痕迹（如图 6–10 所示）。

图 6–10　后排座椅

三、分析讨论

1. 轿车车体表面完好，未检见新鲜碰撞、刮擦痕迹及过火痕迹，可排除轿车与其他物体发生碰撞造成起火燃烧的可能性。

2. 轿车后备厢内及车厢内过火痕迹呈现后重前轻、由后往前燃烧蔓延的特征，后备厢内燃烧损毁程度重于车厢内燃烧损毁程度；根据过火痕迹的形态及燃烧顺序分析，轿车起火位置应位于后备厢内。

3. 轿车后备厢内部两侧的信号灯线路未检见熔断、熔珠等情形，可排除电路短路造成起火燃烧的可能性。后备厢内检见香炉，结合本次事故案情分析认为，不排除轿车后备厢内的外来火源或热源（如香炉内未燃烧完全的香烛等）引燃后备厢内易燃物（如香纸等）造成轿车起火燃烧的可能性。

综上所述，根据车辆痕迹检验情况，结合本次事故案情分析认为，不排除轿车后备厢内的外来火源或热源（如香炉内未燃烧完全的香烛等）引燃后备厢内易燃物（如香纸等）造成轿车起火燃烧的可能性。

【鉴定案例 3】

一、案情简介

20×× 年 ×× 月 ×× 日 ×× 时 ×× 分，在 ×× 市 ×× 区 ×× 路段，×××× 号重型专项作业车（混凝土搅拌泵车）行驶至 ×××× 路段时，发生一起燃烧事故。

委托鉴定事项：该重型专项作业车的起火原因。

二、鉴定过程

检验所见：

1. 该车第三轴差速器右上方（右侧纵梁内侧）分线盒熔损变形，残留部分附着于差速器壳体右上部表面，其线路、插头、线路板损毁严重；附近部分合金材质部件呈熔融状态（如图 6–11、图 6–12 所示）。

图 6–11　分线盒

图 6–12　分线盒电路板

2. 该车底盘后部至前部、驾驶室、三轴车轮均检见过火燃烧痕迹，其可燃部分（如橡胶轮胎、电路元件、驾驶室内饰件）均燃烧殆尽；泵车臂架后部及驾驶室左侧局部检见油漆残留（如图 6–13 所示）。

图 6-13　作业车底盘烧损痕迹照

3. 该车驾驶室顶部左侧向下塌陷变形，其余车体表面均未检见与刚性客体（如车辆、路障等）发生接触所形成的碰撞变形痕迹（如图 6-14 所示）。

图 6-14　驾驶室受损痕迹照

三、分析讨论

1. 作业车底盘部件燃烧损毁严重，损毁程度整体呈后重前轻、下重上轻、右重左轻的特征。燃烧过程符合由后往前蔓延，结合泵车与作业车底盘为分体式及车辆可燃部件分布情况综合分析认为，作业车起火部位应位于车辆底盘右侧后部，起火燃烧后向周边蔓延。

2. 作业车底盘右侧分线盒损毁严重，其位于第三轴差速器右上方、右侧纵梁内侧。根据该分线盒燃烧受损情形，结合分线盒相邻部位燃烧条件及燃烧蔓延痕迹的走向综合分析认为，车辆起火部位应位于车辆底盘右侧后部、第三轴右侧车轮内侧上方附近，不排除该车电路系统起火导致车辆燃烧的可能性。

3. 作业车系正常行驶过程中起火，其起火点位于车体右后底部，即第三轴差速器右上方、右侧纵梁（槽钢）内侧，其位置隐蔽，外来侵扰不能直接接触，故可排除因外来火源导致车辆起火的可能性。

4. 作业车驾驶室过火燃烧损毁，根据其车体起火燃烧总体蔓延痕迹走向分析，应是由右后至前的火势蔓延所致，故可排除驾乘人员用火不慎等情况导致车辆起火的可能性。

5. 作业车驾驶室顶部左侧的塌陷痕迹由上至下，根据痕迹形成方式及部位判断，该痕迹不符合在行驶过程中与刚性客体（如车辆）发生接触所形成的痕迹特征，应是事发后施救、转运、存放过程中所致。

6. 作业车车体表面均未检见与刚性客体发生接触所形成的碰撞变形痕迹，故可排除作业车在事故发生时与刚性客体（如车辆、路障等）发生接触导致电、油路故障起火燃烧的可能性。

7. 作业车各车轮轮毂和制动器部位过火痕迹及燃烧程度均基本一致，未检见某一车轮处存在明显异常燃烧情形，可排除作业行驶过程中某一车轮抱死致制动器高温起火的可能性。

综上所述，根据车辆痕迹检验情况，结合本次事故案情分析认为，作业车起火部位应位于车辆底盘右侧后部、第三轴右侧车轮内侧上方附近；排除因外来火源、驾驶人用火不慎等情况导致车辆起火的可能性；排除作业车在事故发生时与刚性客体（如车辆、路障等）发生接触以及制动器高温导致车辆起火的可能性；不排除该车电路系统起火导致车辆燃烧的可能性。

【鉴定案例 4】

一、案情简介

20×× 年 ×× 月 ×× 日 ×× 时 ×× 分，在 ×× 市 ×× 区 ×× 路段，×× 驾驶 ×××× 号东风牌自卸货车，装载沥青加热釜及汽油发电机、液化气钢瓶、灌缝沥青料等，在 ×× 国道 ×× 路段进行水泥路面灌缝施工时，发生一起装载设备爆炸、车辆起火燃烧的事故。

委托鉴定事项：该车的起火原因。

二、资料摘要

现场照片显示：货车停止于路面上，其车底路面未检见明显燃烧残留痕迹；货厢内装载的设备均位于货厢后部，其中部及前部可见大量燃烧残留物堆积，货厢内可见明火（如图 6–15 所示）。

图 6–15　现场照片

三、鉴定过程

检验所见：

1. 该车驾驶室前部及内侧可燃部件均燃烧熔毁，两侧车门下部外表面油漆完好，前保险杠及前号牌除滴挂、流挂痕迹外，表面油漆完好（如图 6–16 所示）；驾驶室后部向前凹陷变形，表面燃烧碳化现象较重；车顶盖后部右侧凹陷、撕脱。

图 6–16　货车前部概览

2. 该车货厢前部栏板右侧向前凹陷变形，表面燃烧碳化现象较重；右侧栏板前部向外倾斜并凹陷变形，其内侧、外侧表面均可见燃烧痕迹（如图 6–17 所示）；左侧栏板外侧、后部栏板左侧表面均可见黄色油漆留存，底板两侧及货厢后部均可见反光贴纸残留；货厢两侧防护栏表面除滴挂、流挂痕迹外，表面反光贴纸及油漆大部分均完好；货厢内侧燃烧痕迹重于外侧。

图 6–17　货厢前部痕迹照

3. 该车四个车轮除上部烧灼痕迹及滴挂、流挂痕迹外，均齐全完好；车辆后部号牌及两侧信号组合灯均齐全完好（如图 6–18 所示）。

图 6–18　货车后部概览

4. 该车货厢内装载的发电机、液化气钢瓶壳体均炸裂损毁，发电机支架弯曲变形，其表面均可见燃烧损毁痕迹；沥青加热釜前部右侧银色饰板及后部银色饰板局部表面均未检见燃烧痕迹，其余部位均可见燃烧损毁及碳化痕迹，前部左侧外壳变形翘起，左侧饰板折叠变形；货厢底板上可见大量燃烧损毁残留物（如碳化的沥青等）；货厢中，发电机位于货厢前部，钢瓶残留部分位于货厢右侧，加热釜位于货厢中部；货厢内除装载的设备外，车辆本身未检见可燃可爆部件及物质，货厢右侧下方油箱表面基本完好，且管路未检见燃烧损毁痕迹（如图 6-19 所示）。

图 6-19　货厢装载物

四、分析讨论

1. 起火部位及火势走向。根据货车车身的燃烧损毁程度，油漆、反光贴纸及其他部件的留存情况，驾驶室后部、货厢前部及右侧前部、货厢内装载设备的变形损毁情况，结合现场照片显示的现场情况及路面痕迹分析认为，事故发生时，应是货车货厢内前部发生爆炸起火。货车驾驶室的损毁程度呈后重前轻、内重外轻、上重下轻的特征；货厢的损毁程度呈内重外轻、前重后轻的特征，由此说明应是货车货厢内前部发生爆炸起火后，火势由货厢前部向驾驶室内及货厢内侧后部蔓延。

2. 起火原因。货车货厢内部未检见属于车辆本身的可燃可爆部件及物质，货厢右侧下方油箱表面基本完好，且管路未检见燃烧损毁痕迹；货厢内装载的发电机及液化气钢瓶均爆炸损毁，两者均属于可燃可爆物。由此说明，货车起火原因应是货车货厢内装载的设备爆炸致车辆起火燃烧；可排除由于货车自身原因导致爆炸起火的可能性。

综上所述，根据货车痕迹检验，结合案情及现场情况分析认为，货车起火原因应是货车货厢内装载的设备爆炸致车辆起火燃烧；可排除由于货车自身原因导致爆炸起火的可能性。

【鉴定案例 5】

一、案情简介

20×× 年 ×× 月 ×× 日 ×× 时 ×× 分，×× 驾驶 ×××× 号别克牌轿车在 ×× 市 ×× 区 ×× 路段，车辆起火燃烧。

委托鉴定事项：该车的起火原因。

二、资料摘要

现场照片显示：本次事故现场道路为水泥路面，路面铺有干草；轿车停止于道路右侧（以轿车车头朝向为前方），附近路面及路外干草均可见燃烧痕迹（如图 6-20 所示）。

图 6-20　现场照片

三、鉴定过程

检验所见：

1. 该车车身外侧表面均可见过火痕迹，前部、后部及两侧可燃部件均已烧毁，后号牌较为完整，车身表面未检见与刚性客体发生碰撞、擦撞所形成的形变痕迹（如图 6-21、图 6-22 所示）。

图 6-21 轿车左前概览

图 6-22 轿车右后概览

2. 该车发动机舱内各部件可见过火痕迹，发动机表面合金部件部分熔融，熔化的合金凝固于底部，舱内部分管路未完全燃烧，金属线路表面未检见熔断或熔珠现象（如图 6-23 所示）。

图 6-23 发动机舱

3. 该车驾驶人、乘员舱内可燃部件均已烧毁，前风挡玻璃局部熔化后凝固；左前门门框底部可见白色油漆残留；后座处可见玻璃碎片散落（如图 6-24 所示）。

图 6-24 乘员舱

4. 该车车底表面均可见过火痕迹，其前部（三元催化器及邻近部件）可见干草附着，干草局部可见过火碳化痕迹；三元催化器前部及排气管表面可见灰烬附着，其附近横向支架处可见干草灰烬附着堆积（如图 6–25 所示）。

图 6–25　车底痕迹及附着物

三、分析讨论

根据轿车车身表面、车内、车底过火痕迹形态、特征，各部件受损程度及车底干草、灰烬的过火痕迹，结合轿车行驶过程中车底各部件温度状况及现场情况综合分析认为，本次事故中轿车起火原因符合由于该车行驶至事发路段时，车底三元催化器处粘附路面铺设的干草，其表面高温点燃粘附的干草致该车起火燃烧。

【鉴定案例 6】

一、案情简介

20×× 年 ×× 月 ×× 日 ×× 时 ×× 分，×× 驾驶 ×××× 号牌重型车辆运输车（以下简称牵引车）牵引 ×××× 挂号重型中置轴车辆运输挂车（以下简称挂车）在 ×× 高速公路 ×× 方向 ××km+××m 附近处，发生车辆起火燃烧的道路交通事故。

委托鉴定事项：该车的起火原因。

二、资料摘要

现场照片显示：事故现场牵引车及挂车停止于高速公路应急车道内。

牵引车后部及挂车车体均检见过火痕迹，牵引车后部装载的两辆商品车后部均过火，挂车装载的四辆商品车均燃烧损毁；挂车车体前部、右侧、后部均见白色漆层、反光标识残留。

委托单位提供的车辆行驶记录仪视频录像显示：视频录像文件名为 ××.mp4”，系与牵引车及挂车同向行驶的其他车辆行车记录仪所拍摄，在录像画面下部显示时间“20××-××-××××：34 ：15”至“20××-××-××××：34 ：17”之间，视频拍摄车行驶至挂车左后方附近，画面中挂车左侧车轮处见烟雾冒出。

三、鉴定过程

检验所见：

1. 挂车装载的四辆商品车及两轴车轮均燃烧损毁，车体表面检见过火痕迹；车体前部、后部及中轴前部均检见白色漆层及反光标识残留，后部两侧信号组合灯灯罩及边框完好（如图 6-26、图 6-27 所示）。

图 6-26　挂车概览

图 6-27　挂车后部

2. 挂车制动系统为气压制动系统，其中第二轴为复合式制动气室，各轴制动气室及制动管路均在事故中损毁，两轴车轮均为鼓式制动器。拆检第一轴左侧车轮制动器，其制动鼓外观正常，制动器完好，牢固可靠，与其他部件无干涉现象，车轮轴承正常；制动鼓内壁检见泥灰附着，表面摩擦正常，轴套处表面润滑脂正常，未检见明显异常、缺陷；制动摩擦片内侧及相邻部件表面均检见湿状油泥附着，其车轴及轴承表面润滑脂正常，制动摩擦片摩擦正常（如图 6-28、图 6-29 所示）。

图 6-28　第一轴左轮制动鼓

图 6-29　第一轴左轮制动器

拆检第二轴左侧车轮轮毂及制动器，其制动鼓外壳呈灰白色，拆卸制动鼓过程中其内壁与制动摩擦片存在干涉情况，车轮轴承结构未见异常，其表面润滑脂已干燥、固化；制动鼓内壁表面检见大面积的变色现象；制动摩擦片内侧及相邻部件表面均干燥并呈灰白色，检见高温碳化的残渣，摩擦片表面高温碳化并检见周向破裂痕迹（如图 6-30、图 6-31 所示）。

图 6-30　第二轴左轮制动鼓

图 6-31　第二轴左轮制动器

四、分析讨论

1. 根据车体痕迹检验及现场照片显示的车辆受损痕迹分析认为，挂车过火痕迹呈左重右轻及中间重前后轻的特征。结合视频录像显示的挂车左侧车轮冒烟的情况分析认为，挂车起火部位位于车体左侧中部车轮处。

2. 挂车第一轴左侧车轮制动鼓内部检见湿状油泥及润滑脂，拆检其制动器均未见异常；第二轴左侧车轮制动器拆卸过程中存在干涉情况，车轮轴承及制动鼓内部润滑脂均已干燥、固化，且制动鼓外壳呈灰白色、内壁大面积变色（呈灰蓝色），制动摩擦片内侧及相邻部件表面均呈灰白色。由此判断，事发时，第一轴左侧车轮制动鼓内部无明显高温，第二轴左侧车轮制动鼓内部呈高温状态，符合第二轴左侧车轮的制动摩擦片与制动鼓内壁发生长时间的异常摩擦导致制动鼓内部高温所形成的特征。

结合挂车起火位置综合分析认为，该车起火原因符合挂车第二轴左侧车轮制动鼓内壁与制动摩擦片异常摩擦造成制动鼓高温引燃轮胎导致车辆起火。

第7章　电动汽车火灾痕迹鉴定

近年来，随着新能源汽车大量上市，电动汽车火灾呈现上升趋势，其发生概率尽管只有万分之一左右，但该类火灾常常引发连锁反应，引发各种矛盾纠纷等问题[①]。由于电动汽车相对传统汽车在设计、生产、使用及保养等诸多环节尚在实践完善之中，因此其火灾调查鉴定也存在一个实验、探讨及研究过程。目前，“火灾现场保护、勘验前期准备、调查询问内容、事故车辆拍摄固定、现场勘验步骤、物证提取方法、后台数据分析、模拟实验、起火原因认定”等尚无行业标准，在操作层面上仍在沿袭传统汽车火灾调查方法和步骤，国内外著名专家学者就此已形成一个框架性基本共识意见。

7.1　电动汽车火灾危害

电动汽车属于新能源汽车，动力全部或部分由电动机驱动，并配置大容量电能储存装置，一般分为纯电动汽车、混合动力汽车和燃料电池电动汽车。其中，混合动力车型简称混动，分为插电混动和油电混动两种。纯电动汽车主要以电池为动力源，以电机为驱动方式。其主电气系统电压

---

① 刘振刚：《电动汽车火灾调查技术》，2024 年 3 月应急管理部海口研讨班讲义。

高于传统内燃机汽车，电气系统不仅是控制系统也是主要动力系统，由于电力输送的变化产生新的火灾隐患。

7.1.1　动力电池

目前，电动汽车使用的动力电池主要为锂离子动力电池，其电池由高活性的正极材料和有机电解液组成，在受热条件下非常容易发生剧烈的化学反应，并产生大量的热。电池引起火灾的危险主要来自于电池的内部短路和外部短路，巨大的短路电流很容易引起火灾。

7.1.2　外力碰撞

电动汽车在外力（交通事故）碰撞后，因电池包被破坏导致电解液泄漏或电池内部线路短路，有的立即起火，并在车体多处电弧放电形成的孔洞；有的动力电池的损坏有时不会立即体现出来，会经历一个缓慢的化学反应过程（潜伏期），事隔多日后发生火灾事故。由此可见，碰撞形成短路产生的热量足以引起火灾。

7.1.3　电气线路

电动汽车使用高压电路来供电，主要用于电池、电动机控制器、电动机等。高压使用两线制，其着火危险与传统的单线制有很大不同，着火机理类似于普通建筑物中的电气着火。电源线短路、电池外部短路、电池放电以及导线端子接触不良是电源线起火的主要原因。

7.1.4　热源控制

电动汽车的主要热源包括电池、控制器、电动机等。电池工作过程中产生的热量积聚，温度不均匀将影响电池单元的一致性，从而降低电池充放电循环的效率，在严重的情况下会导致热泄漏。热失控时，会产生高压可燃气体，并造成电池包破裂，也可能导致局部短路或温度过高引起火灾。

另外，当温度过低时，电池内部的电化学反应不能正常进行。使用PTC、加热电阻器加热时，加热电池达到隔膜分解温度，就会发生热失控，如控制温度环境的冷却散热系统出现故障，即会引起火灾。

7.2 电动汽车火灾特性

调查电动汽车火灾时，在遵循传统内燃机车辆火灾调查规则的同时要注意掌握电动汽车火灾的特性。

7.2.1 动力、控制系统特点

通常的汽车电气火灾调查，一般从负荷侧到电源侧的电流逆方向对电气短路痕迹的次序进行常规勘验。在电动汽车火灾中，由于动力电池是由许多电池模块组成，模块又是由许多电池单体组成，这些单体采用串联、并联或混联的形式连接，一旦某一单体或模块出现故障，不会完全影响整个电池包的电量输出。同时，动力电池、控制电路用铅酸蓄电池的共同使用，一个在车底，一个在机舱内，两个相对独立的系统电路布置交错，增加了电气系统火灾分析的复杂性。高压电池箱的布置、传统发动机舱内火灾载荷的变化，都会影响电动汽车火灾发生后火灾的蔓延和发展。

7.2.2 起火点形态

起火点的分析判断，历来是火灾调查的重头戏。传统汽车火灾除人为放火案件外，一般只有一个起火点，且现场痕迹形态、特征较为稳定。然而，电动汽车由于动力系统、结构布局较为特殊，动力电池体积较大，为节省空间，通常把电池大面积平铺于汽车底盘下面，或采取分体式的方式安装于车辆的不同可用空间。当电池包一处发生故障时，往往会影响到其他部位。受电池包设计形式、空间布置、通风的影响，容易形成两个或多个火点[①]。电池或车体的变形会对电池不同部位受力点产生破坏，表现为多点燃烧的痕迹。在火灾现场勘验调查中，对这些火点（故障点）出现的次序应结合燃烧痕迹性状进行综合分析判断。例如，对“起火点”短路熔珠分别观察检验外观形态或金相特征，并据以分析熔珠是一次短路形成，还是二次短路形成，或纯火烧所致。

7.2.3　燃烧痕迹特征

电动汽车动力电池的电解质是易燃的有机溶剂，并且电池密闭，一旦起火则火势猛烈，很难扑灭。电动汽车底盘中的电池占据的面积非常大，其剧烈燃烧也对燃烧痕迹影响很大。与传统的内燃机汽车相比，电动汽车机舱内火势蔓延的方式也不同。

在电动汽车的机舱中，两个中央金属部件 DC-DC 和电动机控制器阻碍了火势向驾驶室传播过程，火势会从机舱的两侧向前方蔓延。电动汽车机舱盖、驾驶室下部因燃烧显示“三角形”烧蚀变色痕迹，特别是电动汽车总布置比较灵活，不同车辆也会有很大差别，而混合动力汽车在机舱内布置发动机的同时，还会增加电机、发电机等部件。因此，火灾痕迹的形态因构造不同而形成一定的差别。

7.3　痕迹物证鉴定要点

7.3.1　开展调查询问、了解现场信息

与燃油汽车不同，电动汽车有时候自燃起火是在车辆停放了一段时间以后才冒烟起火。原因是动力电池有时出现故障时并不是当即产生爆燃，而是电池内部逐步升温直至到达燃点以上才冒烟或出现明火。由于

① 张玉斌、张熠欣、程婧园：《浅析新能源电动汽车火灾调查方法》，载《消防科学与技术》2020 年第 39 卷第 10 期，第 1456~1458 页。

存在自燃“滞后”的情况，驾乘人员都不在现场，无法了解车辆起火的过程。而车辆一般是停放在停车场、地下车库或道路两侧的停车位上，这些地点地段通常都设有视频监控设施。

调查人员可以通过调取监控录像了解起火过程。同时，还应走访第一时间发现起火的现场目者和围观群众，了解火灾初期涉案车辆冒烟颜色、火焰喷射部位、火势蔓延方向，以及是否有爆炸的声音；访问出警的警察、消防人员，了解灭火救援过程中发生的异常现象。最后读取电池管理系统（BMS）信息，信息系统记录电池各个部位温度及测量数据，如果损毁严重无法读取，可向厂家索求平台数据，对数据进行分析，判断汽车是否出现过充、过放电、内部短路、局部过热等情况。

7.3.2 注重安全、防止高压触电

传统汽车火灾，消防、勘验人员对涉案车辆油箱和轮胎爆炸等危险比较熟悉，在现场操作上均采取对应的防范措施，自觉避免此类危险。在应对电动汽车火灾事故时，如果遵循传统汽车处理方式，许多潜在的危害将被忽略。传统汽车中的铅酸电池、电路系统在大火中燃烧后会完全瘫痪。电动汽车中的高压电池由许多串联和并联连接的电池单元（模块）组成，电池（模块）损坏不会导致整个电池完全断电。

现场勘验调查人员必须了解电动汽车的构造原理，尤其是高压电气装置和高压开关，既要掌握高压组件的类型和位置，还要熟悉生产厂商为降低漏电危险所采取的保护性措施。特别是在不能确定高压系统是否断电的情况下工作时，应该首先使用手动装置切断高压电源。电动汽车有的高端电压高达800V甚至以上，盲目地拆卸、拆解电池组件会造成人身伤害，并对电池组件造成破坏。实际操作时，还应穿戴必要的防护器具（如高压防护手套等），必要时须请持有资质的专业人员协助配合。

7.3.3 判断起火部位

电动汽车自燃原因多为电池起火。与燃油汽车不同的是，燃油汽车的燃料可以直接燃烧，几乎一点就着。特别是满箱燃油时，其燃烧过程可

以将整辆汽车几乎化为灰烬。但电动汽车在出现明火之前会有一段“升温”过程，直到起火部位达到燃点以上才开始燃烧。因此，电动汽车自燃后就整个车体而言一般不会燃烧殆尽。

调查人员可以通过观察烧损的严重程度来判断起火部位。通常乘用车（如轿车等）可以将整车从前至后划分为前舱（发动机舱）、乘坐舱和后备厢三个部分，应观察哪一部分烧损比较严重。商用车也可以划分为驾驶舱和货厢两部分等。在确定起火部位是在车体的头部或中部还是尾部之后，再继续根据烧损的严重程度和火势蔓延方向，分析判断起火部位是在车的左边还是右边，进而判断是上半部分还是下半部分。这样就为下一步具体确认是哪一个零部件起火划定范围。

7.3.4　确定起火零部件

首先是车载动力电池发生故障引起电动汽车起火燃烧，这种情况几乎占全部自燃案件的 90%；其次是车载控制器（控制单元）内的功率元器件过热发烫最终导致温度超过燃点而自燃；再次就是高压线路发生故障（短路或断路）以及驱动电机发生故障，其中因电机故障而产生自燃的可能性非常之小。

一般说来，小型客车（如轿车、SUV 等）的动力电池通常安置在车身底部，且是一块整体式电池（电池模块）。但也有一些小型客车有两个电池模块（分为电池 A 和电池 B），而起火的电池模块只是其中的一个。同样，商用货车的也有两个电池模块，通常安置在货厢底部的左右两侧。因此，现场调查时，一定要明确具体是哪一个电池模块自燃。需要说明的是，同一辆电动汽车上无论有几个电池模块，在车辆发生自燃时一般都是一个模块先行起火，然后再波及其他电池模块起火燃烧。

对电池组进行拆解专项勘验时，首先通过底盘变色、变形痕迹判断底盘烧损较重的部位，有针对性进行拆解，观察内部烧损情况，如电池舱绝缘保护是否完好等。观察电池外部情况，是否有磕碰、穿刺、破裂等情况，并分析绝缘保护是否因为震动、接触不良、漏电容易引起电池局部过热。对电动汽车动力电池包进行拆解，观察内部烧毁情况，烧毁严重的为起火点。必要时，一般需观察其金相组织及微观形貌来分析熔痕性质，对电气线路短路痕迹进行鉴定，认定电池火灾的起火原因。然后对电池短路、物理破坏及内部结构进行深入分析，确定起火电池单体。其具体鉴定方法可借助仪器进行扫描检验[①]。

1. 采用“X 射线成像”观察锂电池单体内部结构（如图 7–1 所示）。

图 7–1　X 射线下的锂电池单体

2. 采用“CT 三维成像”观察铜制集流器的弯折、缺失等情况，如电池内部局部短路故障，可以判断电池热失控时的气体流动，单体铜制集流器会出现缺失（如图 7–2 所示）。

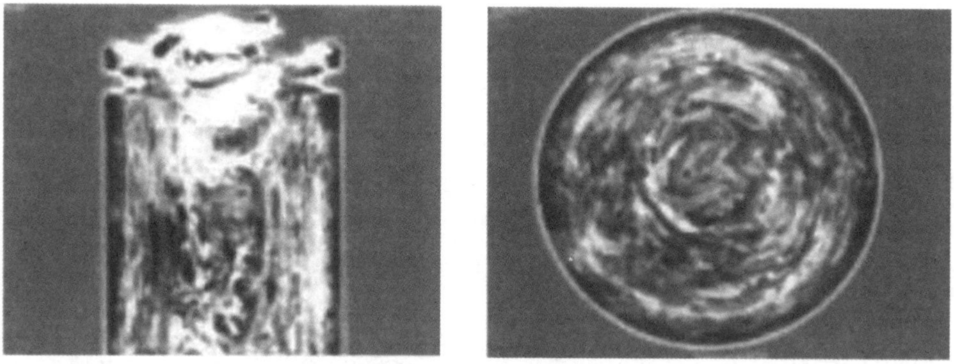

图 7–2　CT 三维成像

① 张玉斌、张熠欣、程婧园：《浅析新能源电动汽车火灾调查方法》，载《消防科学与技术》2020 年第 39 卷第 10 期，第 1457 ~ 1458 页。

3. 通过"X 射线成像法"和"CT 三维成像法"分析，可以确定电池故障点。然后对电池拆解进行故障点的起火原因分析（如图 7–3 所示）。

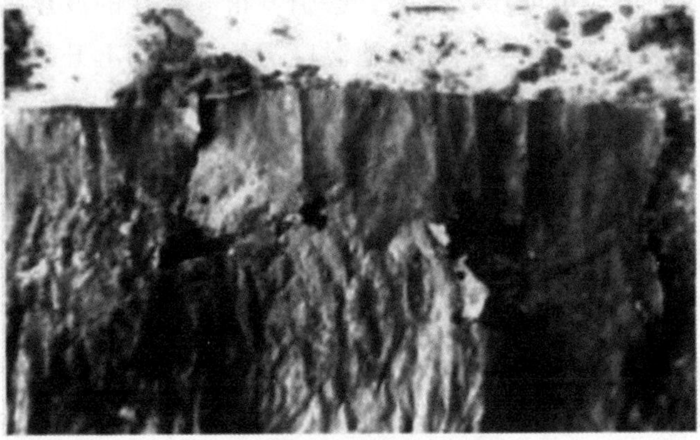

图 7–3　电池内部故障点

7.3.5　分析起火原因

无论是电池模块起火还是控制模块或者高压线路起火，其原因都无外乎短路或断路。

1. 电池模块起火原因。

（1）电芯与电芯之间连接不良。目前，市场上大部分电动汽车使用的电池模块都是以单个电芯按串联并联的形式组合起来的。其原因是，单个电芯的电能储量太少且电压太低（仅为 3V 左右），远远无法满足汽车动力供电的需要。因此，只能将数个单体电芯组合起来（串联、并联或者是串联加并联）构成一个电池组。再将数个电池组组合（继续串联或者并联）成一个电池单元，数个电池单元再组合成一个电池模块，最终达到车辆动力所需的电力要求。

这种组合结构中的每个电芯都是用导线（或者铜制导片）将正负极依序焊接起来，联结成一个总端子。端子与端子又采用螺栓连接。在这种情况下，如果某一个焊点存在虚焊，就会形成一个阻滞电流正常通过的"堵点"导致发热升温，当温度达到燃点以上时就有可能起火燃烧。另外，端子与端子之间的如果连接松动（维修后固定不到位或受外界剧烈冲击力），也会导致断路“跳火”继而发生燃烧。

（2）电池热失控。由于电池正极材料本身的化学特性太过活泼，一旦电池温度过高或充电电压过高时，会引发很多潜在的放热副效应，这些热量如果得不到疏散，就会引起电池温度与压力急剧上升，最后导致热失控引发自燃。

（3）电池损坏。电动汽车在行驶过程中，由于路面不平或者有障碍物，底盘受到外力磕碰，致使电芯受损、电解液泄漏从而导致自燃现象的发生。

（4）电池内部短路。电动汽车动力电池的内部结构通常是由正极材料、负极材料、隔膜、电解质、电池壳体五部分组成。由于材料质量和生产工艺水平的原因，位于正极和负极之间的隔膜（通常采用的是一种非常精细且渗透力很强的聚乙烯或聚丙烯或聚乙烯与聚丙烯复合的薄膜材料）如在使用过程中出现老化受损，就容易导致正极和负极直接短路。此外，锂电池中的锂离子在长期反复的充放电过程中也会发生化学析出，产生出一种称之为“锂晶枝”的化学沉淀，这种锂晶枝极易刺破隔膜，导致内部短路，并使电池内部迅速升温，严重时甚至引起电池爆燃。

（5）电池过度充电和过度放电。对于电池来说，无论充电还是放电其实质都是离子在电解液中活动，都会导致电池内部的温度升高。过度充电必然会使充电时间持续不断地延长，从而使电池内部的温升大大超过规定的使用要求。同样，电池过度放电会导致活性物质结构崩塌，形成电阻致使电池内部异常发热。这种过度充电和放电都会造成电池温升过高，严重时还会发生爆炸。需要提及的是，快充相对于慢充，电池温升要快。经常采用快充方式的车辆，其自燃起火的可能性会比采用慢充方式的车辆大得多。

2. 电控单元起火原因。电动汽车上有很多车载控制器，如整车控制单元（VCU）、电池管理系统（BMS）、电动驱动系统（IGBT）等。这些控制器（控制单元）中有很多都与动力系统有关，并有高电压大电流经过，在工作时通常会有大量的热能产生。为了防尘、防水，控制器一般都是封装在较厚实的铝合金外壳里。其内部结构复杂，电子元器件密集，往往布置有多层集成电路主板，散热条件并不乐观。加之内置多个大功率电力电子元器件（如双极晶体管、MOSFET 等）工作时升温很快。一旦起火，往往整个控制器俱毁，几乎很难修复。特别是没有安装冷却水循环装置的控制器，仅凭自然通风或风冷装置其冷却效果较差。后来，新的车型逐步采用水循环冷却方式降温，并在控制箱体内安装有测温装置及过热保护电路后，此类起火自燃事故数量明显下降。

3. 高压电力线路起火原因。所谓高压电力线路，主要是指电动汽车上动力电池、驱动电机及控制单元相关的高压管线等。这类线路起火燃烧主要包括以下原因。

（1）高压线束端子的压接水平直接影响高压线束的电阻率、接触电阻以及绝缘性能。如果端子压接不紧，其所承受的最大拉拔力达不到技术规定的要求，高压导线容易从端子松脱，造成“跳火”自燃等高压安全事故；如果端子压接过紧，则端子端面压着结构紧凑，其接触性能阻抗增大，在大电流的作用下，容易在压接处局部发热生成高温区，进而造成火灾。

（2）因受外力的影响（如被碰撞、钩挂、折弯、磨损等）管线护套被破坏导致绝缘层受损引起漏电。高压线束是电动汽车上应用最广泛的高压零部件，也是最容易出现绝缘故障的高压零部件。电动汽车结构紧凑，空间有限，高压线束的布置难以避开一些危险部位。由于高压线束线径较粗，折弯力较大，如果线束的折弯半径过小（小于规定的最小折弯半径），此时在折弯处两端的固定卡箍就会承受很大的反弹力。在这种长期反弹力的作用下，线束就可能松脱，极易受外力钩挂而破损。另外，有些线束的固定位置处于剧烈震动区域或者正好从尖锐物、金属架边缘、焊接缝或车身上的固定孔处走线，都有可能存在被钩挂、磨损的隐患，导致绝缘层受损漏电，继而引发火灾。

（3）质量不达标影响使用寿命的劣质导线在长时间使用或者充放电时会引起过度发热，从而导致线路起火自燃。目前，市场上生产导线的厂家众多，技术水平及质量良莠不齐，致使各种导线的使用寿命差异很大。因此，尽量选择大品牌质量好的生产厂家产品是相对可靠的选择。

电动汽车起火除电池系统、控制单元和高压线路等三个原因外，人为放火、遗留火种、外来飞火[①] 等起火因素也不能忽视。其具体勘查、调查程序，可参照传统汽车火灾调查的方法步骤。

7.4　典型案例解析

【鉴定案例 1】

一、案情简介

20×× 年 ×× 月 ×× 日 ×× 时，×××× 号鑫源牌轻型栏板货车途 ×× 县 ×× 大桥时起火燃烧。

委托鉴定事项：该轻型栏板货车起火原因。

二、鉴定过程

检验所见：

1. 该车驾驶室外表面及其前舱均燃烧损毁，两侧前轮轮胎均燃烧损毁（如图 7-4 所示）。

图 7-4　货车概览

2. 货厢左侧栏板及底板左侧均检见过火痕迹；货厢左侧护栏上部横向构件及左侧动力电池壳体上方木板均检见过火痕迹，未完全燃烧，动力电池壳体基本完好（如图 7-5、图 7-6 所示）。

① 刘振刚：《电动汽车火灾调查技术》，2024 年 3 月应急管理部海口研讨班讲义。

图 7-5　货厢左侧痕迹

图 7-6　动力电池上方放置的木板

3. 货厢内侧装载物均燃烧损毁；货厢右侧栏板及底板右侧前部均检见过火痕迹，其后部漆面完好；货厢右侧护栏、动力电池壳体及电动机均完好；两侧后轮轮胎均完好，左后轮挡泥板上部呈熔融状态并松脱；货厢后部栏板中部检见过火痕迹，其余部位漆面完好（如图 7-7 所示）。

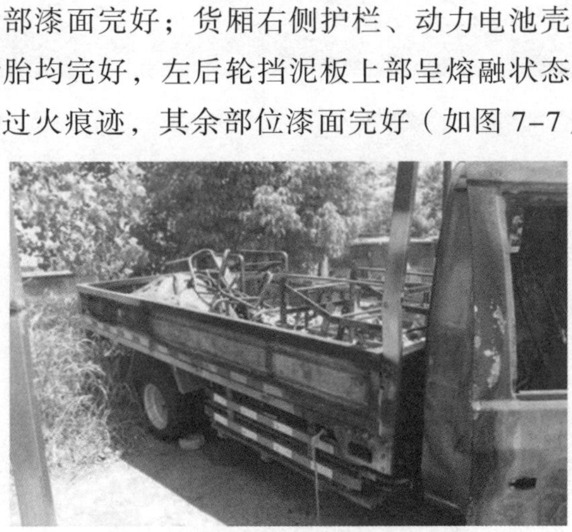

图 7-7　货厢右侧及装载物痕迹

4. 该车驾驶室内可燃物均已燃烧损毁（如图 7-8 所示）；方向盘转向柱附近的线路较为密集，并检见熔断、熔珠痕迹（如图 7-9 所示）；驾驶室内前部横梁右侧检见涂层残留。

图 7-8　驾驶室燃烧痕迹

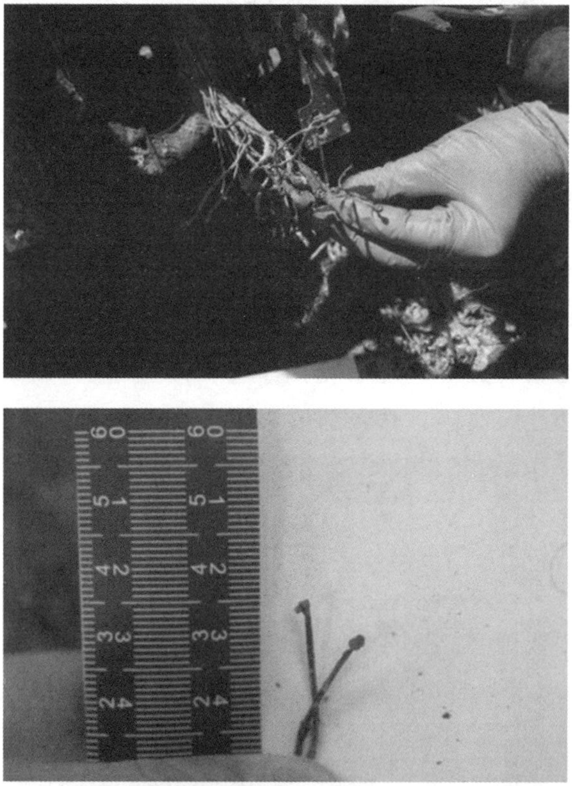

图 7-9　转向柱附近线路及熔珠

三、分析讨论

根据车辆痕迹检验，货车车体燃烧熔毁痕迹呈现前重后轻、左重右轻、内重外轻的特征，驾驶室内前部左侧（车体左前部）受损程度相对较重。由此判断，货车起火位置应位于驾驶室内前部左侧，由驾驶室内蔓延至前舱及货厢内。该起火位置附近电路密集，且线路检见熔断、熔珠痕迹，结合该车动力电池、电动机完好的情况综合分析认为，货车起火原因不排除驾驶室内前部左侧电路短路导致车辆自燃的可能性。

综上所述，根据货车车体痕迹检验，结合本次事故案情分析认为，货车起火位置应位于驾驶室内前部左侧；起火原因不排除车辆自燃的可能性。

【鉴定案例 2】

一、案情简介

20×× 年 ×× 月 ×× 日 ×× 时许，×××× 号埃安牌小型轿车行驶至 ×× 市 ×× 路段时，发生一起车辆燃烧事故。

委托鉴定事项：该小型轿车起火原因。

二、鉴定过程

检验所见：

1. 该车车体外侧整体均过火，前舱盖、前保险杠、后保险杠、车窗玻璃、车轮均燃烧损毁（如图 7-10 所示）。

图 7-10　车辆概览

2. 该车前舱大部分部件均燃烧损毁，舱内下部驱动电机完整，上部左侧低压电瓶残留有灰烬及金属叶片，其相邻的保险盒完全损毁，上部右侧电子控制器件部分熔毁（如图 7–11 所示）。

图 7–11　前舱燃烧痕迹照

3. 该车车厢内可燃部件均燃烧损毁，前排乘客座椅前方检见纸片残留，后排座椅处检见隔音棉碎片残留（如图 7–12 所示）。

图 7–12　车厢内燃烧痕迹照

三、分析讨论

根据车辆痕迹检验，轿车车内受损残留部件的受损程度及可燃物残留情况综合分析认为，轿车燃烧痕迹呈前重后轻，左重右轻的特征；轿车前舱左侧上部受损程度最严重。由此判断，轿车起火位置应位于轿车前舱左侧上部，由前至后、由左向右蔓延。该起火位置附近电路密集，低压电瓶、保险盒等电器部件均位于该处，结合该车电动机基本完好的情况综合分析认为，轿车起火原因不排除该车前舱左侧上部因电气部件故障造成车辆起火的可能性。

综上所述，根据轿车车体痕迹检验，结合本次事故案情分析认为，轿车起火位置应位于前舱内左侧上部；起火原因不排除车辆自燃的可能性。

第8章　车载电子数据应用

近年来，随着汽车行业的发展和电动化转型的逐步深入，电子数据在各类型机动车辆上大量出现，如汽车事件数据记录系统（EDR）、汽车行驶记录仪（TDR）、车载视频行驶记系统（DVR）、新能源汽车远程服务终端（T-Box）、车辆信息娱乐系统（IVI）等。其中，汽车事件数据记录系统 EDR 为司法鉴定领域较为常用的车载电子数据类型。

8.1　EDR 电子数据

EDR（Event Data Recorder）技术最早起源于美国的通用汽车公司，并在 20 世纪 90 年代基本形成现代 EDR 技术。2000 年 3 月，美国 Vetronix 公司开发生产的碰撞数据读取仪（Crash Data Retrieval，CDR）是第一款上市的数据下载和解读工具，早期仅支持美国通用公司旗下品牌车型，后续逐步开始支持福特等其他品牌汽车。博世公司收购 Vetronix 公司后，经多年持续投入和开发，CDR 工具现已支持大部分主流汽车品牌的 EDR 数据读取。随着我国的汽车工业发展，近几年国内也出现了一批自主开发生产的汽车事件数据读取工具。

EDR 装置一般集成在其他电子系统或模块中，早期的 EDR 装置集成在电子控制模块 ECM（Electronic Control Module）、动力控制模块 PCM

（Powertrain Control Module）、传感诊断模块 SDM（Sensing Diagnostic Module）等设备中，现在较为常见的汽车品牌 EDR 设备集成在气囊控制系统 ACM（Airbag Control Monitor）和约束控制模块 RCM（Restraints Control Module）中。

8.2 EDR 相关法规

2006 年，美国交通部公路交通安全管理局（NHTSA）在“49 CFR Part 563”联邦法规中将 EDR 定义为：用于记录车辆碰撞前（速度与时间）和碰撞时（速度变化与时间）对应时间序列的车辆动力学数据的装置或功能。

国家标准《机动车运行安全技术条件》（GB 7258-2017）要求乘用车应配备事件数据记录系统（EDR）或车载视频行驶记录装置。配备事件数据记录系统（EDR）的汽车，其产品使用说明书应包括“本车配备了事件数据记录系统（EDR）”等内容的声明；对 EDR 所记录数据项的含义及可能的用途加以说明；对 EDR 数据读取工具的获取途径加以说明。

国家标准《汽车事件数据记录系统》（GB 39732-2020）中对汽车事件数据记录系统（Vehicle Event Data Recorder System）EDR 的定义为：由一个或多个车载电子模块构成，具有监测、采集并记录碰撞事件发生前、发生时和发生后车辆和乘员保护系统的数据功能的装置或系统；对 EDR 控制器（EDR controller）的定义为：用于监测、采集并记录碰撞事件发生过程中时间序列数据的车载电子模块。

国家标准《道路交通事故车辆速度鉴定》（GB/T 33195-2016）5.7 基于车载记录设备信息进行车速鉴定的方法明确：如事故车辆安装有车载事件数据记录仪、符合 GB/T 19056 的汽车行驶记录仪、具有汽车行驶记录功能的车载卫星定位装置等，可根据读取的数据分析和计算事故车辆速度。

8.3 EDR 数据内容

我国的第一部关于 EDR 的强制性国家标准《汽车事件数据记录系统》（GB 39732–2020）于 2020 年 12 月 24 日发布，自 2022 年 1 月 1 日开始实施。在此之前，在国内销售的不同品牌车型的 EDR 数据中所记录的数据元素差异较大。国家标准实施后，自 2022 年 1 月 1 日起，新申请型式批准的车型应满足以下 A 级数据元素的要求；自 2024 年 1 月 1 日起，新申请型式批准的车型应满足国标中以下 A 级和 B 级数据元素的要求（如表 8–1、表 8–2 所示）。

表 8–1　A 级数据元素

序号	名称	最小记录区间	最小记录频率	数据说明
1	纵向 delta–V	相对时间零点（±5ms）0ms 至 250ms 或 0ms 至碰撞事件终点 +30ms，较短者	100Hz	车辆纵向速度的变化。纵向 delta–V 仅为总 delta–V 的纵向分量
2	最大记录纵向 delta–V	—	—	EDR 记录的 X 轴方向车辆速度累计变化的最大值。该数据应与“达到最大记录纵向 delta–V 时间”结合使用
3	达到最大记录纵向 delta–V 时间	—	—	沿 X 轴方向，EDR 记录的从时间零点到出现速度累计变化最大值所用的时间。该数据应与“最大记录纵向 delta–V”结合使用
4	削波标志	—	—	表示 EDR 采集加速度（横向、纵向）首次达到传感器量程的时间点
5	车辆速度	相对时间零点(–1.1s ~ 0s)–5.0s 至 0s	2Hz	轮边线速度或其他方式获取的车辆速度

（续表）

序号	名称	最小记录区间	最小记录频率	数据说明
6	行车制动，开启或关闭	相对时间零点（−1.1s ~ 0s）−5.0s 至 0s	2Hz	用来检测驾驶人是否踩下制动踏板
7	驾驶人安全带状态	—	—	驾驶人安全带带扣开关的状态
8	加速踏板位置，全开位置的百分比	相对时间零点（−1.1s ~ 0s）−5.0s 至 0s	2Hz	加速踏板实际位置与驾驶人全部踩下位置的百分比
9	每分钟转数（r/min）	相对时间零点（−1.1s ~ 0s）−5.0s 至 0s	2Hz	车辆发动机主曲轴的每分钟转数
10	事件中上电周期	—	—	从记录 EDR 数据的 ECU 首次使用以来，到事件发生时记录 EDR 数据的 ECU 中动力循环的次数。动力循环的一个示例为，点火开关从"关闭 / 辅助"模式到"开启 / 运行"模式
11	读取时上电周期	—	—	从记录 EDR 数据的 ECU 首次使用以来，到读取时记录 EDR 数据的 ECU 中动力循环的次数。动力循环的一个示例为，点火开关从"关闭 / 辅助"模式切换到"开启 / 运行"模式
12	事件数据记录完整状态	—	—	事件数据是否被完整记录并存储到记录 EDR 数据的 ECU 中的状态标识
13	本次事件距离上次事件的时间间隔	—	—	如果 5s 内发生两个事件，该时间为事件 x 开始到事件 x−1 开始经过的时间
14	车辆识别代号	—	—	车辆制造商指定的车辆识别代号（VIN）
15	记录 EDR 数据的 ECU 硬件编号	—	—	车辆中实现 EDR 记录功能的 ECU，可能有 1 个以上

（续表）

序号	名称	最小记录区间	最小记录频率	数据说明
16	记录 EDR 数据的 ECU 序列号	—	—	车辆中实现 EDR 记录功能的 ECU，可能有 1 个以上
17	记录 EDR 数据的 ECU 软件编号	—	—	车辆中实现 EDR 记录功能的 ECU，可能有 1 个以上

表 8-2　B 级数据元素

序号	名称	最小记录区间	最小记录频率	数据说明
1	纵向加速度	相对时间零点（±5ms）0ms 至 250ms 或 0ms 至碰撞事件终点 +30ms，较短者	500Hz	车辆上某点的矢量加速度在 X 轴方向上的分量
2	横向加速度	相对时间零点（±5ms）0ms 至 250ms 或 0ms 至碰撞事件终点 +30ms，较短者	500Hz	车辆上某点的矢量加速度在 Y 轴方向上的分量
3	横向 delta-V	相对时间零点（±5ms）0ms ~ 250ms 或 0ms 至碰撞事件终点 +30ms，较短者	100Hz	车辆横向速度的变化。横向 delta-V 仅为总 delta-V 的在 Y 轴方向上的分量
4	最大记录横向 delta-V	—	—	EDR 记录的 Y 轴方向车辆速度累计变化的最大值，该数据应与“达到最大记录横向 delta-V 时间”结合使用
5	最大记录合量 delta-V的平方	—	—	EDR 记录的纵向 delta-V 与横向 delta-V 的平方和的最大值
6	达到最大记录横向 delta-V 时间	—	—	沿 Y 轴方向，EDR 记录的从时间零点到出现速度累计变化最大值所用的时间，该数据应与“最大记录横向 delta-V”结合使用

（续表）

序号	名称	最小记录区间	最小记录频率	数据说明
7	达到最大记录合量 delta–V 平方的时间	—	—	从时间零点到最大记录合量 delta–V 平方出现所用的时间，该数据应与“最大记录合量 delta–V 的平方”结合使用
8	横摆角速度	相对时间零点（−1.1s ~ 0s）−5.0s 至 0s	2Hz	事件前和事件中车辆相对 Z 轴角度的变化，顺时针为正，适用于具有电子稳定性控制系统的车辆
9	转向角度	相对时间零点（−1.1s ~ 0s）−5.0s 至 0s	2Hz	转向盘的角坐标，该坐标上零值（0°）表示转向盘处于中间位置（直线行驶时），正值表示转向盘逆时针方向转动（向左）适用于具备采集转向角度传感器的车辆
10	Tend	—	—	碰撞事件终点，如果直至记录周期的终点，该条件还未满足，Tend 可被定义为最后记录的数据点的时刻
11	年	—	—	事件发生的年份
12	月	—	—	事件发生的月份
13	日			事件发生的日期
14	时	—	—	事件发生当天的时间（时）
15	分	—	—	事件发生当天的时间（分）
16	秒	—	—	事件发生当天的时间（秒）
17	挡位	相对时间零点（−1.1s ~ 0s）−5.0s 至 0s	2Hz	实际挡位，适用于该信号上总线的车辆
18	发动机节气门位置，全开位置的百分比	相对时间零点（−1.1s ~ 0s）−5.0s 至 0s	2Hz	发动机节流阀开启的百分比

（续表）

序号	名称	最小记录区间	最小记录频率	数据说明
19	制动踏板位置	相对时间零点（−1.1s ~ 0s）−5.0s 至 0s	2Hz	制动踏板实际位置，从未踩到完全踩下的区间。可在 EDR 读取报告中说明，当制动踏板位置小于 100% 时车辆的制动系统可能实现 100% 制动，适用于具有制动踏板位置传感器的车辆
20	驻车系统状态	相对时间零点（−1.1s ~ 0s）−5.0s 至 0s	2Hz	用来探测驻车制动是否激活的状态，适用于驻车系统状态上总线的车辆
21	转向信号开关状态	相对时间零点（−1.1s ~ 0s）−5.0s 至 0s	2Hz	用来表示车辆转向或变换车道意图的开关的状态，适用于转向信号上总线的车辆
22	驾驶人安全带预紧装置展开时间	—	—	从事件起点（T_0）到驾驶人安全带预紧装置部署指令所经过的时间
23	驾驶人正面气囊展开时间（第一阶段）	—	—	从事件起点（T_0）到第一阶段驾驶人正面气囊展开指令所经过的时间
24	驾驶人正面气囊展开时间（第二阶段）	—	—	从事件起点（T_0）到第二阶段驾驶人正面气囊展开指令所经过的时间
25	驾驶人侧面气囊展开时间	—	—	从事件起点（T_0）到驾驶人侧面气囊展开指令所经过的时间
26	驾驶人侧面气帘展开时间	—	—	从事件起点（T_0）到驾驶人侧面气帘展开指令所经过的时间
27	前排乘客安全带状态	—	—	前排乘客安全带带扣开关的状态，适用于具有安全带提醒装置的车辆

（续表）

序号	名称	最小记录区间	最小记录频率	数据说明
28	前排乘客安全带预紧装置展开时间	—	—	从事件起点（T_0）到前排乘客安全带预紧装置展开指令所经过的时间
29	前排乘客正面气囊抑制状态	—	—	前排乘客正面气囊显示的抑制状态，适用于具有正面气囊抑制开关的车辆
30	前排乘客正面气囊展开时间（第一阶段）	—	—	从事件起点（T_0）到第一阶段前排乘客正面气囊展开指令所经过的时间
31	前排乘客正面气囊展开时间（第二阶段）	—	—	从事件起点（T_0）到第二阶段前排乘客正面气囊展开指令所经过的时间
32	前排乘客侧面气囊展开时间	—	—	从事件起点（T_0）到前排乘客侧面气囊展开指令所经过的时间
33	前排乘客侧面气帘展开时间	—	—	从事件起点（时间零点）到前排乘客侧面气帘展开指令所经过的时间
34	乘员保护系统报警状态	—	—	乘员保护系统故障状态，适用于乘员保护系统报警状态上总线的车辆
35	轮胎压力监测系统报警状态	—	—	当车载轮胎压力监测系统监测到一个或多个轮胎胎压低时的报警状态，适用于该报警状态上总线的车辆
36	制动系统报警状态	—	—	制动系统故障状态，适用于该报警状态上总线的车辆
37	定速巡航系统状态	相对时间零点（−1.1s ~ 0s）−5.0s 至 0s	2Hz	定速巡航系统的操作状态
38	自适应巡航系统状态	相对时间零点（−1.1s ~ 0s）−5.0s 至 0s	2Hz	自适应巡航系统的操作状态

（续表）

序号	名称	最小记录区间	最小记录频率	数据说明
39	防抱制动系统状态	相对时间零点（−1.1s ~ 0s）−5.0s 至 0s	2Hz	防抱制动系统的操作状态，适用于防抱制动系统状态上总线的车辆
40	自动紧急制动系统状态	相对时间零点（−1.1s ~ 0s）−5.0s 至 0s	2Hz	自动紧急制动系统的操作状态
41	电子稳定性控制系统状态	相对时间零点（−1.1s ~ 0s）−5.0s 至 0s	2Hz	电子稳定性控制系统的操作状态
42	牵引力控制系统状态	相对时间零点（−1.1s ~ 0s）−5.0s 至 0s	2Hz	牵引力控制系统的操作状态
43	事件前同步计时时间	—	—	T_0 前最后一个数据采样点到 T_0 的相对时间，适用于具有事件前同步计时功能的车辆。用于不同数据在时间上对齐

8.4　EDR 数据读取

EDR 数据的现场检验和读取，应按照我国司法行政行业标准《汽车电子数据检验技术规范》（SF/T 0077–2020）进行。

8.4.1　准备

在进行汽车电子数据检验前，应分析案情并进行准备工作，了解待检汽车的车牌号、车辆识别代号、品牌、型号、上电条件和安全气囊状态；了解待检汽车的安全气囊系统等的位置，防止误拆、误卸；明确现场提取电子数据时需携带的仪器设备和连接线。

8.4.2 待检汽车预检

在开始进行汽车电子数据检验时，应先进行预验工作，包括对待检汽车进行唯一性编号；对待检汽车进行拍照或录像，记录其特征、车辆识别代号及状态；如果待检汽车处于启动状态，对待检汽车屏幕上显示的内容（如适用）进行拍照或录像；记录待检汽车的系统时间及其与国家授时中心标准时间的差值。如果待检汽车上有多个时间源，应分别进行记录；如果待检汽车处于关闭状态但具备启动条件，可将待检汽车启动后进行系统时间检验。

8.4.3 待检汽车启动状态下的数据检验

如果待检汽车处于启动状态或具备启动条件，在待检汽车启动状态下，根据检验目的和要求，选择适当的方式进行数据检验。通过专用连接线连接车辆 OBD 接口，根据待检汽车的品牌、型号和年份等，使用汽车专用数据分析软件进行检验，并计算检验数据的完整性校验值。

8.4.4 待检汽车处于关闭状态的处理

如果待检汽车处于关闭状态且不具备开启条件，可根据需要，拆卸可单独检验的电子设备（如安全气囊控制器等）以便在实验室环境中进行检验。从待检汽车上拆卸需单独检验的电子设备，并记录拆卸情况，如位置、状态等。对拆卸下来的需单独检验的电子设备进行拍照或录像，记录其编号、配件号和芯片标识等信息。

如果 EDR 控制器内置于安全气囊控制器中，则拆卸安全气囊控制器；如果 EDR 控制器为独立设备，则直接拆卸 EDR 控制器。拆卸下来的需单独检验的电子设备应妥善保管，注意防震、防潮和防油污等。

以博世公司的 CDR 工具为例，数据读取有两种方式：

1. 被待检汽车可以正常上电的情况下，通过 OBD 接口直接读取 EDR 数据（如图 8-1 所示）。

图 8-1　通过 OBD 接口读取

2. 待检汽车受损无法正常上电，拆卸下内置 EDR 设备的控制模块（ACM、RCM）后，使用对应车型的模块连接线对模块内的 EDR 数据进行读取（如图 8-2 所示）。

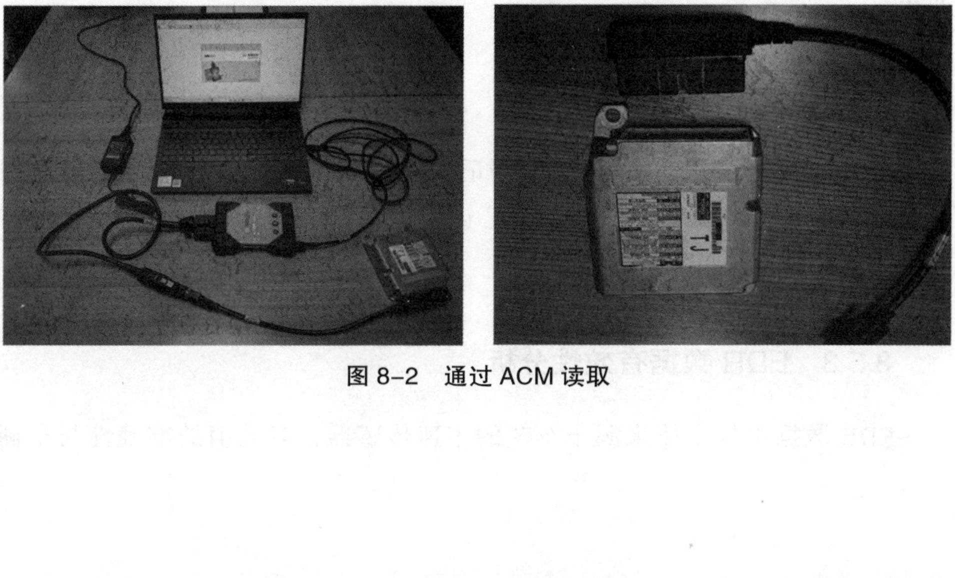

图 8-2　通过 ACM 读取

8.5 EDR数据分析

8.5.1 数据相关性分析

对EDR数据中显示的车辆识别代号（VIN）与被鉴定车车辆识别代号（VIN）进行比对，确定二者是否一致。

对EDR数据中记录的一次或多次事件数据的事件中上电周期与读取时的上电周期进行比对，对事件数据中记录的事件发生时间与案情中的事发时间进行比对，确定EDR数据中记录的事件数据是否与本次案件存在关联性。如果为一次事故中存在多次碰撞的情况，需对多次事件记录中的时间间隔与事故情形进行比对，确定二者是否一致。

对EDR数据中记录的安全气囊及安全带预紧装置的展开情况与被鉴定车辆的车内实际检查情况进行比对，确定二者是否对应。

对EDR数据中记录的纵向、横向最大速度变化量进行分析，与被鉴定车辆在事故中的碰撞时的受力方向进行比对，确定二者是否对应。

通过对事件数据中以上元素的分析，并与事故案情及被鉴定车辆相关检查内容比对，可以判断EDR数据中记录的事件数据是否为本次事故中产生。

8.5.2 数据完整性分析

对EDR数据中显示的事件数据记录完整状态情况进行检查，确定相关的事件记录数据是否被完整记录，如果完整状态异常则说明记录数据可能存在缺漏。

8.5.3 EDR数据有效性分析

EDR数据中的车速来源于车辆的车速传感器，其数值的准确性与车辆轮胎的转速和直径相关。在使用 EDR 中车速数据前，应当对事故车辆事发时装配的轮胎规格进行检查，判断其是否符合该车出厂时设置的轮胎规格，并分析碰撞前车辆是否存在爆胎、失压、车轮抱死、打滑、腾空等影响数据准确性的异常情况。

8.5.4　驾驶人操作状态分析

EDR 数据中会记录碰撞事件发生前 5 秒的车辆速度、行车制动开关状态及制动踏板位置、加速踏板位置、发动机转速、挡位、转向角度、发动机转速、转向信号灯开关、巡航系统状态、ABS 状态、AEB 状态、电子稳定系统和牵引力控制系统状态等。

通过对以上数据元素内容分析，可以反映车辆驾驶人在事发时碰撞前 5 秒的操作状态，如是否采取制动、加速踏板踩踏深度、方向盘转动幅度等，可作为分析驾驶人事发时意图的辅助依据。

8.6　EDR 数据应用

在道路交通事故鉴定和涉车骗保案件鉴定中，车载电子数据已得到广泛应用。EDR 中记录的数据均来自汽车自身的各种传感器，具有精度高、客观性强、数据量丰富等特点，其在事故现场重建中能发挥重要作用。

8.6.1　摆拍现场，转嫁陈旧（无关）车损

涉案车辆事故前某部件受损，因某种原因，如使用不当以致车内机械、电气受损（故障），脱保期间、逾期未年检发生事故，酒驾、毒驾肇事等，导致车损不在保险索赔范围，事故后选择在无目击者、无视频监控的区域，与隔离桩、承重柱或其他事故车辆拼凑摆拍事发现场，编造虚构事故情形。

对于此类案件，如遇车辆碰撞程度较为严重或安全气囊、乘员约束装置展开的情况，可通过读取分析事故车 EDR 数据，找到报案信息（报案

时间相对滞后）与碰撞事件在时空关系、碰撞形态上的矛盾点，为还原事故真像提供有力证据。

8.6.2 主动揽责，串通骗取赔付

在某特定环境（如封闭的工地、工厂、矿山等区域），涉及标的车与工程机械车、厂矿内机动车辆等发生碰撞的事故中，通常为未投保的后者负全责或主责。时有出现涉事双方（有可能就是同一单位）串通骗取保险赔付，标的车反客为主，通过虚构事故经过主动揽责。

对于此类案件，如果遇车辆碰撞程度较为严重或安全气囊、乘员约束装置展开的情况，可通过读取分析事故车 EDR 数据来验证事故发生过程；如果车辆碰撞程度较为严重，但安全气囊、乘员约束装置均未展开，通过读取事故车 EDR 数据亦未记录碰撞事件，说明事故车在事故发生时可能处于未上电状态，可根据以上矛盾点结合现场痕迹来重建事故发生过程。

8.6.3 车辆落水，逆推运行轨迹

在车辆落水案件中，如果现场痕迹和车辆受损痕迹表明落水前车辆与护栏或者护坡等设施发生过碰撞，可拆卸被鉴定车辆安全气囊控制模块（ACM）进行清理、修复后尝试读取 EDR 数据。

通过逆向分析推断车辆驾驶人在事发时碰撞前 5 秒的操作状态及其与之对应的车辆运行轨迹，验证当事驾驶人所陈述的事故发生经过，为重建事故发生过程提供证据支撑。

8.6.4 现场重建，论证主观意向

在疑似人为制造碰撞以骗取保险赔付的案件中，如遇车辆存在碰撞程度较为严重或安全气囊、乘员约束装置展开的情况，可通过读取事故车 EDR 数据，分析车辆驾驶人在事发时碰撞前 5 秒的操作状态及车辆运行轨迹，以验证驾驶人陈述的事发经过，并从心理痕迹层面分析推断其事发时的主观意向和主观态度，为事故的定性提供辅助证据。

8.7　典型案例解析

【鉴定案例 1】

一、案情简介

李某报案称：2024 年 ×× 月 6 日 15 时 ×× 分许，其驾驶 ×× 号牌北京牌小型越野客车（下称越野车）在 ×× 公园内与一处景观石发生擦碰，造成其所驾车安全气囊爆开受损。

保险公司勘查后，认为事故车辆及现场景观石碰撞程度均较轻微，与报案人所述情况不符，为核实案件真实性，委托对该车安全气囊受损情况与当事人所述事故关联性进行鉴定。

二、资料摘要

委托方拍摄的现场照片显示：当事人指认的现场受损景观石位于 ×× 公园内一处较为开阔平坦的绿地内，景观石边缘部位可见一处长约 2cm 的擦碰受损痕迹（如图 8–3 所示）。

图 8–3　现场照片

三、鉴定过程

（一）检验所见

品牌：北京牌，车辆识别代号：×××××××××××××。

越野车前保险杠非原厂部件，为全金属材质。其前保险杠右侧在距地高度 69cm~72cm 之间检见一处大小为 4cm × 3cm 的灰色物质加层擦痕，受力方向为由前至后（如图 8–4 所示）。越野车底盘前部大部由金属护板覆盖，前轴前方护板表面检见多处擦撞、凹陷变形痕迹，接缝部位多处可见泥土堆积（如图 8-5 所示）。前风挡玻璃右部破裂，受力方向为由内向外。越野车主、副驾正面安全气囊已展爆。

图 8-4　越野车前保险杠痕迹照

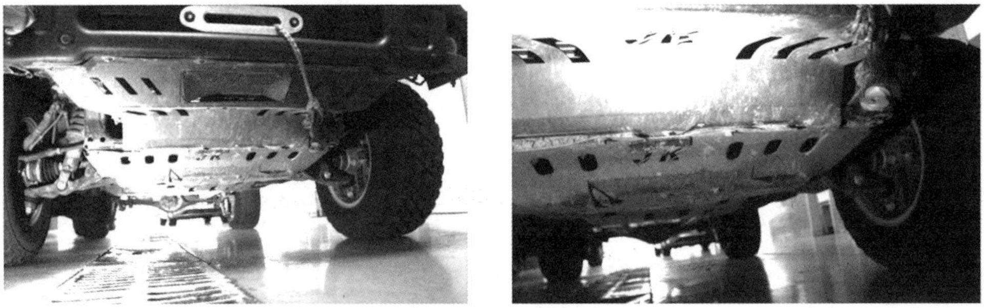

图 8-5　越野车底盘前部痕迹照

（二）越野车 EDR 数据

使用汽车事件记录系统数据读取系统对越野车 ACM 中的事件数据进行读取解析，生成的 EDR 数据文件名为“×××××.pdf”，哈希值（MD5）为 ××××××××××××××××（如图 8-6、图 8-7 所示）。

图 8-6　EDR 数据读取

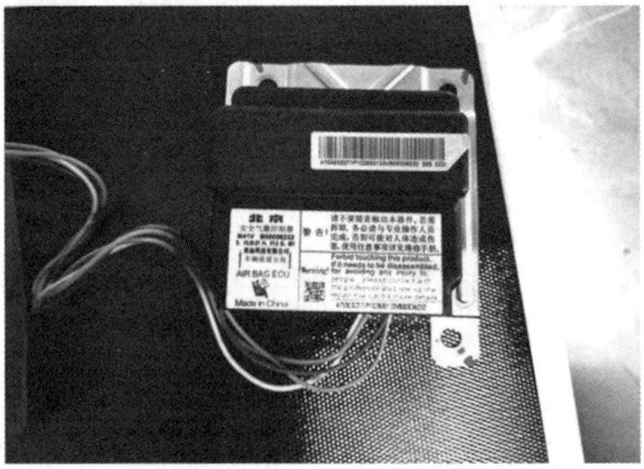

图 8-7　ACM 模块

EDR 文件显示：提取时间 2024-××-××15：09：57，提取对象车辆识别代号 ×××××××××××××。共记录 3 次事件，3 次事件数据内容部分摘录如下：

（1）事件 1 数据。

事件发生时间：2024-××-×6 14：16：15；

事件中上电周期：990；

读取时上电周期：1007；

驾驶人安全带状态：扣系；

驾驶人安全带预紧装置展开时间（ms）：16；

驾驶人正面气囊展开时间（第一阶段）（ms）：38；

前排乘客安全带状态：未扣系；

前排乘客安全带预紧装置展开时间（ms）：16；

前排乘客正面气囊展开时间（第一阶段）（ms）：38。

碰撞前 5 秒至碰撞瞬间的行驶数据如下（如表 8-3 所示）：

表 8-3　碰撞前 5 秒行驶数据

时间（s）	车速（km/h）	行车制动状态	制动踏板位置（%）①	加速踏板位置（全开位置的 %）	节气门开度（全开位置的 %）	转向角度（°）
−5.0	33	关闭	无法获取	99	99	−10
−4.5	47	关闭	无法获取	99	62	−5
−4.0	40	关闭	无法获取	99	23	−10
−3.5	43	关闭	无法获取	99	31	−25
−3.0	41	关闭	无法获取	99	26	−10
−2.5	29	关闭	无法获取	99	99	25
−2.0	20	关闭	无法获取	99	99	25
−1.5	22	关闭	无法获取	50	23	−10
−1.0	24	开启	无法获取	0	13	−5
−0.5	23	开启	无法获取	0	7	0
0.0	24	关闭	无法获取	3	5	5

（2）事件 2 数据。

事件发生时间：2024-××-×6 14：16：07；

事件中上电周期：990；

读取时上电周期：1007；

驾驶人安全带状态：扣系；

驾驶人安全带预紧装置展开时间（ms）：无法获取；

驾驶人正面气囊展开时间（第一阶段）（ms）：无法获取；

前排乘客安全带状态：未扣系；

前排乘客安全带预紧装置展开时间（ms）：无法获取；

前排乘客正面气囊展开时间（第一阶段）（ms）：无法获取。

碰撞前 5 秒至碰撞瞬间的行驶数据如下（如表 8-4 所示）：

表 8-4　碰撞前 5 秒行驶数据

时间（s）	车速（km/h）	行车制动状态	制动踏板位置（%）①	加速踏板位置（全开位置的%）	节气门开度（全开位置的%）	转向角度（°）
−5.0	27	关闭	无法获取	99	70	−35
−4.5	26	关闭	无法获取	99	38	20
−4.0	27	关闭	无法获取	99	99	−20
−3.5	28	关闭	无法获取	99	99	−15
−3.0	29	关闭	无法获取	99	99	−30
−2.5	30	关闭	无法获取	99	99	−30
−2.0	33	关闭	无法获取	66	22	−10
−1.5	47	开启	无法获取	0	17	5
−1.0	40	开启	无法获取	0	9	20
−0.5	43	关闭	无法获取	0	8	20
0.0	41	关闭	无法获取	0	6	15

（3）事件 3 数据。

事件发生时间：2024-××-×6 14：16：05；

事件中上电周期：990；

读取时上电周期：1007；

驾驶人安全带状态：扣系；

驾驶人安全带预紧装置展开时间（ms）：无法获取；

驾驶人正面气囊展开时间（第一阶段）（ms）：无法获取；

前排乘客安全带状态：未扣系；

前排乘客安全带预紧装置展开时间（ms）：无法获取；

前排乘客正面气囊展开时间（第一阶段）（ms）：无法获取。

碰撞前 5 秒至碰撞瞬间的行驶数据如下（如表 8-5 所示）：

表 8-5　碰撞前 5 秒行驶数据

时间（s）	车速（km/h）	行车制动状态	制动踏板位置（%）①	加速踏板位置（全开位置的 %）	节气门开度（全开位置的 %）	转向角度（°）
−5.0	39	关闭	无法获取	99	24	0
−4.5	40	关闭	无法获取	13	22	−10
−4.0	43	关闭	无法获取	94	30	−10
−3.5	43	关闭	无法获取	28	34	0
−3.0	39	关闭	无法获取	99	18	20
−2.5	38	关闭	无法获取	35	24	15
−2.0	38	关闭	无法获取	0	16	5
−1.5	42	开启	无法获取	0	10	−5
−1.0	42	开启	无法获取	0	9	−40
−0.5	41	关闭	无法获取	0	7	−55
0.0	34	关闭	无法获取	0	6	−30

四、分析讨论

经检验，越野车前保险杠非原厂部件，为全金属材质，其刚性远大于原装的塑料保险杠；其前保险杠右侧在距地高度 69cm~72cm 之间检见一处大小为 4cm×3cm 的灰色物质加层擦痕，该痕迹部位受损轻微，未造成保险杠变形、位移。当事人指认现场的景观石边缘部位可见一处长约 2cm 的擦碰受损痕迹，将其与越野车前保险杠上述擦痕相比较，二者从痕迹形态分析可以对应相符，二者具有发生接触形成以上痕迹的条件。从二者受损程度分析，二者的碰撞力度明显较轻，难以达到 EDR 记录碰撞事件和安全气囊展开的触发条件。

越野车 EDR 数据内容显示，共记录 3 次碰撞事件，3 次事件的上电周期均为 990，事故日期均为 2024-××-×6，事故时间分别为 14：16：15、14：16：07、14：16：05，说明记录的 3 次事件为 10 秒范围内先后发生，事件发生先后顺序为事件 3、事件 2、事件 1，其中事件 2、事件 3 为非展开事件，事件 1 为展开事件。3 次事件的记录发生时间早于当事人报称的事故时间约 45 分钟。

事件 1 数据中碰撞前 5 秒转向角度均有 50° 以内的小幅度的调整，车速范围介于 20km/h~47km/h 之间，碰撞前 5 秒至 2 秒加速踏板位置均显示 99%，碰撞前 1 秒到 0.5 秒有短暂制动；事件 2 数据中碰撞前 5 秒转向角度均有 55° 以内的小幅度的调整，车速范围介于 26km/h~47km/h 之间，碰撞前 5 秒至 2.5 秒加速踏板位置均显示 99%，碰撞前 1.5 秒到 1 秒有短暂制动；事件 3 数据中碰撞前 5 秒转向角度均有 75° 以内的小幅度的调整，车速范围介于 34km/h~43km/h 之间，碰撞前 5 秒至 2.5 秒加速踏板位置均介于 13%~99% 之间，其中有 3 次达到 90% 以上，碰撞前 1.5 秒到 1 秒有短暂制动。

通过对以上 3 次事件数据中反映的驾驶人操作情况进行分析，越野车驾驶人多次全力加速后短暂制动，并连续小幅度调整方向的操作方式不符合驾驶车辆在常规道路上的行驶状态。根据越野车 EDR 数据内容（3 次事件在 10 秒钟内先后发生，车速范围介于 20km/h~47km/h 之间及驾驶人的操作特点），结合越野车的车辆属性特点及检验所见其底盘前部金属护板多处擦撞、凹陷变形痕迹，接缝部位多处可见泥土堆积的情况分析认为，EDR 数据中记录的 3 次事件符合该车在起伏较大的非铺装路面激烈驾驶过程中其底盘前部与起伏路面发生接触、冲击所产生。现场照片显示，当事人指认的事故现场受损景观石位于一处较为开阔平坦的绿地内，不具有形成以上 3 次事件记录的环境条件。

综上所述，根据车辆痕迹检验情况、当事人指认现场情况及越野车 EDR 数据内容综合分析认为，越野车安全气囊受损情况与当事人所述事故情形在时间、空间上均不存在关联性，排除越野车安全气囊受损情况为当事人指认事故现场造成的可能性。

本案例中，越野车车主为越野爱好者，被鉴定车辆也进行了加强越野性能的改装；事故当天，其驾驶越野车在指认现场附近的一处越野场地内驾驶时因底盘前部与路面磕碰造成安全气囊点爆。此种情况造成的车辆损失不属于保险责任范围，为获得保险赔付，越野车车主就在附近一处景观石旁摆放好车辆伪装成第一现场，编造虚假信息报案。

在越野场地、沙漠等区域越野驾驶时，容易因路面冲击和车身大幅度侧倾造成安全气囊点爆。在越野车车损轻微但安全气囊点爆的保险案件中，通过读取 EDR 数据分析事故发生时的车辆行驶状态及驾驶人操作情况，可以对事故发生原因作出准确判断。

【鉴定案例 2】

一、案情简介

2024 年 × 月 ×× 日，在 ×× 工地发生一起 ××××× 号牌奇瑞牌小轿车（甲车）与 ×××× 牌装载机（乙车）碰撞的事故。事故发生后，委托方认为事故形态与当事人所述情况不符，要求对本次事故两车碰撞形态进行鉴定。

因本事故发生地在工地内，乙车为工地内的作业车辆，未购买保险，可能存在甲车揽责骗保的情况，确定事故中两车碰撞形态对认定事故责任起关键作用。

二、资料摘要

现场照片显示：本次事故现场位于 ×× 工地内，事故路段为沥青路面，路面有大量泥土覆盖。两车同向停放，甲车车头被乙车后部挤压下沉、位于乙车后下方。甲车左前轮、右前轮前方路面均可见一条与其胎冠宽度相近的轮胎拖印，轮印一端位于乙车下方，一端位于甲车左、右前轮下方，甲车两前轮后方路面均未见轮胎印痕（如图 8-8 所示）。

图 8-8　现场照片

三、鉴定过程

（一）检验所见

品牌：奇瑞，辆识别代号：L× × × × × × × × × × × × × × × ×。

甲车发动机盖前部受撞挤向后凹陷、折叠变形，呈拱起状态，前部表面见擦撞痕；前风挡玻璃下部破裂；右前翼子板上部、发动机舱上部衬板、部件壳体均破损并见擦撞痕；中网上部左侧及左前照灯上部均破裂并见擦撞痕；该车车内前排安全气囊及乘员约束系统均未展爆（如图 8-9 所示）。

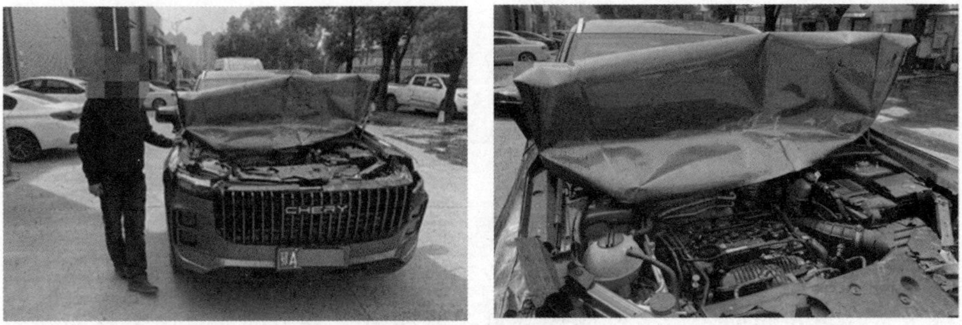

图 8-9　轿车痕迹照

（二）读取甲车 EDR 数据

通过甲车 OBD 接口，使用博世 CDR 汽车事件记录系统数据读取系统读取该车 EDR 数据信息，其生成的报告中显示无事件记录（如图 8-10、图 8-11 所示）。

图 8-10　EDR 数据读取

BOSCH　　CDR CRASH DATA RETRIEVAL

IMPORTANT NOTICE: Robert Bosch LLC and the manufacturers whose vehicles are accessible using the CDR System urge end users to use the latest production release of the Crash Data Retrieval system software when viewing, printing or exporting any retrieved data from within the CDR program. Using the latest version of the CDR software is the best way to ensure that retrieved data has been translated using the most current information provided by the manufacturers of the vehicles supported by this product.

CDR File Information

User Entered VIN	L[redacted]
User	
Case Number	
EDR Data Imaging Date	07-11-2024
Crash Date	
Filename	L[redacted]_ACM.CDRX
Saved on	Thursday, July 11 2024 at 13:32:12
Imaged with CDR version	Crash Data Retrieval Tool 23.1
Imaged with Software Licensed to (Company Name)	Bosch Automotive Service Solutions
Reported with CDR version	Crash Data Retrieval Tool 23.1
Reported with Software Licensed to (Company Name)	Bosch Automotive Service Solutions
EDR Device Type	Airbag Control Module
Event(s) recovered	None

Comments

No comments entered.

图 8-11　CDR 文件信息

四、分析讨论

根据甲车前部受损痕迹形态及受力方向，结合委托单位提供的现场照片显示的甲车与乙车停止状态分析认为，甲车前部与乙车后部相接触的事实成立。

现场照片显示停止时甲车左前轮、右前轮前方路面均可见一条与其胎冠宽度相近的轮胎拖印，轮印一端位于乙车下方，一端位于甲车左、右前轮下方，甲车两前轮后方路面均未见轮胎印痕。分析认为，以上路面遗留的轮胎印痕为本次事故中形成，其能反映事发时甲车的运动轨迹，即事发时甲车为向后位移状态。

甲车发动机盖折叠变形，前风挡玻璃破裂，其受损程度较重，如其在正常行驶状态下发生碰撞造成以上车损，其安全气囊控制模块（ACM）中应当记录此次碰撞事件。通过甲车 OBD 接口读取的 EDR 数据信息中的无事件记录情况，说明此次事故非甲车正常行驶状态下发生，不排除事故发生时甲车处于未上电状态。

综上所述，根据甲车痕迹检验情况及 EDR 数据结合现场情况综合分析认为，乙车在倒车过程中其后部与停止状态的甲车前部发生碰撞并推挤可以形成以上检见的地面痕迹及车损情况，即事故发生时，倒车状态的乙车后部与停止状态的甲车前部发生碰撞并推挤的事故形态可以成立。

本案例发生在工地内，一般情况下，在工地等封闭区域，受道路条件所限，车辆行驶速度较低，通常不会发生比较严重的碰撞事故。但轿车在本次事故中受损程度较为严重，其安全气囊、乘员约束装置均未展开，通过读取事故车 EDR 数据亦未记录碰撞事件，说明事故车在事故发生时可能处于未上电状态。根据以上矛盾点，结合现场痕迹分析重建事故发生过程，还原了事故真相。

发生在工地内的案件中，如标的车存在揽责嫌疑，较为常见的情况为标的车在停放状态被工程机械车、厂内机动车辆等碰撞，可通过对两车接触痕迹的形态、角度和方向进行分析，结合现场地面痕迹和碰撞散落物等情况，确定事故形态。

【鉴定案例 3】

一、案情简介

2024 年 ×月 ××日 ××时 ××分许，在 ××城区 ××路与 ××路交叉路口，发生一起由北向南行驶的 ××××号牌小型轿车（以下简称轿车）与前方同向停驶的 ××××号牌小型普通客车（以下简称客车）相撞的道路交通事故。

委托方经调查认为，轿车驾驶人存在故意制造交通事故骗保的情形，委托对事故发生时轿车的行驶速度及状态进行鉴定，为调查案件性质提供证据支撑。

二、资料摘要

1. 委托单位提供的现场照片显示：本次道路交通事故现场位于 ××城区 ××路与 ××路交叉路口；客车头南尾北停止于现场路口北侧北往南方向车道停止线处，轿车同向停止于客车北侧附近，客车后部与轿车前部均受损，两车之间路面见车辆撞击形成的散落物（如图 8-12 所示）。

图 8-12 现场照片

2. 委托单位提供的现场监控视频信息：委托单位提供的视频录像系事故现场路口西南侧监控摄像头所拍摄，文件名为“×××.mp4”，文件哈希值为 ×××××。

监控视频画面右上角显示时间“2024- ××- ×××× ： ×× ： ××”至“2024- ××- ×××× ： ×× ： ××”时间段内可见：客车由北向南行驶至事

发路口车道停止线处停驶后，其后方同向行驶的轿车前部与客车后部相撞，导致客车向前位移。

三、鉴定过程

（一）检验所见

品牌：奥迪牌，车辆识别代号：L××××××××××××××。

该车前保险杠松旷，其中上部破损，中网受损脱落，散热器向后位移并凹陷，发动机舱盖前部凹陷变形。上述受损痕迹受力方向为由前至后。检验时，该车前排驾驶人正面、乘客正面安全气囊及侧面安全气帘均未展爆，前排驾驶人及乘客安全带均未锁止（如图 8–13 所示）；轮胎规格均为 225/55R18。

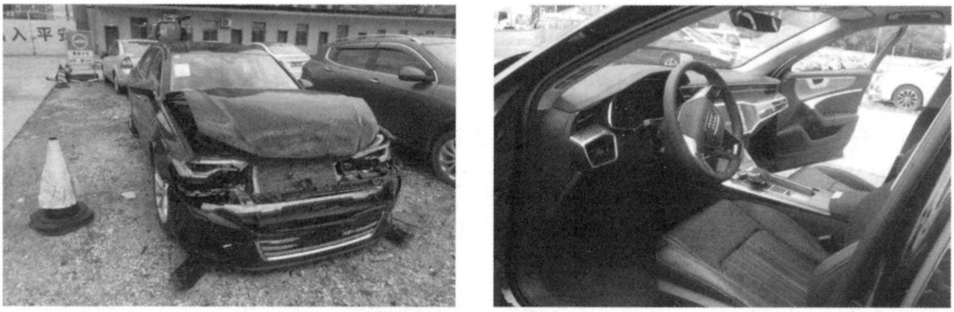

图 8–13　轿车检验照

（二）读取轿车 EDR 数据

1. 通过轿车 OBD 接口，使用博世 CDR 汽车事件记录系统数据读取系统读取该车 EDR 数据（如图 8–14 所示）。

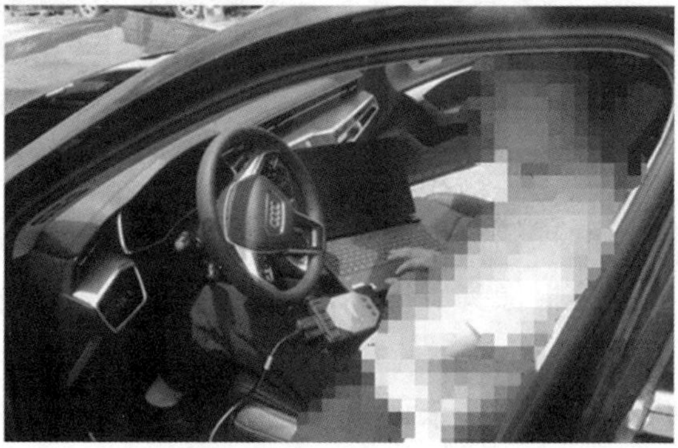

图 8–14　EDR 数据读取

2.EDR 数据内容系使用 Bosch 汽车事故数据读取工具（Crash Date Retrieval Tool 23.1）所读取，读取时间为 2024 年 ××月 ××日 ××时 ××分 ××秒，记录有 3 次事件（如图 8–15 所示）。

CDR File Information

User Entered VIN	L[redacted]
User	
Case Number	
EDR Data Imaging Date	08-01-2024
Crash Date	
Filename	L[redacted]_ACM.CDRX
Saved on	Thursday, August 1 2024 at 11:50:31
Imaged with CDR version	Crash Data Retrieval Tool 23.1
Imaged with Software Licensed to (Company Name)	Bosch Automotive Service Solutions
Reported with CDR version	Crash Data Retrieval Tool 23.1
Reported with Software Licensed to (Company Name)	Bosch Automotive Service Solutions
EDR Device Type	Airbag Control Module
Event(s) recovered	Most Recent Event, 1st Prior Event, 2nd Prior Event

图 8–15　CDR 文件信息

（1）事件 1（Most Recent Event）系统状态（如图 8–16 所示）。

事件中上电周期：301；

读取时上电周期：311；

车辆识别代号：×××××××××；

事件数据记录完整状态：完整；

最大记录纵向 delta–V（km/h）：–25；

达到最大记录纵向 delta–V 时间（ms）：300；

最大记录横向 delta–V（km/h）：1；

达到最大记录横向 delta–V 时间（ms）：102.5；

事件记录时间：2024 年 ××月 ××日 ××时 ××分 ××秒；

驾驶人安全带状态：扣系；

前排乘客安全带状态：未扣系。

System Status at Event (Most Recent Event)

Maximum Recorded Longitudinal Delta-V (km/h)	-25
Time to Maximum Recorded Delta V, Longitudinal (ms)	300.0
Clipping Flag, Longitudinal Acceleration (ms)	Data Not Available
Clipping Flag, Lateral Acceleration (ms)	Data Not Available
Driver's Safety Belt Status	Fastened
Power-On Cycle at Reading (cycle)	311
Complete Status of Event Data Record	Completed
Vehicle Identification Number	L[illegible]
ECU Hardware Number That Records EDR Data	[illegible]96[illegible]
Power-On Cycle at Event (cycle)	301
ECU Serial Number That Records EDR Data	[illegible]LXLX
ECU Software Number That Records EDR Data	[illegible]AA
Maximum Recorded Lateral Delta-V (km/h)	1
The Square of the Maximum Recorded Resultant Delta-V ((km/h)^2)	631
Time to Maximum Recorded Delta-V, Lateral (ms)	102.5
Time to Maximum Recorded Delta-V, Resultant (ms)	300.0
T end (ms)	318
Year (year)	2,024
Month (month)	2
Day (day)	23
Hour (hour)	19
Minute (minute)	52
Second (seconds)	31
Frontal-Row Passenger's Safety Belt Status	Unfastened
Frontal-Row Passenger's Front Airbag Suppression Status	Off (Airbag Enabled)
Occupant Protection System Warning Status	On
Tire Pressure Monitoring System Warning Status	Off
Braking System Warning Status	Off
Pre-Event Synchronization Timing Time (ms)	90
Time Interval from this Event to the Last Event (s)	0.0

图 8–16　事件系统状态

驾驶人正侧面安全气囊展开时间、驾驶人安全带预紧器展开时间、前排乘客正侧面气囊展开时间、前排乘客安全带预紧器展开时间均显示无数据（如图 8–17 所示）。

Deployment Command Data (Most Recent Event)

Driver's Seat Belt Pretensioner Deployment Time (ms)	Data Not Available
Driver's Front Airbag Deployment Time (Phase I) (ms)	Data Not Available
Driver Front Airbag Deployment Time (Phase II) (ms)	Data Not Available
Driver's Side Airbag Deployment Time (ms)	Data Not Available
Driver's Side Air Curtain Deployment Time (ms)	Data Not Available
Frontal-Row Passenger's Safety Belt Pretensioner Deployment Time (ms)	Data Not Available
Frontal-Row Passenger's Front Airbag Deployment Time (Phase I) (ms)	Data Not Available
Frontal-Row Passenger's Front Airbag Deployment Time (Phase II) (ms)	Data Not Available
Frontal-Row Passenger's Side Airbag Deployment Time (ms)	Data Not Available
Frontal-Row Passenger's Side Air Curtain Deployment Time (ms)	Data Not Available

图 8–17　气囊展开数据

碰撞前 5 秒至碰撞瞬间的行驶数据如下（如图 8–18、图 8–19 所示）：

Pre-Crash Data -5 to 0 Sec (Most Recent Event) - Table 1 of 3

Time (sec)	Vehicle Velocity (km/h)	Service Brake, On or Off	Accelerator Pedal Position, Percentage of Fully Open Position (%)	Revolution Per Minute (RPM) (rpm)	Yaw Angle Velocity (degrees per second)	Steering Angle (degrees)	Gear Position	Engine Throttle Position, Percentage of Fully Open Position (%)
-5.0	28	Off	30	1,500	0.0	5	Gear D	25
-4.5	30	Off	30	1,600	0.2	5	Gear D	25
-4.0	32	Off	32	1,700	0.1	5	Gear D	24
-3.5	34	Off	32	1,800	0.1	5	Gear D	24
-3.0	36	Off	37	1,900	0.1	5	Gear D	25
-2.5	39	Off	50	2,000	0.0	5	Gear D	67
-2.0	43	Off	72	2,300	-0.1	5	Gear D	68
-1.5	48	Off	0	2,500	0.2	5	Gear D	69
-1.0	49	Off	0	2,600	-0.1	5	Gear D	15
-0.5	49	On	0	2,500	0.4	5	Gear D	15
0.0	45	On	0	2,300	0.5	5	Gear D	15

图 8-18　碰撞前 5 秒行驶数据

Pre-Crash Data -5 to 0 Sec (Most Recent Event) - Table 2 of 3

Time (sec)	Brake Pedal Position (%)	Parking System Status	Turn Signal Switch Status	Cruise Control System Status	Adaptive Cruise Control System Status	Anti-Lock Brake System Status	Autonomous Emergency Braking (AEB) System Status	Electronic Stability Control System Status
-5.0	Data Not Available	Off	Off	On but not Activated	Data Not Available	Not Activated	Commanded Off	On but not Activated
-4.5	Data Not Available	Off	Off	On but not Activated	Data Not Available	Not Activated	Commanded Off	On but not Activated
-4.0	Data Not Available	Off	Off	On but not Activated	Data Not Available	Not Activated	Commanded Off	On but not Activated
-3.5	Data Not Available	Off	Off	On but not Activated	Data Not Available	Not Activated	Commanded Off	On but not Activated
-3.0	Data Not Available	Off	Off	On but not Activated	Data Not Available	Not Activated	Commanded Off	On but not Activated
-2.5	Data Not Available	Off	Off	On but not Activated	Data Not Available	Not Activated	Commanded Off	On but not Activated
-2.0	Data Not Available	Off	Off	On but not Activated	Data Not Available	Not Activated	Commanded Off	On but not Activated
-1.5	Data Not Available	Off	Off	On but not Activated	Data Not Available	Not Activated	Commanded Off	On but not Activated
-1.0	Data Not Available	Off	Off	On but not Activated	Data Not Available	Not Activated	Commanded Off	On but not Activated
-0.5	Data Not Available	Off	Off	On but not Activated	Data Not Available	Not Activated	Commanded Off	On but not Activated
0.0	Data Not Available	Off	Off	On but not Activated	Data Not Available	Not Activated	Commanded Off	On but not Activated

图 8-19　碰撞前 5 秒行驶数据

（2）事件 2（1st Prior Event）系统状态（如图 8-20 所示）。

事件中上电周期：164；

读取时上电周期：311；

车辆识别代号：×××××××××；

事件数据记录完整状态：完整；

最大记录纵向 delta-V（km/h）：0；

最大记录横向 delta-V（km/h）：0；

事件记录时间：2024 年 ××月 ××日 ××时 ××分 ××秒。

System Status at Event (1st Prior Event)

Maximum Recorded Longitudinal Delta-V (km/h)	0
Time to Maximum Recorded Delta V, Longitudinal (ms)	0.0
Clipping Flag, Longitudinal Acceleration (ms)	Data Not Available
Clipping Flag, Lateral Acceleration (ms)	Data Not Available
Driver's Safety Belt Status	Unfastened
Power-On Cycle at Reading (cycle)	311
Complete Status of Event Data Record	Completed
Vehicle Identification Number	L[illegible]
ECU Hardware Number That Records EDR Data	[illegible]L
Power-On Cycle at Event (cycle)	164
ECU Serial Number That Records EDR Data	[illegible]XLX
ECU Software Number That Records EDR Data	[illegible]AA
Maximum Recorded Lateral Delta-V (km/h)	0
The Square of the Maximum Recorded Resultant Delta-V ((km/h)^2)	0
Time to Maximum Recorded Delta-V, Lateral (ms)	0.0
Time to Maximum Recorded Delta-V, Resultant (ms)	0.0
T end (ms)	Fault or Invalid Value
Year (year)	2,024
Month (month)	2
Day (day)	14
Hour (hour)	16
Minute (minute)	26
Second (seconds)	5
Frontal-Row Passenger's Safety Belt Status	Unfastened
Frontal-Row Passenger's Front Airbag Suspression Status	Off (Airbag Enabled)
Occupant Protection System Warning Status	Off
Tire Pressure Monitoring System Warning Status	Off
Braking System Warning Status	Off
Pre-Event Synchronization Timing Time (ms)	0
Time Interval from this Event to the Last Event (s)	0.0

图 8-20 事件系统状态

碰撞前 5 秒至碰撞瞬间的行驶数据如下（如图 8-21、图 8-22 所示）：

Pre-Crash Data -5 to 0 Sec (1st Prior Event) - Table 1 of 3

Time (sec)	Vehicle Velocity (km/h)	Service Brake, On or Off	Accelerator Pedal Position, Percentage of Fully Open Position (%)	Revolution Per Minute (RPM) (rpm)	Yaw Angle Velocity (degrees per second)	Steering Angle (degrees)	Gear Position	Engine Throttle Position, Percentage of Fully Open Position (%)
-5.0	0	On	0	0	0.1	-30	Gear D	13
-4.5	0	On	0	0	0.0	-30	Gear D	13
-4.0	0	On	0	0	0.0	-30	Gear D	13
-3.5	0	Off	0	600	0.0	-40	Gear D	11
-3.0	0	Off	53	1,200	0.1	-95	Gear D	16
-2.5	2	Off	53	1,700	1.6	-80	Gear D	60
-2.0	8	Off	56	1,900	2.2	-50	Gear D	62
-1.5	13	Off	0	1,800	0.7	-10	Gear D	22
-1.0	16	Off	40	1,700	0.8	-5	Gear D	21
-0.5	17	Off	31	1,700	-3.0	40	Gear D	21
0.0	13	Off	0	1,100	-1.9	35	Gear D	13

图 8-21 碰撞前 5 秒行驶数据

Pre-Crash Data -5 to 0 Sec (1st Prior Event) - Table 2 of 3

Time (sec)	Brake Pedal Position (%)	Parking System Status	Turn Signal Switch Status	Cruise Control System Status	Adaptive Cruise Control System Status	Anti-Lock Brake System Status	Autonomous Emergency Braking (AEB) System Status	Electronic Stability Control System Status
-5.0	Data Not Available	Off	Off	On but not Activated	Data Not Available	Not Activated	On but not Activated	On but not Activated
-4.5	Data Not Available	Off	Off	On but not Activated	Data Not Available	Not Activated	On but not Activated	On but not Activated
-4.0	Data Not Available	Off	Off	On but not Activated	Data Not Available	Not Activated	On but not Activated	On but not Activated
-3.5	Data Not Available	Off	Off	On but not Activated	Data Not Available	Not Activated	On but not Activated	On but not Activated
-3.0	Data Not Available	Off	Off	On but not Activated	Data Not Available	Not Activated	On but not Activated	On but not Activated
-2.5	Data Not Available	Off	Off	On but not Activated	Data Not Available	Not Activated	On but not Activated	On but not Activated
-2.0	Data Not Available	Off	Off	On but not Activated	Data Not Available	Not Activated	On but not Activated	On but not Activated
-1.5	Data Not Available	Off	Off	On but not Activated	Data Not Available	Not Activated	On but not Activated	On but not Activated
-1.0	Data Not Available	Off	Off	On but not Activated	Data Not Available	Not Activated	On but not Activated	On but not Activated
-0.5	Data Not Available	Off	Off	On but not Activated	Data Not Available	Not Activated	Self-Define	On but not Activated
0.0	Data Not Available	Off	Off	On but not Activated	Data Not Available	Not Activated	On but not Activated	On but not Activated

图 8-22　碰撞前 5 秒行驶数据

（3）事件 3（2nd Prior Event）系统状态（如图 8-23 所示）。

事件中上电周期：98；

读取时上电周期：311；

车辆识别代号：×××××××××；

事件数据记录完整状态：完整；

最大记录纵向 delta-V（km/h）：0；

最大记录横向 delta-V（km/h）：0；

事件记录时间：2024 年 ××月 ××日 ××时 ××分 ××秒。

System Status at Event (2nd Prior Event)

Maximum Recorded Longitudinal Delta-V (km/h)	0
Time to Maximum Recorded Delta V, Longitudinal (ms)	20.0
Clipping Flag, Longitudinal Acceleration (ms)	Data Not Available
Clipping Flag, Lateral Acceleration (ms)	Data Not Available
Driver's Safety Belt Status	Fastened
Power-On Cycle at Reading (cycle)	311
Complete Status of Event Data Record	Completed
Vehicle Identification Number	L[redacted]
ECU Hardware Number That Records EDR Data	[redacted]L
Power-On Cycle at Event (cycle)	98
ECU Serial Number That Records EDR Data	[redacted]LX
ECU Software Number That Records EDR Data	[redacted]AA
Maximum Recorded Lateral Delta-V (km/h)	0
The Square of the Maximum Recorded Resultant Delta-V ((km/h)^2)	0
Time to Maximum Recorded Delta-V, Lateral (ms)	0.0
Time to Maximum Recorded Delta-V, Resultant (ms)	20.0
T end (ms)	Fault or Invalid Value
Year (year)	2,024
Month (month)	2
Day (day)	9
Hour (hour)	13
Minute (minute)	23
Second (seconds)	10
Frontal-Row Passenger's Safety Belt Status	Fastened
Frontal-Row Passenger's Front Airbag Suspression Status	Off (Airbag Enabled)
Occupant Protection System Warning Status	Off
Tire Pressure Monitoring System Warning Status	Off
Braking System Warning Status	Off
Pre-Event Synchronization Timing Time (ms)	20
Time Interval from this Event to the Last Event (s)	0.0

图 8-23　事件系统状态

碰撞前 5 秒至碰撞瞬间的行驶数据如下（如图 8-24、图 8-25 所示）：

Pre-Crash Data -5 to 0 Sec (2nd Prior Event) - Table 1 of 3

Time (sec)	Vehicle Velocity (km/h)	Service Brake, On or Off	Accelerator Pedal Position, Percentage of Fully Open Position (%)	Revolution Per Minute (RPM) (rpm)	Yaw Angle Velocity (degrees per second)	Steering Angle (degrees)	Gear Position	Engine Throttle Position, Percentage of Fully Open Position (%)
-5.0	40	Off	19	1,400	-1.6	10	Gear D	16
-4.5	41	Off	24	1,500	-1.0	10	Gear D	22
-4.0	41	Off	24	1,500	0.3	0	Gear D	19
-3.5	42	Off	17	1,500	0.1	5	Gear D	16
-3.0	43	Off	0	1,500	-0.1	5	Gear D	13
-2.5	43	Off	0	1,500	-0.7	5	Gear D	13
-2.0	42	Off	0	1,500	0.9	0	Gear D	13
-1.5	41	Off	0	1,500	0.1	5	Gear D	12
-1.0	32	On	0	1,100	-0.3	0	Gear D	12
-0.5	21	On	0	900	-0.2	5	Gear D	11
0.0	14	On	0	800	0.0	5	Gear D	11

图 8-24　碰撞前 5 秒行驶状态

Pre-Crash Data -5 to 0 Sec (2nd Prior Event) - Table 2 of 3

Time (sec)	Brake Pedal Position (%)	Parking System Status	Turn Signal Switch Status	Cruise Control System Status	Adaptive Cruise Control System Status	Anti-Lock Brake System Status	Autonomous Emergency Braking (AEB) System Status	Electronic Stability Control System Status
-5.0	Data Not Available	Off	Off	On but not Activated	Data Not Available	Not Activated	On but not Activated	On but not Activated
-4.5	Data Not Available	Off	Off	On but not Activated	Data Not Available	Not Activated	On but not Activated	On but not Activated
-4.0	Data Not Available	Off	Off	On but not Activated	Data Not Available	Not Activated	On but not Activated	On but not Activated
-3.5	Data Not Available	Off	Off	On but not Activated	Data Not Available	Not Activated	On but not Activated	On but not Activated
-3.0	Data Not Available	Off	Off	On but not Activated	Data Not Available	Not Activated	On but not Activated	On but not Activated
-2.5	Data Not Available	Off	Off	On but not Activated	Data Not Available	Not Activated	On but not Activated	On but not Activated
-2.0	Data Not Available	Off	Off	On but not Activated	Data Not Available	Not Activated	On but not Activated	On but not Activated
-1.5	Data Not Available	Off	Off	On but not Activated	Data Not Available	Not Activated	Self-Define	On but not Activated
-1.0	Data Not Available	Off	Off	On but not Activated	Data Not Available	Not Activated	On and Activated	On but not Activated
-0.5	Data Not Available	Off	Off	On but not Activated	Data Not Available	Not Activated	On and Activated	On but not Activated
0.0	Data Not Available	Off	Off	On but not Activated	Data Not Available	Not Activated	On but not Activated	On but not Activated

图 8–25　碰撞前 5 秒行驶数据

四、分析讨论

（一）轿车车体痕迹分析

轿车前部受损痕迹受力方向为由前至后，根据痕迹的形成机理，结合本次事故现场情况及视频录像显示内容分析认为，上述痕迹符合轿车前部与客车后部发生碰撞所形成的痕迹特征。

（二）EDR 数据相关性分析

事件 1 的上电周期为 301，事件记录时间为 2024 年 ××月 ××日 ××时 ××分 ××秒；事件 2 的上电周期为 168，事件记录时间为 2024 年 ××月 ××日 ××时 ××分 ××秒；事件 3 的上电周期为 98，事件记录时间为 2024 年 ××月 ××日 ××时 ××分 ××秒。读取 EDR 数据时的上电周期为 311，本次事故发生时间为 2024 年 ××月 ××日 ××时 ××分，事发后轿车扣押在停车场内，由此判断事件 1 与本次事故具有关联性，事件 2 与事件 3 与本次事故无关。

通过对事件 1 记录中的最大记录纵、横向 delta-V 进行分析，事件 1 显示的车辆受力方向为由前至后，与本次事故碰撞形态相符。

事件 1 中显示轿车驾驶人及前排乘客正、侧面安全气囊均未展爆，驾驶人及前排乘客安全带预紧装置均未展开，与轿车检查情况相对应。

（三）EDR 数据完整性分析

事件 1 记录中的事件数据记录完整状态为完整，说明记录文件完整性正常。

（四）EDR 数据有效性分析

根据轿车车型公告信息查询可知，轿车事发时装配的轮胎规格符合该车出厂时设置的轮胎规格，且轮胎均无失压及异常损坏现象，可排除轿车装用的轮胎规格对 EDR 车速准确性的影响。根据现场图所示，结合 EDR 碰撞数据分析，轿车在碰撞前不存在车轮抱死或打滑的异常情况，可排除车轮抱死或打滑对 EDR 车速准确性的影响。

（五）轿车行驶数据分析

1. 轿车 EDR 事件 1 数据中记录了本次事故中轿车发生碰撞前 5 秒的行驶数据（包括碰撞前 5 秒的速度及驾驶人的相关操作情况），EDR 数据充分反映了碰撞前的车速变化及驾驶人采取避险措施情况，能够有效确定被鉴定车辆事发时的速度。

根据被鉴定车辆事故形态及 EDR 数据分析，轿车在碰撞前 5 秒至 1 秒，其行车制动状态为关闭状态，车速由 28km/h 升至 49km/h，发动机转速由 1500rpm 升至 2600rpm；碰撞前 1 秒至碰撞瞬间，行车制动状态为开启状态，车速由 49km/h 降至 45km/h，发动机转速由 2500rpm 降至 2300rpm；碰撞前 5 秒至 2 秒，加速踏板开度由 30% 升至 72%，碰撞前 1.5 秒至碰撞瞬间，加速踏板开度均为 0%；碰撞前 5 秒至碰撞瞬间，转向角度均为 5°。根据上述行驶数据分析认为，轿车在碰撞前 5 秒内处于直行状态，碰撞前 5 秒至 1 秒处于加速状态，碰撞前 1 秒至碰撞瞬间处于减速状态。

综上分析，轿车在事故发生时制动瞬间的速度为 49km/h，碰撞瞬间的速度为 45km/h。

2. 事件 1 中轿车碰撞前 5 秒的行驶数据显示：碰撞前 5 秒至碰撞瞬间，该车 AEB 自动紧急制动系统均为控制关闭状态。事件 2、事件 3 中轿车碰撞前 5 秒的行驶数据显示：碰撞前 5 秒至碰撞瞬间，该车 AEB 自动紧急制动系统均为开启并未激活状态。

根据上述数据对比分析认为，轿车 AEB 自动紧急制动系统在本次事故发生前被人为操控关闭。

在本案例中，在视线良好、交通信号灯正常的路口，前方有车辆正常停车等候信号灯的情况下，轿车驾驶人持续加速且加速程度控制在一定范围内，在碰撞前 0.5 秒才采取制动措施，且未采取避让动作。轿车驾驶人在事故发生前 5 秒的驾驶行为，一定程度上反映出其放任事故发生的意图。

在驾驶人存在故意制造交通事故骗保嫌疑的案件中，虽然通过技术鉴定手段无法对驾驶人的主观意图作出明确的鉴定意见，但是可以通过重建事故发生过程，使其成为证据链条中的一环。根据鉴定反映驾驶人在事故发生时的驾驶行为（如加速、制动、转向等操作情况），结合其他调查情况和证据，辅助证明驾驶人在事故发生时的意图及心理痕迹，为案件定性提供证据支撑。

附　录 1

常用典型车速计算方法

涉车骗保案痕迹鉴定涉及车速计算的不多，仅在汽车落水、故意毁车（撞击固定物体）等几类涉车骗保案件中时有涉及。根据现场路面制动、侧滑、挫划等印痕及车辆受损程度、溃缩量等数据计算车速，并据以验证涉案行为人的所陈述事发时车速的真伪。同时，分析推断在上述车速的前提下，涉案车辆的事发时行驶轨迹和接触形态，以及涉案行为人应当伴生的人体特征性损伤，进而判断其心理状态。

道路交通事故车辆行驶速度鉴定的方法涉及力学、车辆动力学、声像资料、电子数据等诸多学科和领域，作者仅列出涉车骗保案中部分常用的典型计算方法。

1.1　现场相关信息测量和基于现场痕迹的车速计算方法[①]

1.1.1　利用现场轮胎痕迹计算车速

车辆在事故发生时采取紧急制动通常会在路面遗留下制动痕迹，如压印、拖印等。制动痕迹能反映车辆在制动时的运动过程和减速状态，是最常用的车速计算依据。

在前期信息收集阶段，对事故路面性质及状况的了解是车速计算的必

---

① 阳兆祥等编著：《道路交通事故车速鉴定的方法和案例选析》，机械工业出版社 2015 年版，第 2 页、第 7 页。

要条件。路面性质，如混凝土、沥青、沙土等，会对车辆在实施制动时轮胎与路面的摩擦系数产生影响；路面状况，如干燥、潮湿、雪天、结冰等不同条件的摩擦系数取值也有很大差异。

道路交通事故中基于事故现场车辆制动印痕进行车速鉴定，一个很重要的参考依据就是车检报告。结合事故现场制动印痕和车检报告中制动性能的测试结果，可以比较准确地计算事故发生时车辆采取制动措施前的瞬时速度。对事故车辆制动性能的常见的测方法有以下三种。

（1）便携式制动性能测试仪

使用便携式制动性能测试仪检测汽车制动时的“充分发出的平均减速度”MFDD，其值能充分代表测试车辆的实际制动性能，可直接将其作为制动减速度 α 代入下表 1.4 相关公式中计算车辆制动前的瞬时速度。

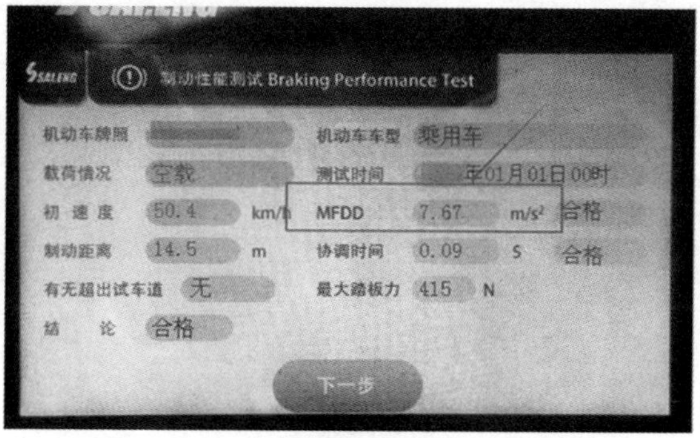

图 1–1 便携式制动性能测试仪检测数据

（2）台式检测线

车辆台式检测线可对车辆各轮的轮荷、最大行车制动力、行车制动率及整车制动率等数据进行检测。如图 1–3 中显示测试车辆的整车制动率为 83.3%，代表该车在低速条件下在干燥路面上行驶采取制动时的摩擦系数相当于 μ=0.833。但在高速情况下，实际摩擦系数要低于整车制动率。结合案件实际情况，若事故车辆事发时车速较低，可以将台式检测线测试数据代入表 1–4 相关公式中计算车辆制动前的瞬时速度。

图 1–2　车辆上台式检测线检测

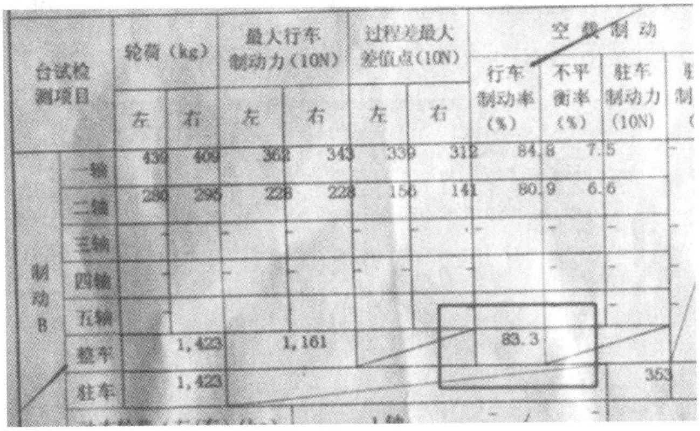

台试检测项目		轮荷（kg）		最大行车制动力（10N）		过程差最大差值点（10N）		空载制动		
		左	右	左	右	左	右	行车制动率（%）	不平衡率（%）	驻车制动力（10N）
制动B	一轴	430	409	362	343	339	312	84.8	7.5	
	二轴	280	296	228	228	156	141	80.9	6.6	
	三轴	-	-	-	-	-	-	-	-	-
	四轴	-	-	-	-	-	-	-	-	-
	五轴	-	-	-	-	-	-	-	-	-
	整车	1,423		1,161				83.3		
	驻车	1,423								353

图 1–3　检测报告（制动部分）

（3）路试制动性能

利用车辆路试的制动距离，可以客观地计算出事故发生时车辆制动前的瞬时速度。其前提为，事故发生时，车辆以相同载重在事故路段类似的路面以初速 v' 进行制动性能测试得到制动距离数据 S'，运用路试数据和事故发生时的制动距离 S 计算汽车行驶速度。由于在不同的速度条件下，车辆与路面的摩擦系数存在差异，所以应尽量控制测试车辆速度使测试数据 S' 尽可能的接近事故现场制动距离 S。根据以上测试数据计算事故车辆在事故发生时制动前的瞬时速度 v_0，公式为：$v_0 = v'\sqrt{\dfrac{S}{S'}}$。

若事故车辆不具备以上测试条件，可根据道路类型、天气状况和车速范围等情况选取参考值，常见汽车纵滑附着系数可参考《道路交通事故车辆速度鉴定》（GB/T 33195-2016）中相关数据，见表 1-1。

表 1-1 汽车纵滑附着系数参考值表

路面状况 \ 初速度 \ 路面的干湿		干燥 48km/h 以下	干燥 48km/h 以上	潮湿 48km/h 以下	潮湿 48km/h 以上
混凝土路面	新铺装	0.80 ~ 1.00	0.70 ~ 0.85	0.50 ~ 0.80	0.40 ~ 0.75
	路面磨耗较小	0.60 ~ 0.80	0.60 ~ 0.75	0.45 ~ 0.70	0.45 ~ 0.65
	路面磨耗较大	0.55 ~ 0.75	0.50 ~ 0.65	0.45 ~ 0.65	0.45 ~ 0.60
沥青路面	新路	0.80 ~ 1.00	0.60 ~ 0.70	0.50 ~ 0.80	0.45 ~ 0.75
	路面磨耗较小	0.60 ~ 0.80	0.55 ~ 0.70	0.45 ~ 0.70	0.40 ~ 0.65
	路面磨耗较大	0.55 ~ 0.75	0.45 ~ 0.65	0.45 ~ 0.65	0.40 ~ 0.60
	焦油过多	0.50 ~ 0.60	0.35 ~ 0.60	0.30 ~ 0.60	0.25 ~ 0.55
砂石路面		0.40 ~ 0.70	0.40 ~ 0.70	0.45 ~ 0.75	0.45 ~ 0.75
灰渣路面		0.50 ~ 0.70	0.50 ~ 0.70	0.65 ~ 0.75	0.65 ~ 0.75
冰路面		0.10 ~ 0.25	0.07 ~ 0.20	0.05 ~ 0.10	0.05 ~ 0.10
雪路面		0.30 ~ 0.55	0.35 ~ 0.55	0.30 ~ 0.60	0.30 ~ 0.60

发生在坡道上的交通事故，在车速计算过程中需要考虑坡度对摩擦系数的影响。公路部门表示坡度是用 $i=\tan\alpha$ 来表示，α 为坡面与水平面的夹角（即坡角，可通过仪器现场测量）。i 是一个无量纲的系数。例如，$i=3.3\%=0.033$，这可直观地理解为该路段的坡度为每 100m 上升 3.3m。一般不明显的缓坡，坡度 i 在 0.02 以下；明显的坡道 i 约为 0.03；一般高速公路的坡度都不超过 0.03。二级以上的公路可能会有陡坡，陡坡的坡度在 0.05 以上。在事故现场，可使用坡度仪对现场坡度进行测量。相对于现场测量，向公路管理部门查询设计施工图中标示的坡度信息更为准确。将 i 代入表 1-4 相关公式中计算坡道路段事故中车辆制动前的瞬时速度。

在公路的弯道处，易发生机动车的侧滑、侧翻事故，对这类事故的车速计算，涉及对事发路段弯道半径数据的测量。具体测量方法为：在弯道上选取油漆绘出的边实线（如没有边实线也可取路中线）上截取一段弧，测量 AB 弧对应的弦长 $AB=2a$，在弦 AB 的中点处再用皮尺测量由 AB 弧和 AB 弦构成的弓形的高 h（CD）（如图 1–4 所示）。考虑到公路的路面有一定的宽度，对公路边线或中线测量的半径值与车辆实际行驶路线的弯道半径值有所差异。在计算中使用车辆转弯半径的数据时，应在现场勘查测量数据的基础上，根据实际情况进行适当的修正。

另外，汽车侧滑产生的胎轮印痕的“曲率半径”测量和计算方法与转弯半径的基本相同，需要注意的是“曲率半径”应该测量侧滑印的起始点附近的，因为它反映了汽车在发生侧滑瞬间的行驶速度，也就是计算车速中需要计算的事故发生时的行驶速度。计算弯道半径和轮胎侧滑印痕“曲率半径”的几何公式为：$R=\dfrac{a^2+h^2}{2h}$。再将 R 代入表 1–4 相关公式中计算车辆侧滑临界速度（如图 1–5 所示）。

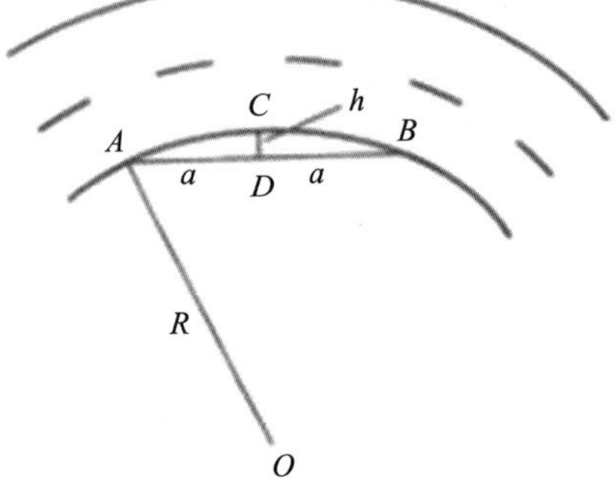

图 1–4　公路弯道半径的测量

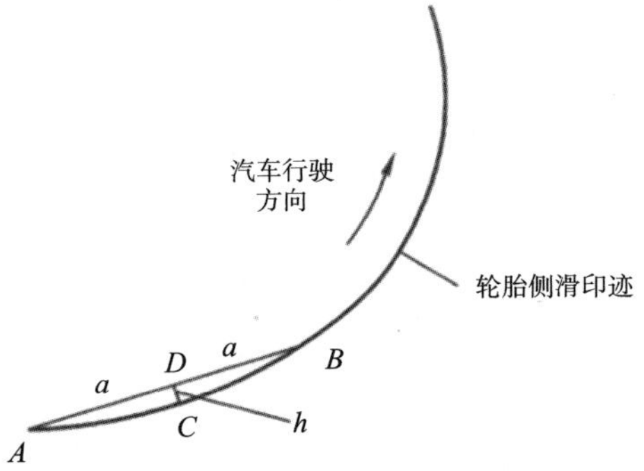

图 1–5　汽车侧滑轮胎印迹曲率半径的测量

1.1.2　利用现场车辆翻倒挫划痕迹计算车速

汽车和摩托车在行驶过程中侧翻后一般还会沿运动方向滑移一段距离，其车身与路面接触摩擦产生挫划痕迹，现场遗留的挫划痕迹是计算车辆侧翻时瞬时速度的重要依据。

如果车辆侧翻后为自由滑行状态，未受其他车辆推挤、碰撞或受其他固定物阻挡，可直接利用其倒地挫划痕迹的长度和摩擦系数计算车辆侧翻时的瞬间速度，计算公式见表 1–4。汽车和摩托车翻车时车身滑动摩擦系数可参考《道路交通事故车辆速度鉴定》（GB/T 33195–2016）中相关数据，见表 1–2。

表 1–2　翻车时车身滑动摩擦系数参考值

滑行条件	摩擦系数
卡车的侧面车身在混凝土路面上滑行	0.3 ~ 0.4
翻车的轿车在混凝土路面上滑行	0.3
翻车的轿车在粗沥青路面上滑行	0.4
翻车的轿车在石子路面上滑行	0.5 ~ 0.7
翻车的轿车在干燥的草丛上滑行	0.5
车身外板对沥青路面	0.4
车身外板对泥土路面	0.2
车身外板对车身外板	0.6
翻倒摩托车的滑行	0.55 ~ 0.7

近年来，电动自行车作为一种新型交通工具，因其成本和便利优势，数量在大部分城市已远超摩托车，涉及电动自行车的交通事故数量也逐年增加。电动自行车外形结构与摩托车的差异造成二者倒地摩擦系数存在差异，电动自行车侧翻倒地滑动摩擦系数可参考国内相关专家的研究数据，见表 1–3。

表 1–3　电动两轮车侧倒滑行摩擦系数参考值

路面类型	路面条件	标准型电动两轮车	非标准型电动两轮车
沥青混凝土	干燥 潮湿	0.45 ~ 0.60 0.45 ~ 0.55	0.45 ~ 0.60 0.45 ~ 0.55
水泥混凝土	干燥 潮湿	0.45 ~ 0.60 0.45 ~ 0.60	0.45 ~ 0.60 0.45 ~ 0.55

1.1.3　利用车辆抛出距离计算车速

在力学中，平抛运动是物体同时做水平匀速直线运动和垂直下落自由落体运动的合成。在涉车骗保案中，驾车冲出路外坠入山谷、水体的事故形态均属于平抛运动。

根据对事故现场勘验测量，确认车辆冲出路外的位置与车辆坠落的第一落点间的水平距离 s 和垂直高度 h，可以使用平抛公式 $v=s\sqrt{\frac{g}{2h}}$ 推算车辆抛出的初速度，从而验证当事人所陈述的事故过程是否合理。在路外坠车、车辆落水案件中，还可以通过当事人描述的事故发生时车速，可以使用公式 $s=v\sqrt{\frac{2h}{g}}$ 推断车辆在现场坠落点位置是否合理，验证事故的真实性（如图 1–6 所示）。

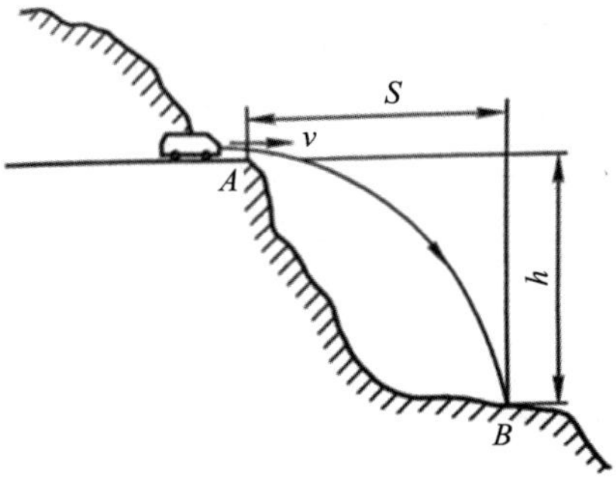

图 1–6　路外坠车平抛运动

表 1–4　常用计算公式

求解	已知条件	公式
动量守恒定理关系式	m_1、m_2：车辆 1、2 的质量 v_1、v_2：车辆 1、2 碰撞前的瞬时速度 v_1'、v_2'：车辆 1、2 碰撞后的瞬时速度	$m_1v_1+m_2v_2=m_1v_1'+m_2v_2'$ 注：此公式为矢量关系式
车辆制动状态减速度	φ：车辆纵滑附着系数 k：车辆附着系数修正值 g：重力加速度	$a=\varphi gk$
根据车辆碰撞地点至停止地点的距离，依据能量守恒定律，计算车辆碰撞后的瞬时速度	a：车辆制动减速度 s：距离	$v=\sqrt{2as}$
根据车辆制动印痕（包括制动、侧滑、倒地挫划痕迹）计算车速	φ：车辆纵滑附着系数 k：车辆附着系数修正值 g：重力加速度 s：制动印痕长度	$v=\sqrt{2\varphi gks}$

（续表）

求解	已知条件	公式
坡道路段根据制动印痕计算车速	φ：车辆纵滑附着系数 i：坡度，上坡取"＋"号，下坡取"—"号 k：车辆附着系数修正值 g：重力加速度 s：制动印痕长度	$v=\sqrt{2(\varphi\pm i)gks}$
碰撞前有滑移痕迹时，由车辆碰撞前的瞬时速度计算车辆行驶速度	v：车辆碰撞前的瞬时速度 t：制动协调时间 φ：车辆纵滑附着系数 k：附着系数修正值 a：车辆制动减速度 s：碰撞前车辆滑移距离 g：重力加速度	$v'=\frac{1}{2}\varphi gkt+\sqrt{v^2+2as}$
根据车辆侧滑轮胎印痕"曲率半径"计算车辆侧滑临界速度	μ'：车辆侧滑附着系数 $\mu'=0.97\mu+0.08$ R：侧滑轮胎印痕曲率半径 g：重力加速度	$v_c=\sqrt{\mu' gR}$
根据抛射距离计算抛出的初速度	s：车辆平抛落点与起点的直线水平距离 h：平抛起点与落点的垂向落差 g：重力加速度	$v=s\sqrt{\frac{g}{2h}}$
根据车辆（仅轿车）塑性变形量计算碰撞前的瞬间速度	l：车辆塑性变形量	$v=67l/3.6$
注：本表中 v 单位为米每秒（m/s）；t 单位为秒（s）；s 单位为米（m）；a 单位为米每二次方秒（m/s^2）；R 单位为米（m）；h 单位为米（m）；m 单位为千克（kg）；l 单位为米（m）；g 取 $9.8m/s^2$。		

1.2　基于视频图像的车速计算方法①

随着监控视频技术的普及，现在道路的主要路口、重要路段都安装了监控设备，道路周边单位、商铺、民房等也在门前安装有监控摄像头，部

①　《基于视频图像的车辆行驶速度技术鉴定》（GA/T 1133—2014）。

分车辆上也安装有行车记录仪。

近年来，能提供监控视频进行车速鉴定的交通事故案件越来越多。与利用力学公式进行车速计算相比，通过视频图像计算车速的过程更直观，结果准确性更高。所以，在能够提供监控视频的涉车骗案中，运用监控视频进行车速计算应作为首选方案。

1.2.1　固定式视频图像的车辆行驶速度计算方法

（1）利用道路环境参照距离计算直线行驶的车辆行驶速度

a. 逐帧检测视频图像，观测视频图像的帧率 f，计算相邻两帧图像之间的间隔时间 $t=1/f$；

b. 选取两个道路环境参照物和一个目标车辆特征点；

c. 记录目标车辆特征点或其路面投影位置通过两个道路环境参照物所用图像帧数 $n=(n_1, n_2)$，其中 $n_1 < n_2$；

d. 测量视频图像中两个道路环境参照物之间的距离 S'；

e. 确定目标车辆特征点通过两个道路环境参照物时的行驶速度：

$$\begin{cases} v < \dfrac{S'}{t \times n_1} = \dfrac{S'f}{n_1} \\ v > \dfrac{S'}{t \times n_2} = \dfrac{S'f}{n_2} \end{cases} \cdots\cdots\cdots\cdots\cdots\cdots\cdots\cdots\cdots\cdots\cdots\cdots (1)$$

f. 采用摄影测量等技术能够精确测量目标车辆在 N 帧内的行驶距离 S 时，目标车辆的行驶速度为：

$$v=\frac{S}{t \times N}=\frac{Sf}{N} \cdots\cdots\cdots\cdots\cdots\cdots\cdots\cdots\cdots\cdots\cdots\cdots (2)$$

（2）利用目标车辆参照距离计算直线行驶的车辆行驶速度

a. 逐帧检测视频图像，观测视频图像的帧率 f，计算相邻两帧图像之间的间隔时间 $t=1/f$；

b. 在目标车辆同侧车身表面距地等高位置上选取两个至车辆纵向对称面等距离的特征点；

c. 选取一个道路环境参照物或设定一个虚拟参照物；

d. 记录目标车辆两个特征点通过该参照物所用图像帧数 $n=(n_1, n_2)$，其中 $n_1 < n_2$；

e. 测量目标车辆两个特征点之间的距离 S'；

f. 用式（1）或式（2）计算目标车辆两个特征点通过该参照物时的行驶速度。

1.2.2　车载式视频图像的车辆行驶速度计算方法

利用道路环境参照距离，可以计算直线行驶的车辆行驶速度。

a. 逐帧检测视频图像，观测视频图像的帧率 f，计算相邻两帧图像之间的间隔时间 $t=1/f$；

b. 选取两个道路环境参照物作为参照物 1 和参照物 2（应尽量选取路面分道线、人行横道线、路口导向标线、路侧电线杆、灯杆、行道树等具有明显特征的固定物）；

c. 选取视频图像的某一视角方向，确定该视角与车身的交点 O 并作为虚拟参照物；

d. 记录交点 O 沿视角方向通过两个道路环境参照物之间的图像帧数 $n=(n_1, n_2)$，其中 $n_1 < n_2$；

e. 测量参照距离 S'；

f. 用式（1）或式（2）计算目标车辆的视频图像同一视野位置通过两个参照物时的行驶速度（如图 1–7 所示）。

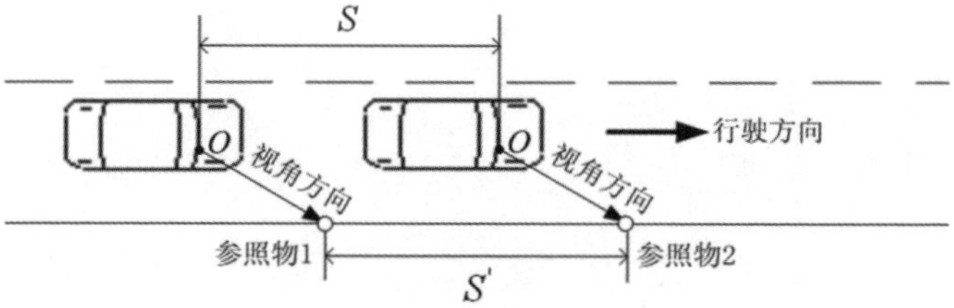

图 1–7　目标车辆直线行驶示意图

1.3 基于汽车事件数据记录系统的车速计算方法

关于汽车事件数据记录系统 EDR 的数据内容、读取、分析等已在书中详细介绍。EDR 数据中通常记录有碰撞事件中碰撞前约 5 秒的车辆速度，在对数据进行相关性、完整性、有效性分析后，其记录速度可作为分析和计算事故车辆速度的依据。其鉴定步骤和方法应参照《道路交通事故车辆速度鉴定方法 第 2 部分：基于汽车事件数据记录系统》（GA/T 1999.2-2022）执行。

附　录 2

常见车辆车身外部结构

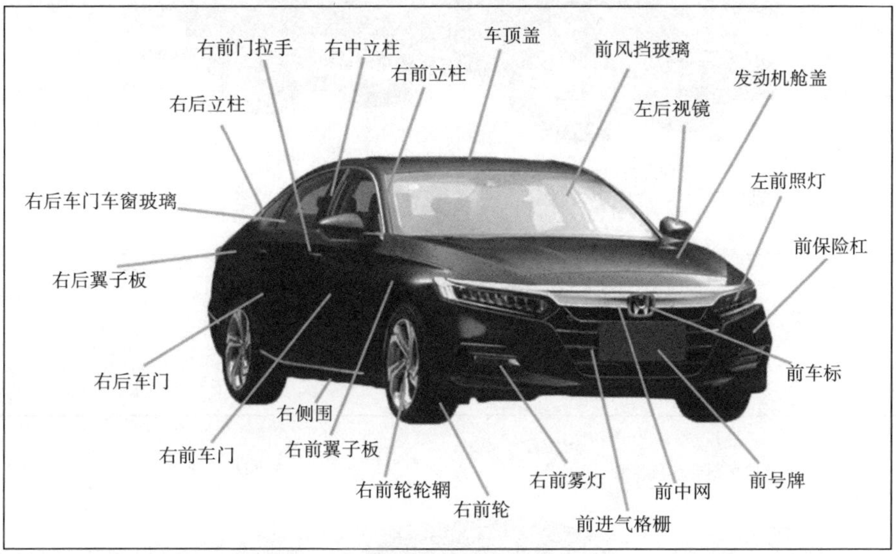

图 2-1　小型轿车车身外部结构（前部）

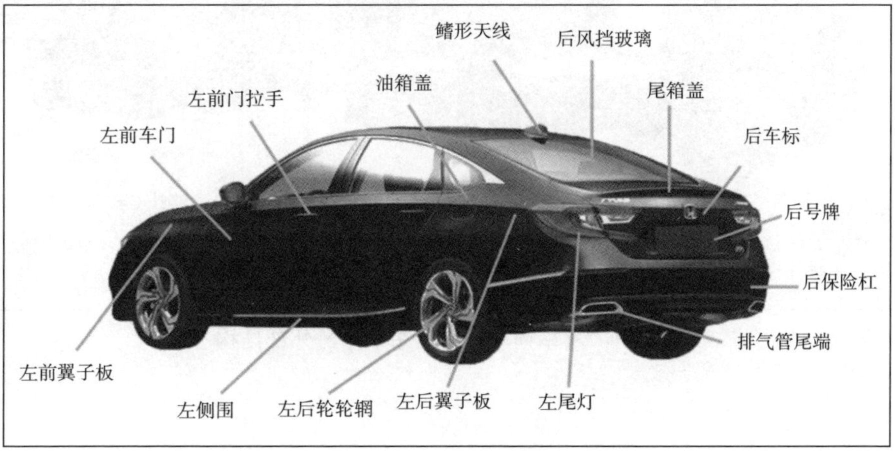

图 2-2　小型轿车车身外部结构（后部）

图 2-3 普通货车车身外部结构

图 2-4 汽车列车（半挂车）车身外部结构

图 2–5 大型客车车身外部结构

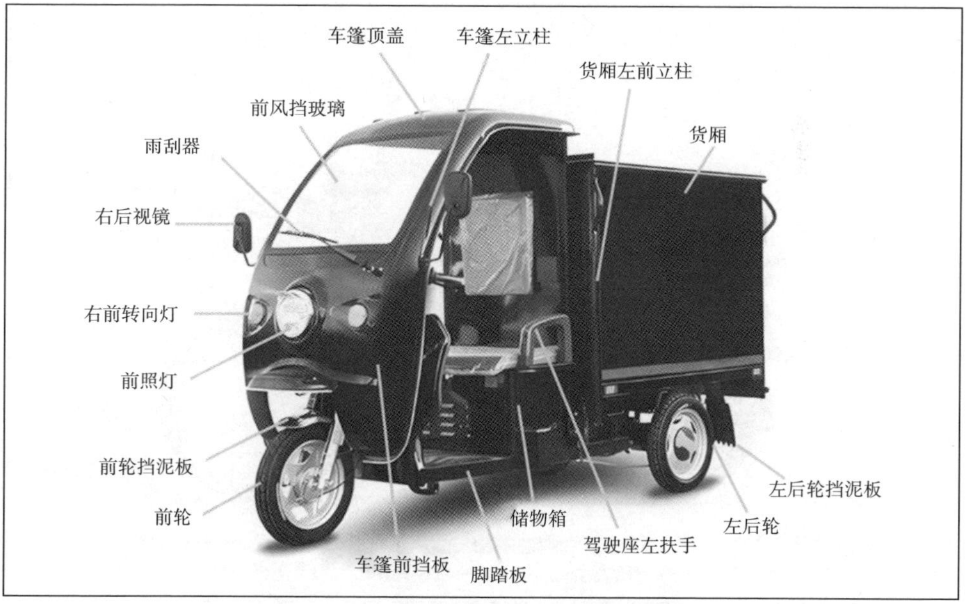

图 2–6 快递电动三轮车车身外部结构

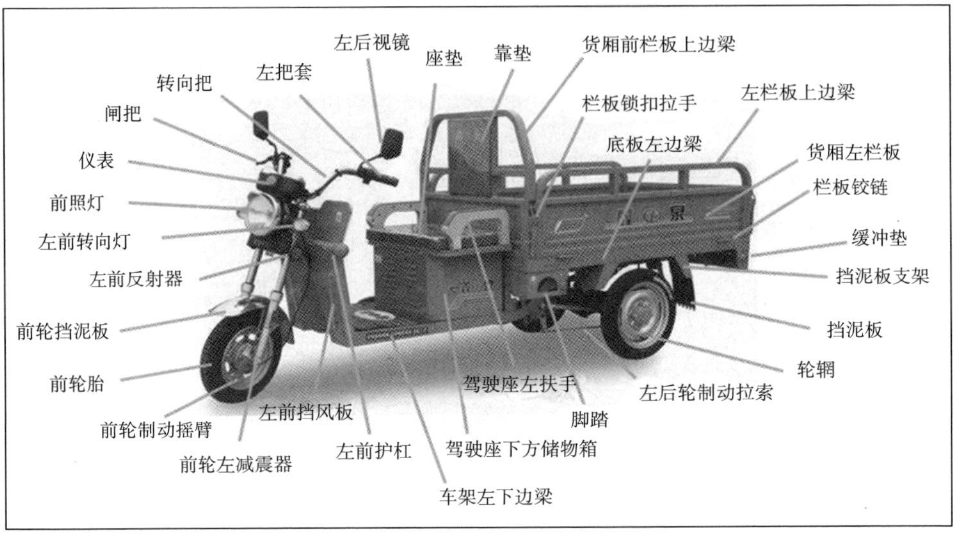

图 2-7　普通电动三轮车车身外部结构

图 2-8　两轮普通摩托车车身外部结构

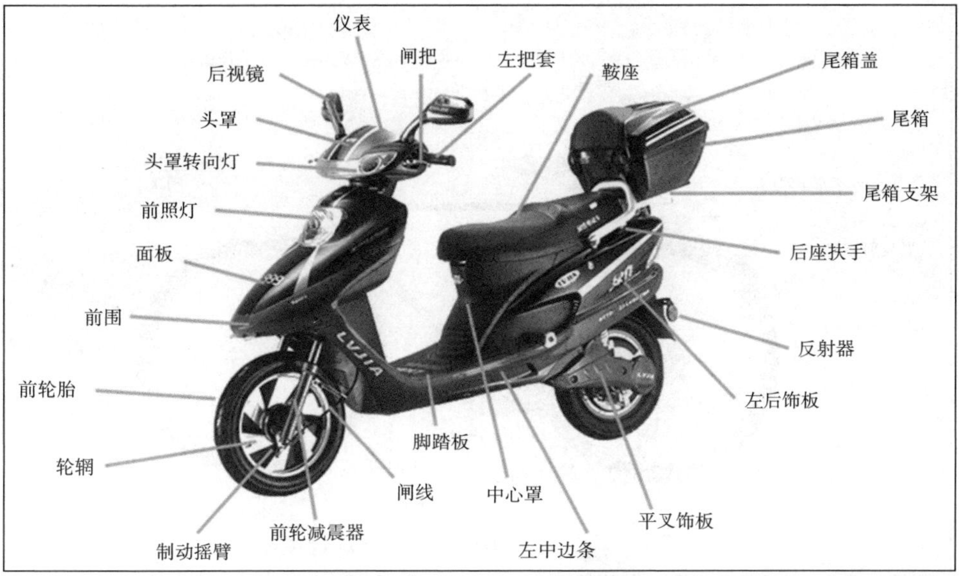

图 2–9　两轮电动车车身外部结构

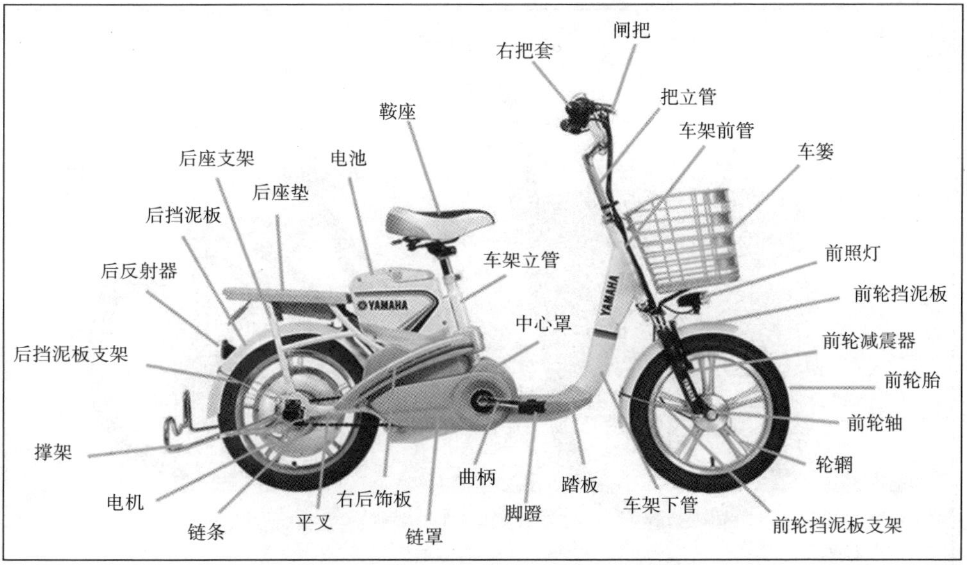

图 2–10　两轮电动车车身外部结构

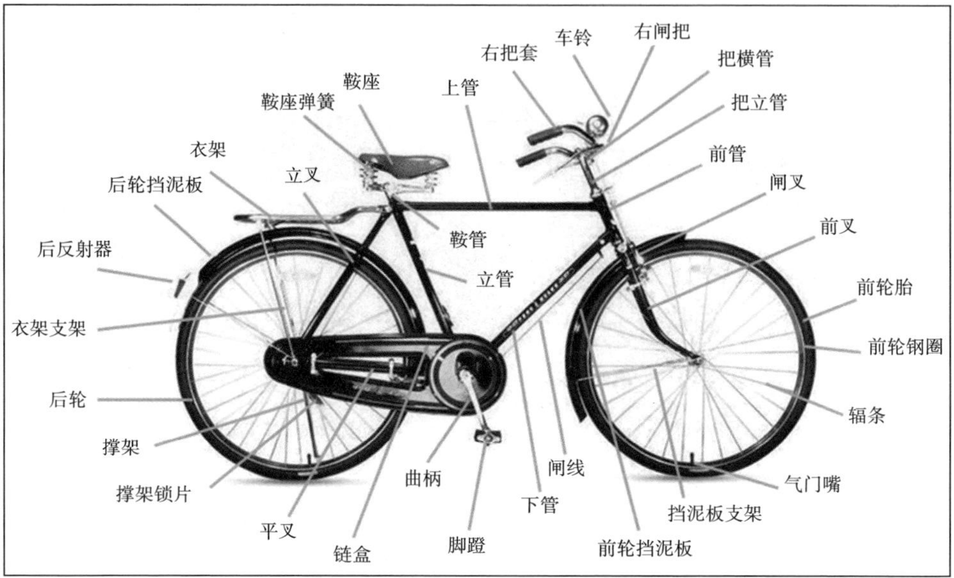

图 2-11　自行车车身外部结构

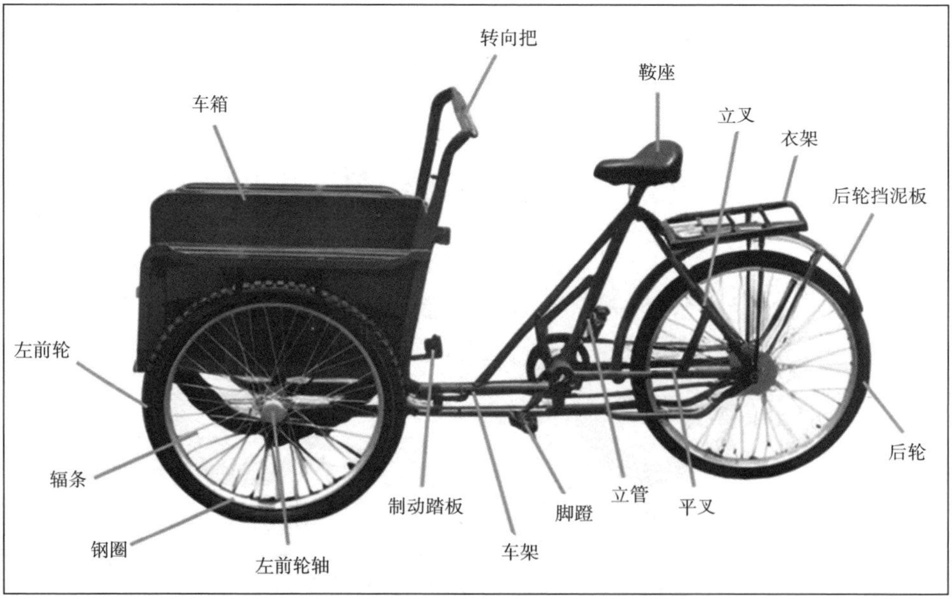

图 2-12　倒骑式人力三轮车车身外部结构

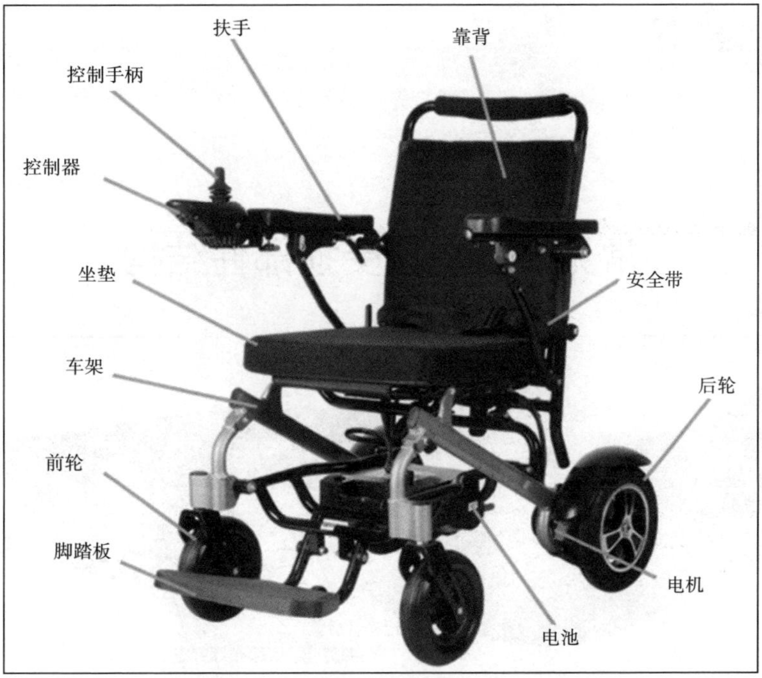

图 2-13　电动轮椅车车身外部结构

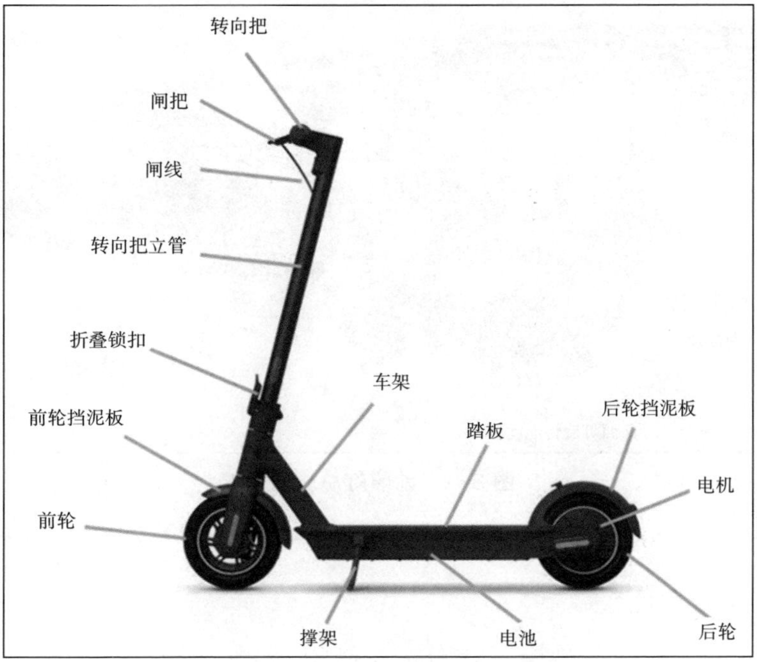

图 2-14　电动滑板车车身外部结构

附　录 3

常见涉案车辆受损部件结构

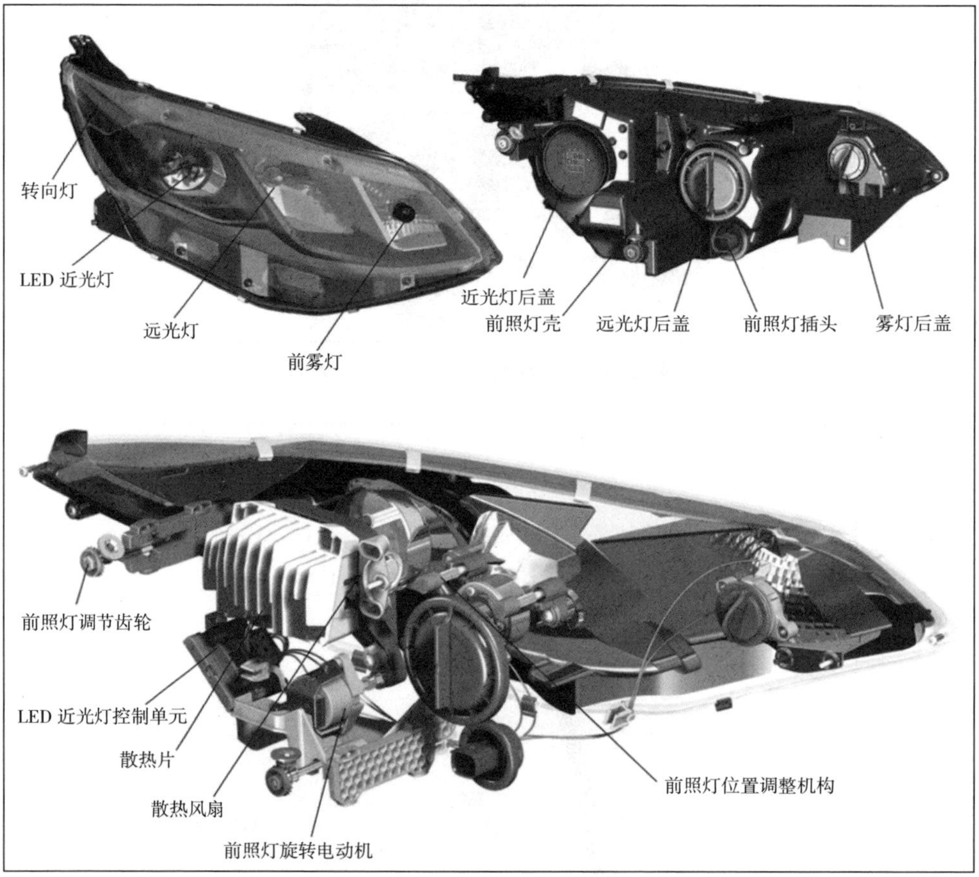

图 3–1　前照灯总成结构

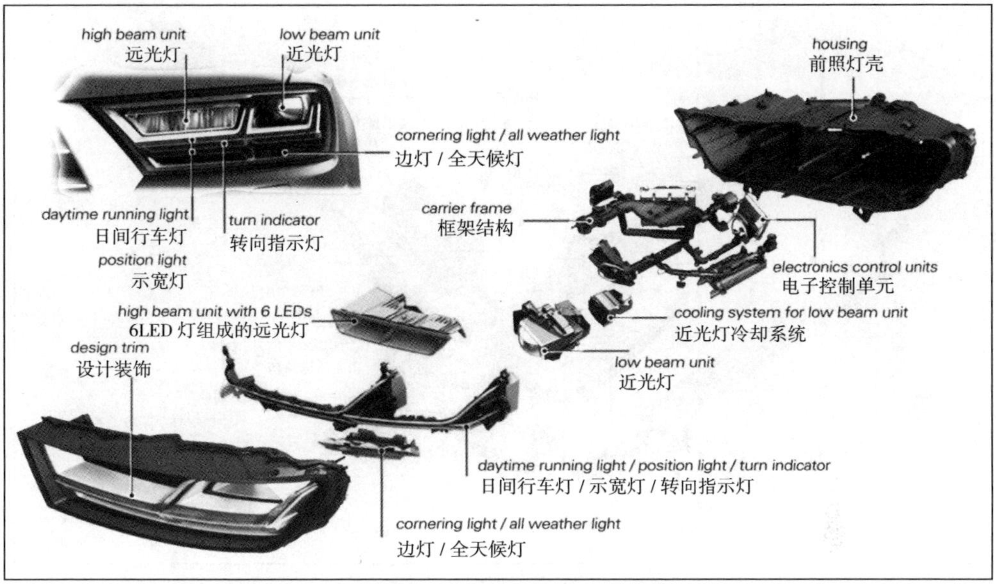

图 3–2　前照灯总成结构

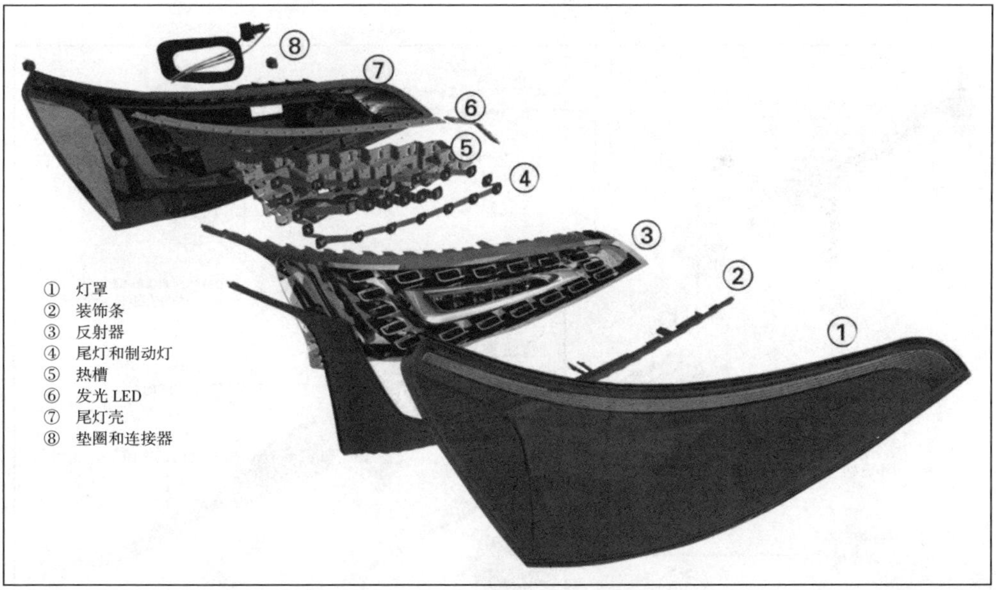

图 3–3　后组合灯总成结构

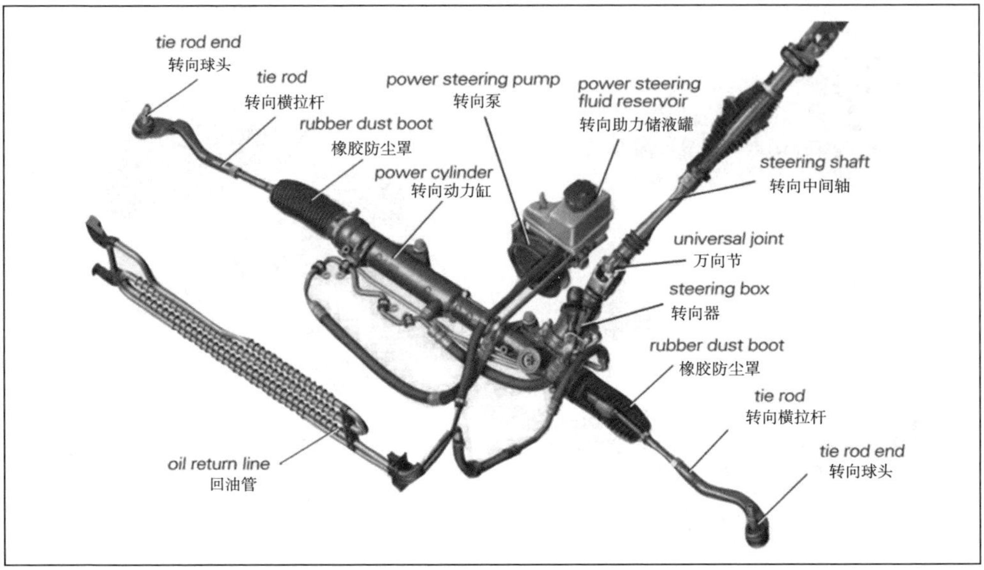

图 3–4　液压助力转向系统结构

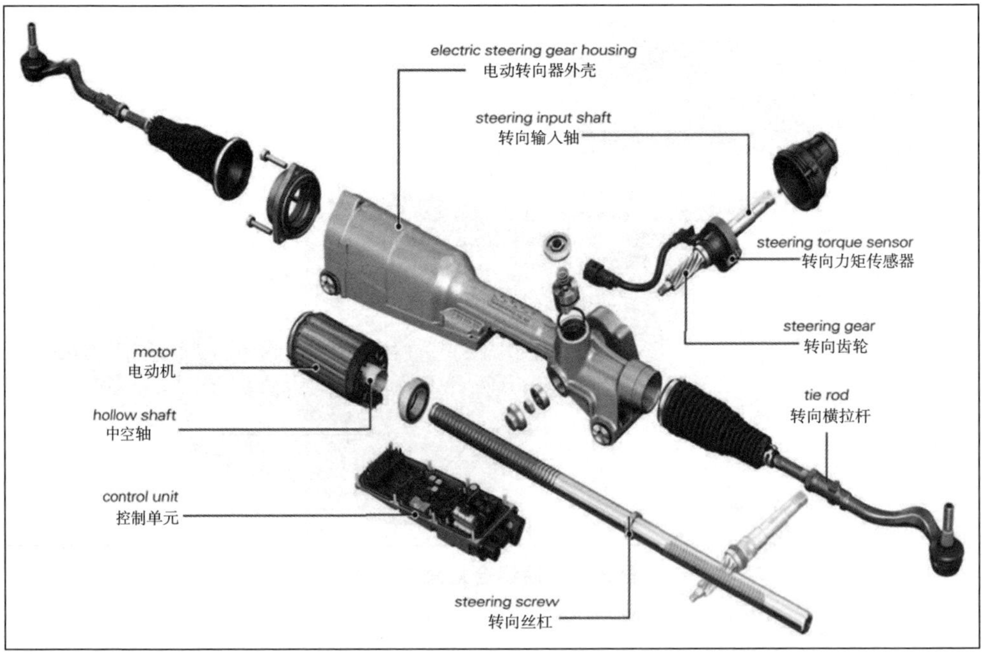

图 3–5　电动助力转向系统结构

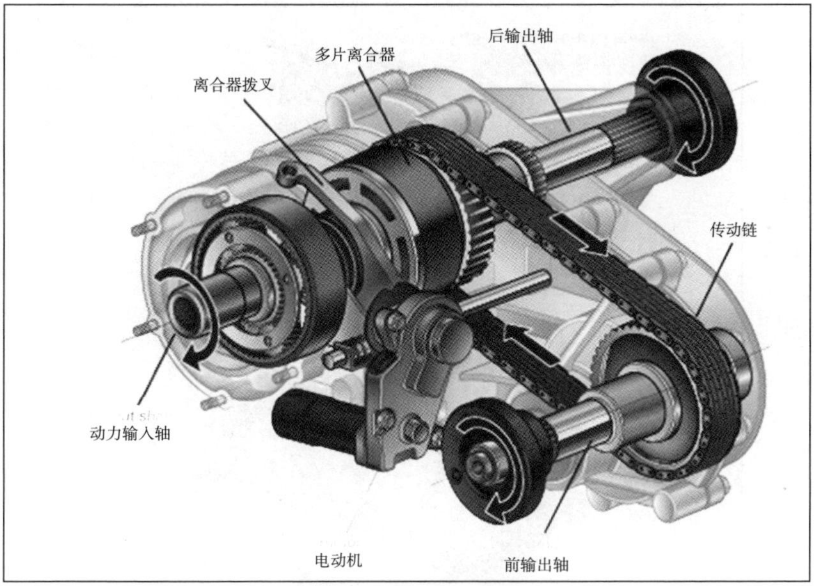

图 3-6　分动器结构

图 3-7　发动机结构

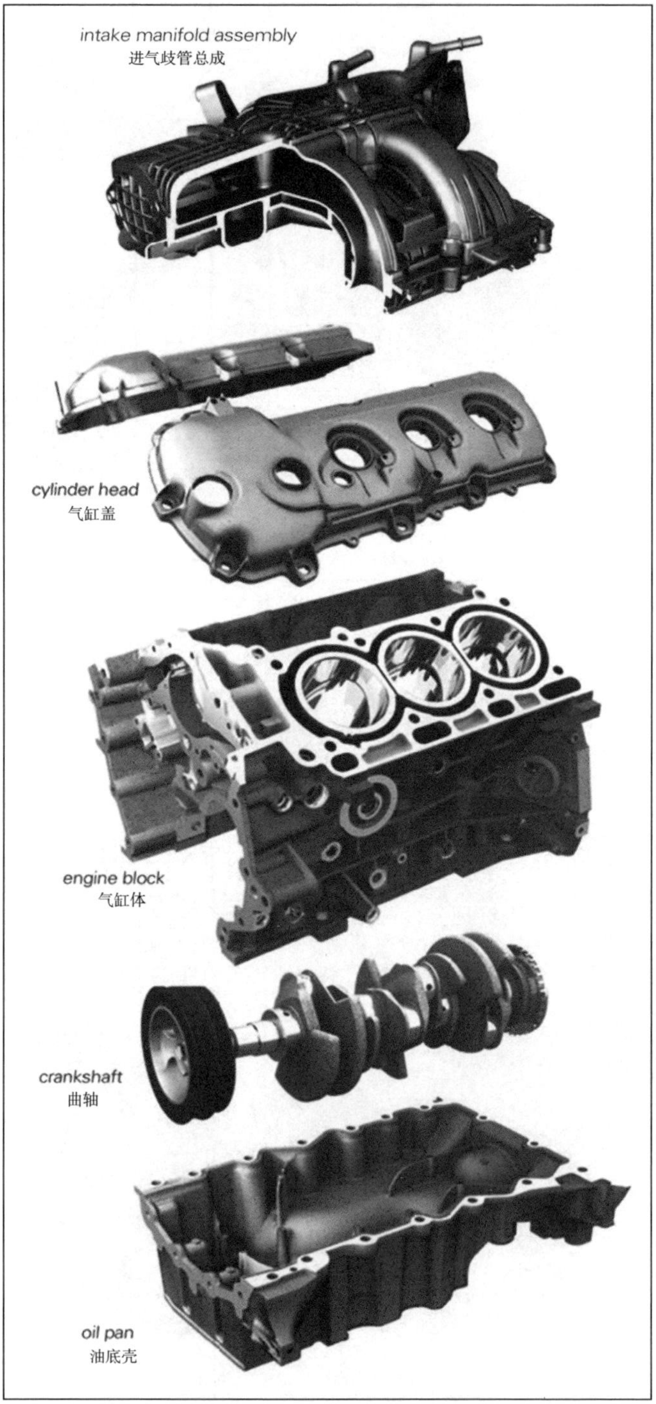

图 3–8　发动机主体构造部件

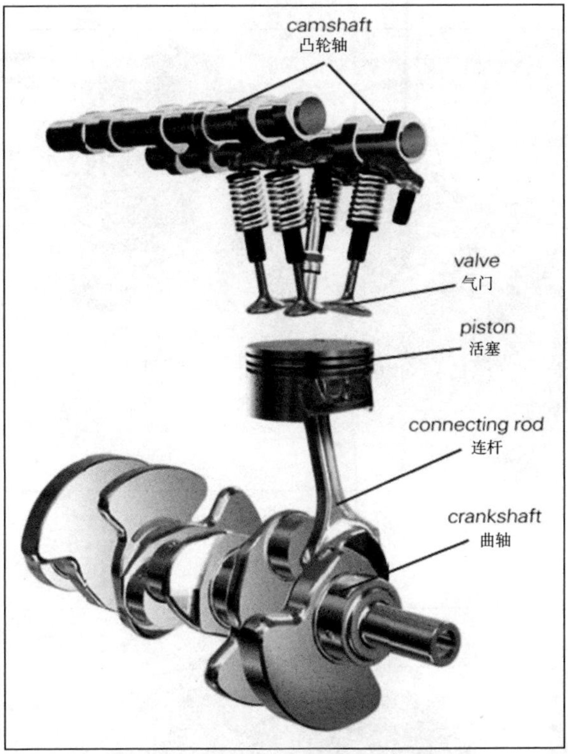

图 3-9　发动机内部主体构造部件

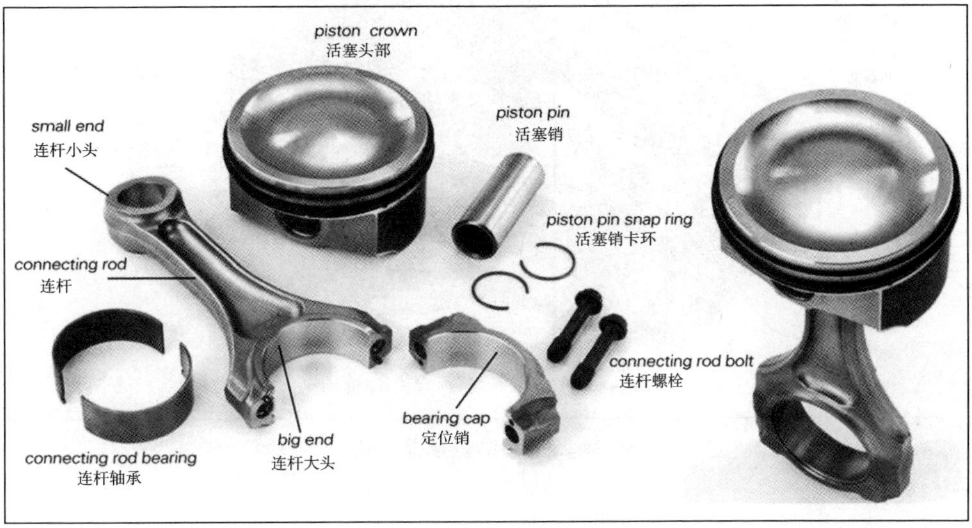

图 3-10　活塞结构

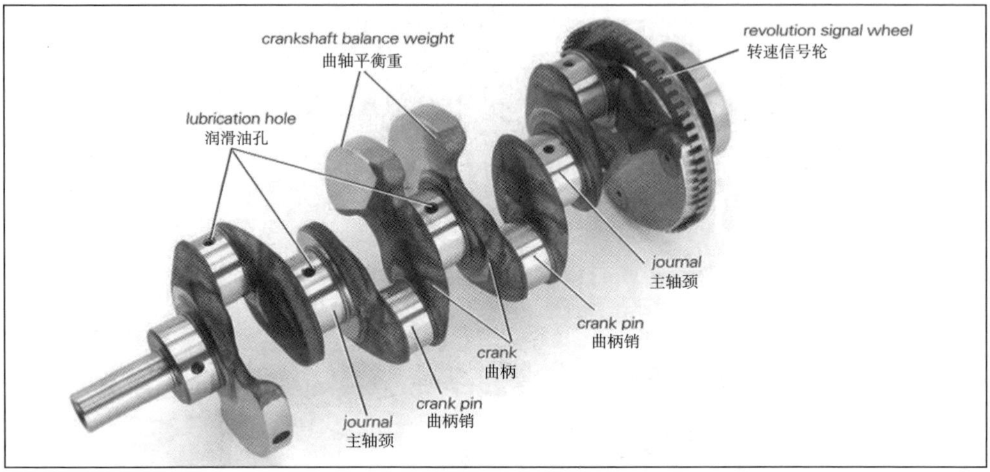

图 3-11　曲轴结构

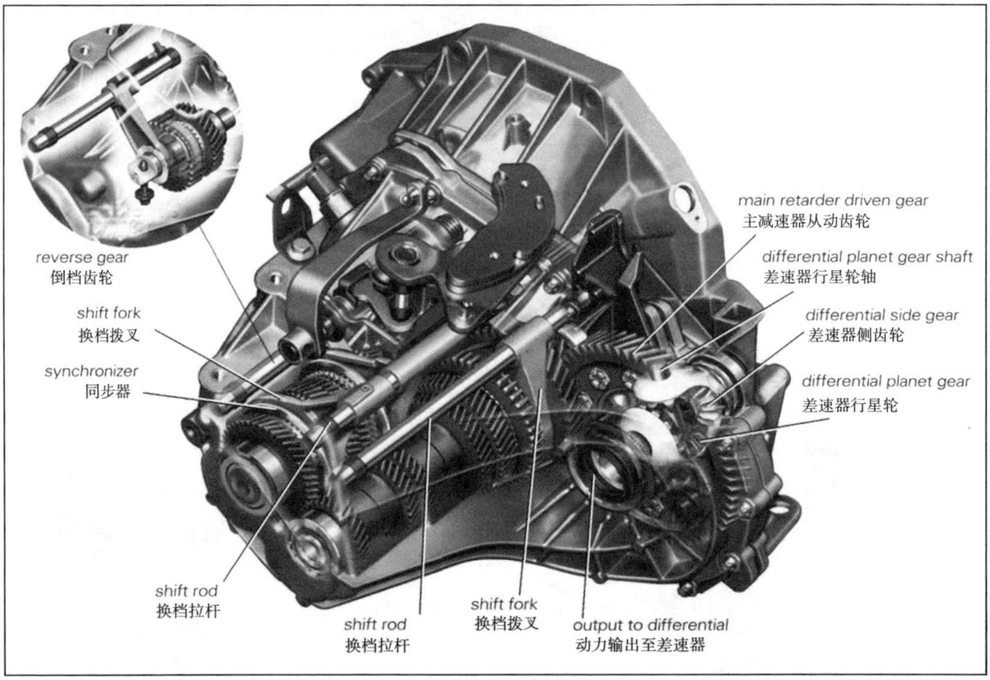

图 3-12　手动变速器结构

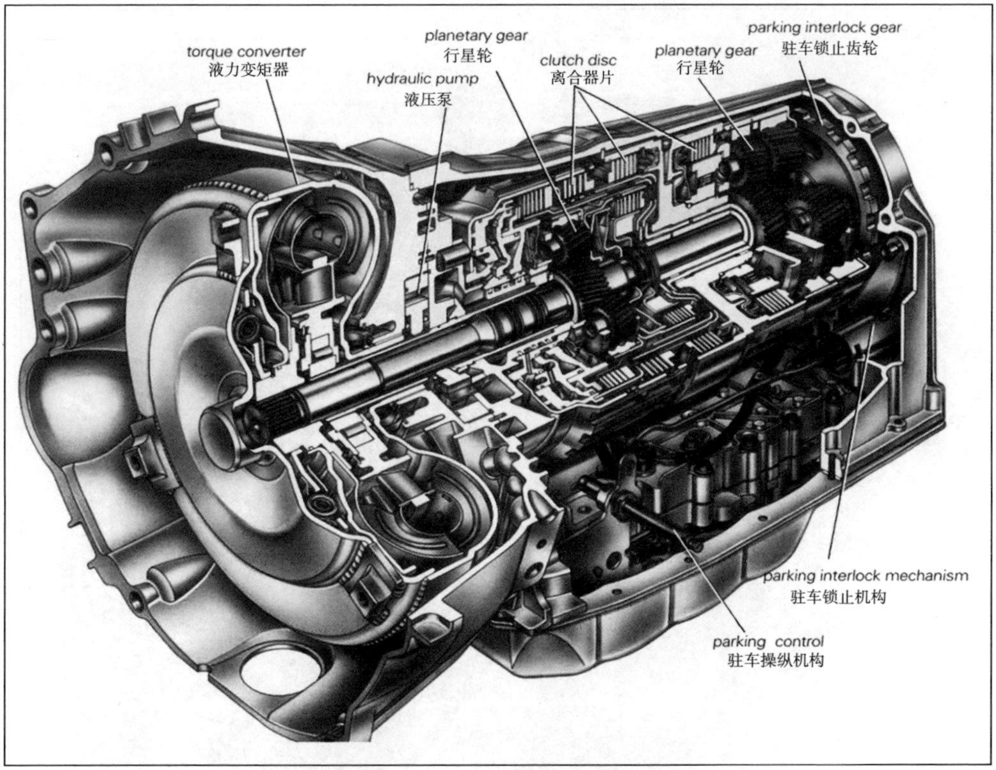

图 3-13 自动变速器结构

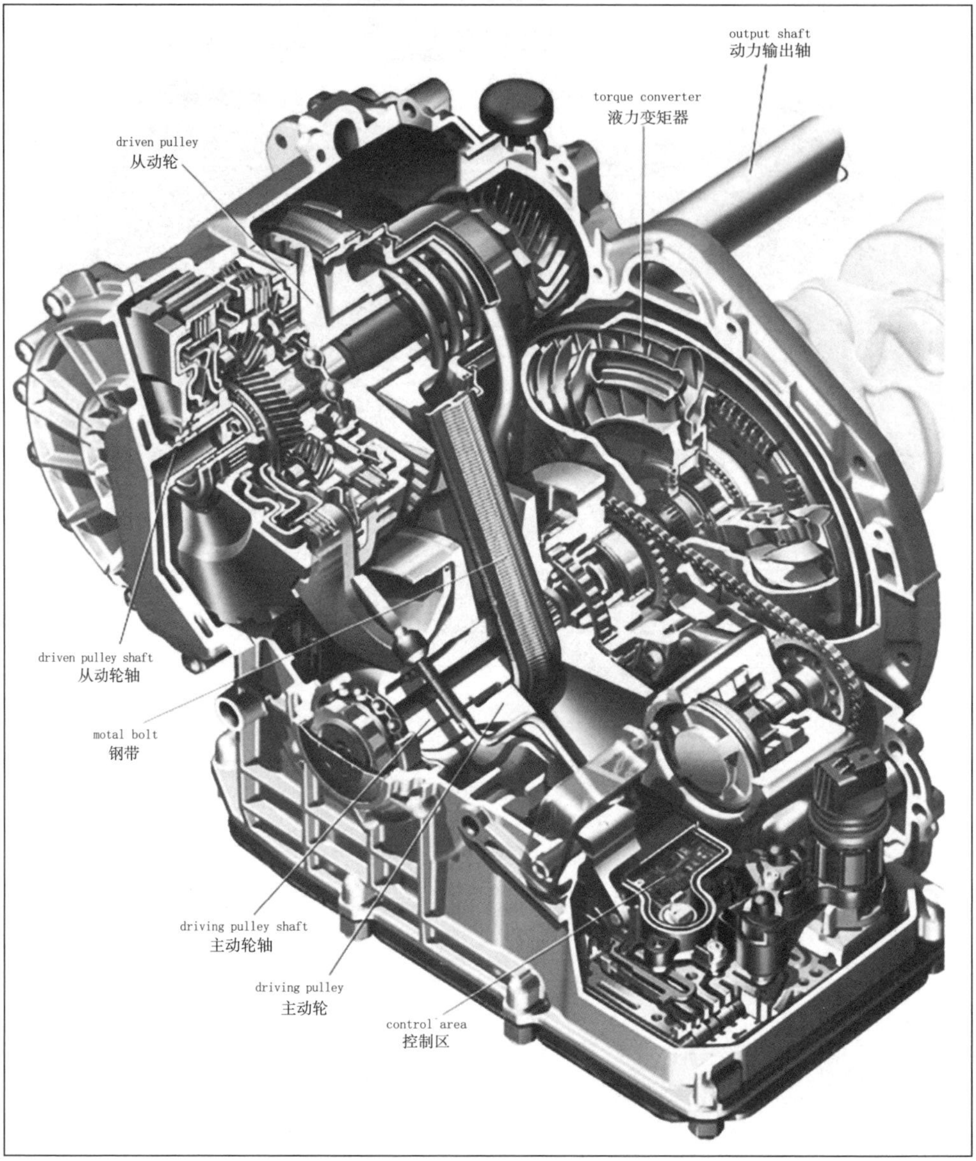

图 3–14　无级变速器结构

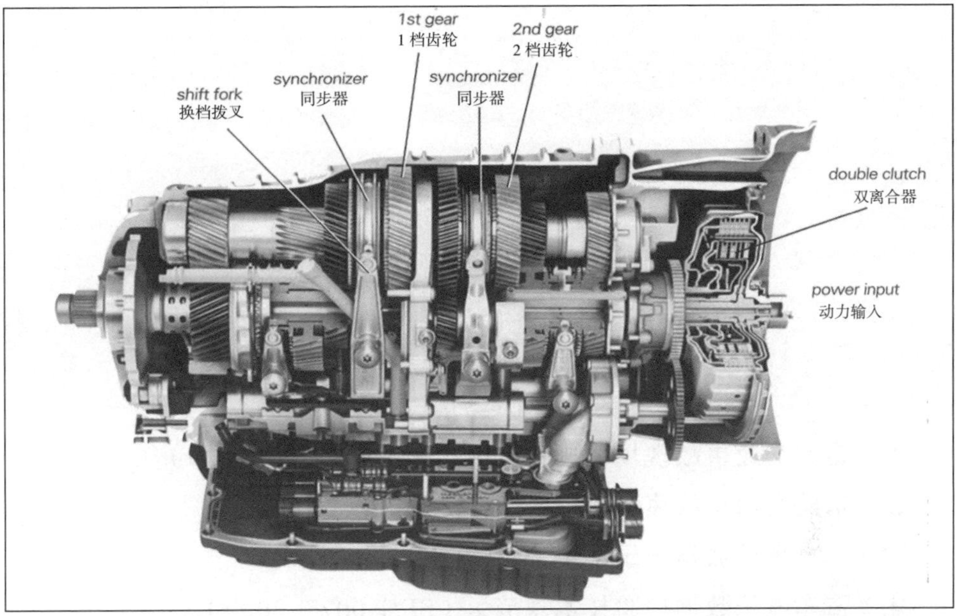

图 3–15　双离合变速器结构

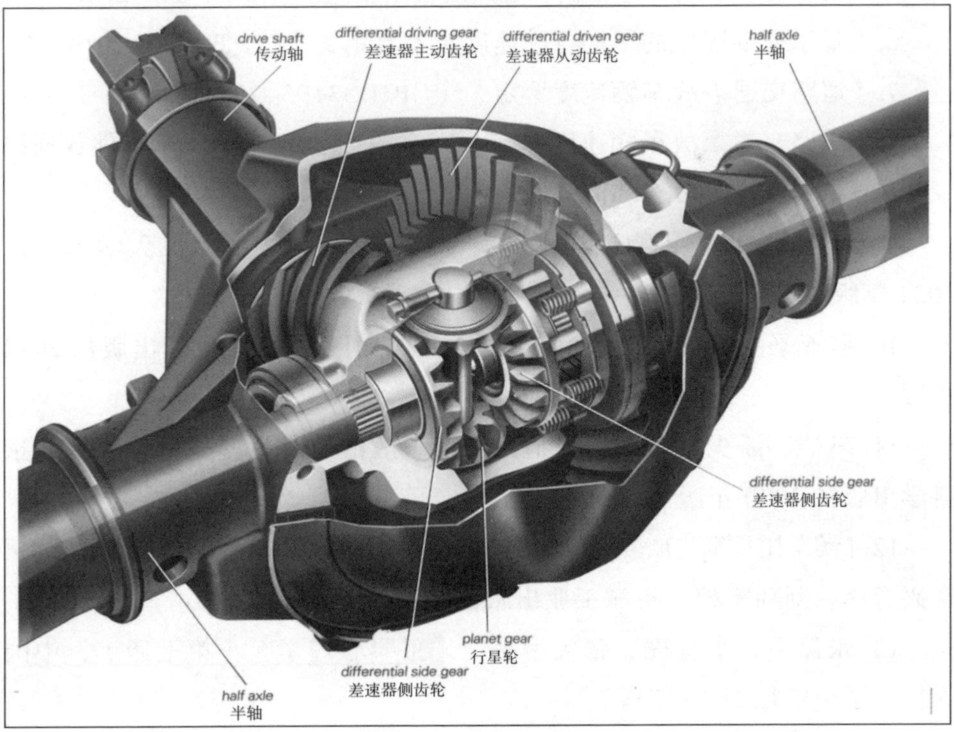

图 3–16　差速器结构

主要参考文献

1.《道路交通事故现场痕迹物证勘查》（GA/T 41-2019）。

2.《道路交通事故痕迹鉴定》（GA/T 1087-2021）。

3.《汽车事件数据记录系统》（GB 39732-2020）。

4.《汽车电子数据检验技术规范》（SF/T 0077-2020）。

5.《典型交通事故形态车辆行驶速度技术鉴定》（GA/T 643-2006）。

6.《基于视频图像的车辆行驶速度技术鉴定》（GA/T 1133-2014）。

7.《道路交通事故车辆速度鉴定》（GB/T 33195-2016）。

8.《道路交通事故车辆速度鉴定方法 第 2 部分：基于汽车事件数据记录系统》（GA/T 1999.2-2022）。

9. 李学军主编：《物证技术学》（第五版），中国人民大学出版社 2021 年版。

10. 罗亚平主编：《痕迹检验教程》，中国人民公安大学出版社 2014 年版。

11. 冯浩、潘少猷编著：《道路交通事故痕迹物证鉴定概论》，北京科学出版社 2020 年版。

12. [美] 托马斯 · L. 萨蒂著：《创造性思维改变思维做决策》，石勇、李兴森译，刘玮审校，机械工业出版社 2017 年版。

13. 张保平、李世虎、张璇编著：《犯罪心理学》（第七版），中国人民大学出版社 2020 年版。

14. 陈新亚编著：《汽车构造透视图典发动机与变速器英文标注版》，

机械工业出版社 2017 年版。

15. 卫新江著：《汽车保险欺诈与反欺诈》，中国财政经济出版社 2007 年版。

16. 刘振刚主编：《汽车火灾原因调查》，天津科学技术出版社 2008 年版。

17. 张得胜、张良主编：《汽车火灾调查培训教材》，天津大学出版社 2023 年版。

18. 赵龙庆、何超著：《常见汽车火灾的分类、预防与鉴定》，北京科学出版社 2016 年版。

19. 张玉斌、张熠欣、程婧园：《浅析新能源电动汽车火灾调查方法》，载《消防科学与技术》2020 年第 39 卷第 10 期。

20. 莫善军、梁栋编著：《电气火灾痕迹物证鉴定分析与应用案例》，暨南大学出版社 2014 年版。

21. 百度文库收录：《保险欺诈故意落水案件车辆运行形态查勘实例研究》。

22. 唐汇明、毛宏权：《对保险车辆落水事故中欺诈风险的调查分析》，载《保险职业学院学报》2016 年第 30 卷第二期。

23. 阳兆祥等编著：《道路交通事故车速鉴定的方法和案例选析》，机械工业出版社 2015 年版。

24. 冯浩、陈建国、赵桂范、潘少猷：《电动两轮车侧翻倒地滑动摩擦系数实验研究》，载《中国司法鉴定》2013 年第 1 期。